Découvrez l'histoire par les archives de presse

RETRONEWS

Le site de presse de la BnF

www.retronews.fr

BULLETIN

DU

BOUQUINISTE

TOME XL

Paris. — Imprimerie Pillet et Dumoulin, 5, rue des Gr-Augustins.

BULLETIN

DU

Bouquiniste

PUBLIÉ PAR AUGUSTE AUBRY, LIBRAIRE

Avec la collaboration de MM.

Barbier (*Olivier*) de la Biblioth. nationale.
Barthélemy (*Anatole* de).
Barthelemy (*Ed.* de).
Blanchemain (*Prosper*).
Boniface-Delcro.
Bordier (*Henri*).
Brunet (*Gustave*), de Bordeaux.
Brunet (*Ch.*), bibliophile.
Burty (*Philippe*).
Chassant (*Alphonse*), paléographe.
Chevreul (*Henri*), ancien magistrat.
Colombey (*Emile*).
Couture (*Léonce*).
Desbarreaux-Bernard (*Dr*).
Deschamps (*Pierre*).
Duplessis (*Georges*), de la Biblioth. nationale.
Dufour (l'abbé *Valentin*).
Fertiault (*F.*).
Fizellére (*Albert* de la)
Franklin (*A.*), de la biblioth. Mazarine.
Guiffrey (*J.-J.*).
Hippeau (*C.*).
Jacob (*V.*), biblioth. à Metz.
Kerviler (*Réné*).
Lacroix (*P.*) (bibliophile Jacob).

Laferrière (le comte *Hector* de).
Larchey (*Lorédan*), de la Bibliothèque nationale.
Laugardière (*Ch.* de), conseiller.
Le Héricher (*Ed.*).
Longpérier-Grimoard (*de*).
Maltebrun (*V. A.*).
Marchal (*Napoléon*).
Masson (*Gustave*), de Londres.
Menault (*Ernest*), d'Angerville.
Mignard, de l'Académie de Dijon.
Montlaur (le *marquis Eug.* de).
Pichon (baron *Jérôme*).
Puymaigre (le comte de).
Rochambeau (*Ach.* de).
Ruelle (*Ch. E.*).
Salin (*Patrice*).
Servier (*Dr*).
Soehnée (*F.*).
Sorel (*Alex.*), avocat.
Tamizey de Larroque.
Travers (*Julien*), bibliothécaire de Caen.
Tricotel (*Ed.*)
Uzanne (*Octave*).
Vinson (*Julien*).

XXIe Année.   IIe Semestre.

PARIS

A. AUBRY, RUE SEGUIER, 18

Libraire de la Société des Bibliophiles françois.

—

1877

469 et 470ᵉ Numéros.   1ᵉʳ et 15 Juillet 1877.

BULLETIN
DU
Bouquiniste

PUBLIÉ PAR Auguste AUBRY

Avec la collaboration de Bibliophiles et d'Erudits
Paraissant le 1ᵉʳ et le 15 de chaque mois.

21ᵉ ANNÉE. — 2ᵉ SEMESTRE.

PARIS	PROVINCE
Un an........ 3 fr.	Un an........ 4 fr.
ÉTRANGER	UN NUMÉRO
Un an........ 5 fr.	Prix........ 50 c.

PARIS

CHEZ AUG. AUBRY, ÉDITEUR
LIBRAIRE DE LA SOCIÉTÉ DES BIBLIOPHILES FRANÇOIS
18, Rue Séguier-Saint-André-des-Arts.
Et chez les principaux libraires de la France et de l'Etranger.

1877

VARIÉTÉS BIBLIOGRAPHIQUES

NOTICE

SUR LES

MONUMENTA GERMANIÆ HISTORICA

DE GEORGES HENRI PERTZ

Hanovre, 1826-1874, 29 vol. in-folio.

L'idée première de cette importante collection appartient à Charles baron de Stein, premier ministre de Frédéric-Guillaume III, roi de Prusse. En 1818, il forma un comité composé de ses amis et des principaux érudits de l'Allemagne, et le chargea de discuter et d'arrêter le plan de l'entreprise. Une fois cette première base jetée, on fit appel à la générosité et au patriotisme de quelques hauts personnages, qui n'hésitèrent pas à prendre tous les frais à leur charge ; ce furent, entre autres, le comte de Spiegel, archevêque de Cologne, les barons de Landsberg-Velen, de Mirbach et de Romberg, la princesse de Fürstenberg, le prince de la Tour et Taxis, les comtes de Solms-Laubach et de Lippe. Le baron de Stein eut la présidence d'une commission administrative dans laquelle prirent place les savants les plus distingués : de Berckheim, Smidt, de Wangenheim, le docteur Schlosser, Ch. Dümge, Böhmer, Pertz, etc., etc. Th. Mülhens en fut nommé trésorier, et Lambert Büchler secrétaire.

Le premier soin de la commission fut d'envoyer ou de choisir des correspondants dans les principaux centres intellectuels de l'Europe, et l'inauguration de la Société de l'histoire d'Allemagne eut lieu à Francfort le 20 janvier 1819.

Cette même année, Ch. Dümge et Büchler prirent la direction

d'une revue intitulée *Archiv der Gesellschaft für ältere Deutsche Geschichtskunde*, qui était destinée à rendre compte des travaux exécutés pour la collection. On y trouve une bibliographie presque complète des manuscrits relatifs à l'histoire de l'Allemagne et même de l'Europe latine pendant le moyen âge.

En même temps, toutes les bibliothèques publiques et particulières étaient soumises aux investigations les plus minutieuses. Les manuscrits, les documents qui pouvaient servir à la publication étaient examinés, décrits, collationnés avec le plus grand soin, et devenaient l'objet d'un travail préliminaire, aussitôt inséré dans l'*Archiv der Gesellschaft*. Les savants de l'Allemagne entière prêtèrent avec empressement leur concours à l'œuvre nationale, et se répandirent dans les bibliothèques de France, d'Italie, d'Angleterre, de Belgique et de Suisse, où ils firent d'abondantes moissons. Dans la préface du tome Ier de la première série des *Monumenta*, Pertz rend un compte exact des missions ainsi entreprises, surtout des siennes, dont les résultats furent les plus importants. Il est bien peu de documents, dans quelque bibliothèque qu'il eût trouvé un abri, qui ait pu échapper à ses recherches et à celles de ses collaborateurs.

Dès les premiers mois de 1824, les matériaux réunis étaient si abondants que l'on dut songer à commencer les travaux de publication. Pertz, qui revenait alors d'explorer l'Italie, fut choisi à l'unanimité pour les diriger.

Voici à quel plan la commission s'était arrêtée et quelles règles furent imposées à l'éditeur.

Le recueil devait comprendre la publication des monuments historiques de l'Allemagne depuis l'an 500 jusqu'à l'an 1500, et être divisé en cinq classes ou séries distinctes :

1° *Scriptores*, écrivains, auteurs de chroniques.

2° *Leges*, lois, capitulaires, constitutions.

3° *Diplomata*.

4° *Epistolæ*.

5° *Antiquitates*.

La publication est faite d'après les sources les plus authentiques. On restitue à chaque auteur son texte original aussi fidèlement que possible. Pour atteindre ce but, on utilise tous les auxiliaires manuscrits ou imprimés, et l'on prend pour base la leçon du meilleur manuscrit, en s'aidant des autres pour les corrections. Les passages obscurs reçoivent une brève explication, et en tête de chaque ouvrage figure un commentaire sur la vie de l'auteur, sur les sources où il a puisé, sur la confiance qu'il peut inspirer, sur sa manière d'écrire et de compter le temps, sur les éditions antérieures de son livre, etc., etc. De nombreuses variantes sont placées en note au bas des pages, et des tables alphabétiques et méthodiques terminent chaque volume.

Le premier volume de la série des *Scriptores* parut en 1826, et, depuis lors, la publication des *Monumenta* fut dirigée par Pertz avec tout le zèle et toute l'exactitude de l'érudition allemande. Aujourd'hui la première série a atteint le tome XXIII, paru en 1874, soit vingt volumes, car il importe de noter que, par suite d'un changement dans la méthode de publication, les tomes XIII, XIV et XV n'existent pas (1).

Cette classe, qui est la plus importante, est aussi la plus avancée. La deuxième série, consacrée aux constitutions, capitulaires et lois générales de l'empire, se compose actuellement de cinq volumes. Elle en aura six ou sept, et ces derniers contiendront les anciens recueils de lois allemandes en langue vulgaire, tels que *Sachsen-Spiegel* et le *Schwaben-Spiegel*, ainsi que les lois et statuts des villes libres.

De la troisième série, les Diplômes, qui pourra former environ dix volumes, un seul a été publié jusqu'ici, et il porte la date de 1872. Il renferme les diplômes des rois et des empereurs depuis Clovis jusqu'à Henri VII (année 1313), classés dans l'ordre chronologique. La préparation de ce travail avait été confiée à M. Böhmer, bibliothécaire de Francfort, qui avait publié déjà plusieurs tables ou *Regesta* donnant d'intéressantes notices sur les diplômes, cependant, ce premier volume est dû à Pertz, ou du moins porte son nom.

---

1. D'après une résolution récemment prise, le tome XIII contiendra des additions aux douze volumes précédents ; et le tome XIV, les écrits polémiques relatifs à la querelle des Investitures ; le tome XV, une série de vies des papes s'étendant jusqu'à la fin des Hohenstauffen.

Les deux dernières séries sont encore à l'état de projet ; cependant une grande partie des documents qui doivent y figurer sont déjà rassemblés.

Le quatrième se composera d'un recueil de lettres, parmi lesquelles l'*Archiv der Gesellschaft* cite : les lettres de Cassiodore, le *Codex Carolinus*, les lettres d'Alcuin, d'Éginhard, de Loup de Ferrières, de Gerbert, environ dix-huit cents bulles et autres actes copiés aux archives du Vatican dans les *Regesta* des papes Honorius III, Grégoire IX, Innocent IV, Alexandre IV, Urbain IV et Clément IV, les lettres de Pierre de la Vigne, pour lesquelles près de cent manuscrits ont été collationnés, enfin plusieurs centaines de lettres inédites relatives à l'histoire de Frédéric II et de ses fils.

La cinquième et dernière série comprendra, en deux ou trois volumes, tous les monuments écrits qui n'auront pas trouvé place dans les quatre autres séries, tels que les poëmes et pièces de vers de peu d'étendue, des extraits de nécrologes, de polyptiques, d'ouvrages géographiques et les documents de tous genres pouvant servir d'éclaircissements historiques.

Alfred FRANKLIN.

A LA CHUTE DU JOUR

VERS ANCIENS ET NOUVEAUX

Par Ernest PRAROND[1]

LES PYRÉNÉES

PAYSAGES ET IMPRESSIONS

PAR LE MÊME[2].

Avec l'auteur de ces deux volumes, nous avons affaire à un véritable artiste en poésie. M. Ernest Prarond est un des poëtes contemporains qui ont le mieux et le plus savamment assoupli

1. Un vol. in-16. *A. Lemerre, Paris*, 1876. Prix : 3 fr.
2. Un vol. in-16, même librairie. 1877. Prix : 3 fr.

leurs vers. Il a la hardiesse d'un talent mûr, et c'est résolûment qu'il affronte — et surmonte — les difficultés, qui n'existent plus pour lui.

Ennemi de tout ce qui est vague et diffus, il condense et précise avec un relief remarquable, et souvent quelques lignes lui suffisent pour enchâsser un sentiment ou un tableau. M. Prarond est très-peintre, et, dans *les Pyrénées*, son vers est presque un pinceau.

D'un bout à l'autre du livre, ce n'est que paysages, bien vus, bien sentis, bien dessinés. Pour peu qu'on se laisse bercer au charme de ces descriptions, où les beautés naturelles sont si habilement prises sur le vif, on peut en venir à se demander si ce recueil contient les vers d'un peintre, ou les tableaux d'un poëte.

Les lieux visités et reproduits par l'auteur sont l'Ariége, la Haute-Garonne, les Pyrénées-Orientales, et les Hautes et Basses-Pyrénées. — Il faut voir les tours de force de précision accomplis par ce vers franc, coloré, net et fidèle : secondé par la science, qu'il aime, qu'il suit de près, et dont il introduit pittoresquement le langage dans sa matière substantielle, il nous met loin des impuissances de ces didactiques, pâles versificateurs qui croyaient avoir fait merveille quand ils avaient ressassé les pauvres sujets de leurs périphrases banales et incolores.

M. Prarond est un fervent de la nature ; il l'aime et la comprend, et, quand il a découvert le site qu'il veut contempler, il l'admire et sait le faire admirer par son lecteur.

Les titres de quelques-unes de ces pièces pourraient donner une idée des notes, je pourrais dire des dessins, qui abondent dans ses vers et sont l'essence même de ce volume. Ainsi : *Heures de nuit en wagon, Lumière dans l'eau, le Bruit des eaux pendant la nuit, la France au clair de lune, la Luxure des eaux, le Pré chantant*, etc., etc. Je signalerai même un groupe de trois pièces : *Lumière dans la montagne, l'Îlot de lumière, Brume chaude*, dans lesquelles le poëte a eu la coquetterie de lutter avec les effets si merveilleux de Joseph Vernet, dans les tableaux duquel l'œil devinait les différentes heures de la journée. C'est d'un grand paysagiste.

Courtes ou longues, les pièces de ce volume sont environ au
nombre de soixante-douze. Laquelle choisir comme échantillon ?
Je transcris le sonnet intitulé : *Brume chaude :*

> Après les jours de pluie, aux premières brûlures
> Du soleil, à midi, les sommets s'enlevant
> Sur un ciel d'un bleu doux, s'enveloppent souvent
> D'une brume légère et comme de dorures ;
>
> Alors le pré d'en bas prend toutes ses parures
> Et chaque fleur qui s'ouvre est un éclat vivant ;
> Au loin la neige brille et veut briller, avant
> De laisser nu le pic aux puissantes carrures.
>
> La brumeuse harmonie en fête d'or se fond,
> Et le bien-être emplit la vallée et le mont
> Comme un enchantement de force retrouvée.
>
> Azur blond ! toute vie a source en Jupiter,
> Et l'on sent que la terre, en toi-même abreuvée,
> Heureuse, prend un bain de lumière et d'éther.

Combien d'autres j'aimerais à citer ! Mais la limite m'arrête....
Lecteurs, allez au livre !

Pourquoi ai-je parlé des *Pyrénées,* d'abord ? Est-ce parce que
c'est le dernier venu ? est-ce parce qu'il est tout entier nouveau ?

Peut-être. Mais voilà que je manque de place pour : *A la chute
du jour,* recueil plus important dans l'idée de l'auteur, renfermant un choix de ses divers volumes, dédié par lui *ad sodales,*
et qui est, comme il le dit, « le testament des heures éclatantes
et des heures assombries. » Je ne puis m'étendre aujourd'hui sur
ce volume curieux et précieux, dont la clé est dans la dédicace,
et qui, par l'ensemble de ses rééditions, nous fait passer une
agréable revue rétrospective.

Si nous pouvons y revenir, nous y reviendrons.

F. FERTIAULT.

LA GALANTERIE AU THÉATRE

Par **LUDOVIC CELLER**. 1 vol. in-18.

CONTES, par le même auteur. 1 vol. in-18[1].

Sous ce titre de : *la Galanterie au Théâtre*, M. Ludovic Celler a eu l'heureuse inspiration de grouper dans une étude intéressante et habilement conduite, les principales œuvres du théâtre contemporain. — Prenant d'abord le *Style galant* sur le théâtre des Corneille et des Molière, il s'arrête à l'analyser dans Marivaux et Beaumarchais, le suit dans l'école romantique, et, se fixant enfin au théâtre moderne, il nous y montre la galanterie sous les différentes personnifications de la maîtresse, de l'adultère, de la courtisane et de l'inceste.

Les œuvres à sensations, jouées depuis plus de trente ans sur nos meilleures scènes, sont passées au crible d'une critique souvent judicieuse ; les thèses les plus osées des auteurs à succès sont combattues, retournées, comparées avec science, et le volume de M. Celler donne dans son ensemble, sous une forme attrayante et instructive, des documents fort curieux pour les chercheurs de tous genres.

La *Galanterie au Théâtre* forme un charmant volume, tiré à petit nombre, sur vergé de Hollande.

Dans le même format, sur même papier et d'un tirage encore plus restreint, M. Ludovic Celler a réuni, sous la simple rubrique de : *Contes*, trois nouvelles d'un style sobre, aimable, et d'une allure fantastique. La *Visite du docteur Méplat*, une *Vengeance photographique* et l'*Homme de Bronze*, sont trois contes qui, retouchés par Hoffmann, seraient dignes de figurer dans ses œuvres. — Avec une conception bizarre, M. Celler possède une manière un peu grise, nous regrettons qu'il n'ait pas davantage

---

1. Se trouve à la librairie A. Aubry. Prix : 5 fr.

accentué ses récits, qui, avec plus de brio, mériteraient assurément la vogue de nos romans les plus courus. Quoi qu'il en soit, les *Contes* de M. Celler sont marqués au coin d'un talent personnel que les lecteurs apprécieront.

o. u.

DOCUMENTS AUTHENTIQUES ET INÉDITS

POUR SERVIR A L'HISTOIRE

DE LA MARINE NORMANDE

et du Commerce rouennais

PAR E. GOSSELIN

1 vol. in-8. *Rouen, Augé*, 1876, *à Paris chez A. Aubry*. Prix : 4 francs.

(Tiré à 250 exemplaires).

Nous mentionnons avec regret ce curieux volume, parce que son auteur a été enlevé à la fin de l'année dernière : c'est une perte sérieuse pour la Normandie, dont il étudiait le passé avec autant de patience que d'érudition.

Il avait réuni des notes excessivement importantes pour l'histoire de la marine normande et, par le fait, de la marine française, puisque, au moyen âge, c'est des ports de la Normandie que partirent à peu près exclusivement toutes les expéditions maritimes. Il fournit des détails précis, nous dirons officiels, qui démontrent maintenant, sans contestation possible, les armements dieppois pour les côtes occidentales de l'Afrique dès le milieu du XIVe siècle. C'est là un fait désormais acquis et considérable pour nos marins, parce que, jusqu'à présent, les preuves précises manquaient encore.

Les pièces trouvées par M. Gosselin ne sont pas moins importantes pour les voyages de la Terre-Neuve prouvés depuis 1508 ; pour ceux au Brésil, au Pérou, aux Indes : les documents abondent au sujet du commerce rouennais. N'oublions pas la notice de M. de Beaurepaire, sur le regrettable chercheur normand, qui mérite de voir son nom figurer parmi les plus utiles travailleurs de la Normandie.

E. DE BARTHÉLEMY.

LIVRES

En vente aux prix marqués

A la Librairie d'Auguste AUBRY

5507. **ABRÉGÉ DE LA VIE ET PASSION** de Nostre Sauveur Jésus-Christ, avec les figures et quelques réflexions sur les principaux mystères. *Paris, chez la veusve Joron*, 1663, pet. in-fol. parch. vert. 40 »

Ouvrage entièrement gravé, comprenant 56 planches fisement exécutées sur cuivre; dont quelques-unes sont signées *M. Natalis.*
Belles épreuves.

5508. **ACADÉMICIENS** (Eloges des) de l'Acad. roy. des sciences, morts dans les années 1741-1742-1743, par Dortous de Mairan, secrétaire de cette Académie. *Paris,* 1747, *frontispice et vignette gravés par Fessard.* — Suite des Eloges des académiciens morts dep. l'an 1722, par de Fontenelle. *Paris,* 1733, ens. 2 vol. in-12, veau marb. 3 »

5509. **AMI DES FILLES** (l') (par de Graville), *Paris, Dufour,* 1761, pet. in-12, br. *Vignette.* 3 »

5510. **ANNALES ROMANTIQUES.** Recueil de morceaux choisis de littérature contemporaine. *Paris, U. Canel,* 1825-1826, 2 vol. in-18, reliure pleine en veau bleu, fil., dent., tr. dor. 8 50

— Bel exemplaire sur papier vélin, avec vignettes de Dévéria sur chine avant la lettre.

5511. **ANNALES ROMANTIQUES.** Recueil de morceaux choisis de littérature contemporaine. *Paris, L. Janet, impr. de J. Didot l'aîné,* 1829, in-18, d.-rel. v. viol., non rog. *Jolies vignettes anglaises. Bel exemplaire.* 4 »

5512. **ANNUAIRE** généalogique et historique. *Paris,* 1819, in-18, cart., tr. dor., dans un étui. 2 50

5513. **ANNUAIRE** historique et généalogique de la province de Languedoc par Louis de la Roque, *première année,* 1861, in-8, br. (*Blasons gravés*). 5 »

5514. — LE MÊME, *deuxième année*, 1862-1863, in-8, br. *Blasons graves.*   5 »

5515. ARGENTEUIL. L'Histoire de la robe sans couture de Notre-Seigneur Jésus-Christ, qui est révérée dans l'église du monastère d'Argenteuil, avec un abrégé de l'histoire de ce monastère. *Paris,* 1746, in-12, br.   3 50

5516. ARMORIAL de France, Angleterre, Écosse, Allemagne, Italie et autres puissances, composé vers 1450, par Gilles Le Bouvier, dit Berry, premier roi d'armes de Charles VII, roi de France. Texte complet, publié pour la première fois d'après le manuscrit original, précédé d'une notice sur la vie et les ouvrages de l'auteur, et accompagné de figures héraldiques dessinées d'après les originaux, par feu M. Vallet (de Viriville), auteur de l'*Histoire de Charles VII,* ancien professeur de l'Ecole des Chartes, membre de la Société des antiquaires de France, lauréat de l'Institut. *Paris,* 1866. Beau vol. gr. in-8 de xii et 232 pag.; au lieu de 10 fr.   6 »

Tiré à petit nombre.

5517. ARMORIAL de Bretagne, par A. Guérin de La Grasserie, contenant les noms et prénoms des familles bretonnes qui ont obtenu des arrêts de la Chambre de réformation, établie à Rennes, de 1668 à 1671; la date des anciennes réformations et l'origine connue de ces familles, ou le nombre de leurs générations jusqu'en 1789; des familles anoblies sous l'Empire et la Restauration, jusqu'en 1830; des familles nobles qui, quoique d'une autre province, sont venues habiter la Bretagne et y contracter des alliances; les noms de terres érigées en dignité; les devises de quelques familles, avec les écussons lithographiés en couleur. *Rennes,* 1845-1848. 2 vol in-fol. cart. à la Bradel, non rognés; 100 fr., net   90 »

5518. ARMORIAL du bibliophile, par Joannis Guigard. *Paris, Bachelin-Deflorenne,* 1870-1875, 2 tom. en 1 vol. gr. in-8, br. *Nombreux blasons dans le texte.* Au lieu de 24 fr.   16 »

Ouvrage indispensable non-seulement aux libraires et aux bibliophiles, mais encore aux collectionneurs d'estampes, de tableaux, d'objets d'art et de curiosités.

5519. ARMORIAL du Beaujolais, par le baron de La Roche La Carelle. *Lyon, impr. de Louis Perrin,* 1853. Grand in-8, br., *avec nombreux blasons gravés sur bois;* au lieu de 20 fr. net   8 fr.

5520. ARMORIAL historique de Bresse, Bugey, Dombes, pays de Gex, Valrômey et Franc-Lyonnais, d'après les travaux de Guichenon,

d'Hozier, Aubret, d'Assier, Heger, Baux, Guigue, Albrier, Arcelin,
les archives et les manuscrits, etc., avec les remarques critiques de
Ph. Collet, par Révérend du Mesnil. *Lyon*, 1873-1875, 2 vol. in-4,
avec nombreux blasons gravés. 60 »

5521. **ARMOIRIES** des connestables, grands maîtres, chanceliers, ad-
miraux, maréchaux de France et prévosts de Paris, depuis leur premier establissement jusques au très-chrestien Roy de France et de
Navarre, Louis XIII, avec leurs noms, surnoms, titres, faicts et vies,
par J. Le Feron, revue par Cl. Morel. *Paris, Morel*, 1628, 6 part. en
1 vol. in-fol. bas. *Env.* 500 *blasons gravés sur bois.* 25 »

5522. **ARNAUD** (H.) (Mme Ch. Reybaud). Deux à deux. *Paris, Ladvocat*,
1837, 2 vol. in-8, d.-rel. v. viol. 5 »

5523. **ARTHUR.** *Paris, Eug. Renduel*, 1837, in-8 de 426 pages, br. Bel
exempl. (*Edit. originale, très-rare*). 10 »
  L'auteur est Ulrich Guttinguer, Rouennais.

5524. **AVAUX** (Lettres du comte d') à Voiture, suivies de pièces inédites
extr. des papiers de Conrart, publ. par A. Roux. *Paris, Aubry, (Lyon,
impr. de L. Perrin)*, 1858, in-8, d.-rel. maroq. bl., tête dorée, dos
orné, non rog. 8 »
  Bel exemplaire relié par Capé.

5524 *bis.* —— Un exemplaire broché. 4 »

5525. **BALZAC** (H. dé). Œuvres complètes. *Paris, Lévy*, 1869-1876,
24 vol. in-8 cavalier, br. *Beau portrait gravé sur acier par G. Lévy.*
(*Ouvrage terminé*). Publié à 480. 325 »
  Exemplaire sur papier de hollande, numéroté à la presse. Tous les volumes
  sont à l'état de neuf, non coupés.

5526. **BAWR** (Mme de). Œuvres. *Paris*, 1817-1853, 23 vol. in-8 et
6 vol. in-12, d.-rel. veau de couleurs variées. Ens. 29 vol. *Bel exemplaire avec envois d'auteur à chaque ouvrage à Mlle Louise Bertin.* 32
  Auguste et Frédéric. — Le Novice. — Raoul cu l'Énéide. — Charlotte
  Browu, comédie. — Histoires fausses et vraies. — Les Flavy. — La Fille
  d'honneur. — Robertine. — Sabine. — Un mariage de finance. — La Famillle
  Récour. — Mémoires d'une héritière. — Une Existence parisienne.
  Cette collection des œuvres de Mme de Bawr serait presque impossible à
  réunir.

5527. **BAZANCOURT** (le baron de). L'Expédition de Crimée. *Paris,
Amyot*, 1856, 2 vol. in-8, br. 4 »

5528. BEAUCHAMP (A. de). Histoire des campagnes de 1814 et de 1815. *Paris*, 1816, 4 vol. in-8, d.-rel. bas. bl.　　10 »

5529. BIBLIOTHÈQUE TROYENNE. 7 pièces en 1 vol. pet. in-8, d.-rel. chag. viol.　　7 »

 Le magnifique festin fait à MM. les Savetiers. — Description de six espèces de pets. — Le Miroir des femmes. — La Misère des domestiques. — Harangue faite en l'assemblée des Savetiers. — La Vie du fameux Gargantuas. — La Princesse Lionnette et le prince Coquerico.

5530. BIOGRAPHIE universelle et portative des contemporains, ou Dictionnaire historique des hommes vivants et des hommes morts depuis 1788. *Paris, Levrault,* 1834, 5 vol. in-8, d.-rel. v. ant. *Portraits.*　　15 »

 Edition compacte sur deux colonnes.

5531. BLANC (Ch.). Grammaire des arts du dessin. Architecture, sculpture, peinture. *Paris, Renouard,* 1867, gr. in-8 de 720 pages, br. *Nombr. figures gravées sur bois dans le texte.*　　14 »

5532. BOSSUET (J.-B.). Instruction sur les estats d'oraison, où sont exposées les erreurs des faux mystiques de nos jours. *Paris, Anisson,* 1697, in-8, d.-rel. v. viol. *Bon exemplaire.*　　8 »

 Edition originale, cont. : Actes de la condamnation des Quiétistes.

5533. BOUQUET HISTORIAL (Le), recueilli des meilleurs auteurs grecs, latins et françois, par M. F. B. (maître François Berthauldt). *Paris,* 1680, in-12, v. gr.　　3 50

5534. BUFFON. Œuvres complètes augmentées par Cuvier de deux vol. supplémentaires. 29 vol. — Œuvres du comte de Lacépède, 13 vol. *Paris, Pillot,* 1831, ensemble 42 vol. in-8, br. avec 402 *planches coloriées.*　　35 »

5535. BULLET. Dissertations sur différents sujets de l'histoire de France. *Besançon, Charmet,* 1859, pet. in-8, jolie d.-rel. perc.　　6 »

 Curieuses dissertations sur la Fleur de Lis, l'oriflamme, le nom des Français, etc.

5536. BULWER. Ernest Maltravers, trad. de l'angl. par Mlle A. Sobry. — Alice, ou les Mystères, suite d'Ernest Maltravers. Trad. par la même. *Paris, Fournier,* 1838, 4 vol. in-8, d.-rel. veau ant.　　8 50

5537. BUONAPARTE et Murat, ravisseurs d'une jeune femme. Mémoire historique écrit par le mari outragé, J. H. F. Revel, capitaine pensionné. *Paris,* 1815, in-12, br. *Rare.*　　4 »

5538. **BURNOUF (E.).** Introduction à l'histoire du Buddhisme indien. *Paris, impr. Roy,* 1844, in-4, d.-rel. dos et coins maroq. grenat, tête dorée, n. rog. (*Andrieux*). 35 »

Bel exemplaire.

5539. **BYRON (lord).** The poetical works. *Edinburgh, Nimmo, s. d.,* in-18 de 700 pages, cart. anglais, tr. dor. *Portrait et jolies vignettes sur bois.* 4 »

5540. **CAHIERS DE 1789.** Recueil des cahiers de 1789 : clergé, noblesse, tiers-état, publié par L. de La Roqué. *Paris,* 1867, br. in-8. *Première livraison :* Dauphiné, Forez, Lyonnais, Beaujolais. 3 »

5541. **CALLET.** Notice sur la vie artistique et les ouvrages de quelques architectes français du xvie siècle. *Paris,* 1842, gr. in-8, d.-rel. ch. bl. *Belles planches gravées.* 10 »

5542. **CAMPAN (Mme)** surintendante de la maison d'Ecouen. De l'éducation, suivi des conseils aux jeunes filles et d'un théâtre pour les jeunes personnes; mis en ordre par F. Barrière. *Paris, Baudouin,* 1824, 3 vol. in-12, cart., non rognés. *Vignettes de Devéria.* 9 »

5543. **CATALOGUE DES GENTILSHOMMES** qui ont pris part ou envoyé leur procuration aux assemblées de la noblesse pour l'élection des députés aux états généraux de 1789, publié d'après les procès-verbaux officiels par L. de La Roque et Éd. de Barthelemy. *Paris,* 1864-68, in-8.

Chaque province forme une ou deux brochures in-8 du prix de 2 fr. chaque livraison.
1º Armagnac et Quercy.
2º Alsace, Corse, Comtat Venaissin.
3º Artois, Flandre et Hainaut.
4º Anjou et Pays saumurois.
5º Béarn, Navarre, Gascogne.
6º Bourbonnais, Nivernois et Donziois.
7º Bourgogne, Bresse, Bugey, Valromey.
8º Franche-Comté.
9º Champagne.
10º Ile-de-France, Soissonnais, Valois, Vermandois (2 *livr.*).
11º Guyenne, Agenois, Bazadois.
12º Maine, Perche et Thimerais.
13º Lorraine et duché de Bar (2 *livr.*).
14º Lyonnais, Forez et Beaujolais.
15º Orléanais, Blaisois, Beauce et Vendomois.
16º Marche et Limousin.
17º Normandie (2 *livr.*). Epuisé 5 fr.
18º Périgord, Aunis, Saintonge et Angoumois.
19º Languedoc (*généralité de Toulouse*).
20º Poitou.
21º Roussillon.

22° Colonies et des familles anoblies ou titrées sous l'Empire, la Restauration et le gouvernement de Juillet.

23° Supplément aux familles titrées sous le premier Empire, suivi de la liste des titres concédés depuis 1866.

24° Preuves de noblesse reçues par d'Hozier pour les Écoles militaires (1653-1789).

25° Certificats de noblesse délivrés par Cherin pour le service militaire (1781-1789).

5544. **CAYLUS** (Le comte de) Recueil d'antiquités égyptiennes, étrusques, grecques, et romaines. *Paris, Desaint et Saillant,* 1761-1767, 7 vol. in-4, veau éc., fil., tr. dor. *Nombreuses planches.* 85 »
Bel exemplaire.

5545. **CHAPELLE ET BACHAUMONT** (Voyage de), suivi de quelques autres voyages dans le même genre.[*Paris,* 1810, in-18, bas. gr. *Jolie vignette.* 1 50

5546. **CHEVALIERS DE MALTE**, ou Saint-Jean de Jérusalem. Organisation contemporaine, liste générale, par Élizé de Montagnac. *Paris,* 1874, 1 vol. in-18, *avec figures;* au lieu de 3 fr. 50. 1 50

5547. **CLARISSE HARLOWE**, trad. nouvelle et seule complète par Letourneur sur l'édition originale revue par Richardson. *Paris, Lemarchand,* 1802, 14 vol. pet. in-12, belle reliure en veau plein, raciné avec dentelles. *14 figures de Huot, gravées par Bovinet.* 22 »
Exemplaire en parfait état.

5548. **CLÉ DU CAVEAU** (La) à l'usage des chansonniers français et étrangers, des amateurs, auteurs, acteurs, chefs d'orchestre et de tous les amis du vaudeville et de la chanson. 4° édition contenant 2350 airs dont 470 qui n'étaient point dans l'édition précédente; précédé d'une notice sur le caveau, avec trois tables, par Capelle. *Paris, Cotelle, s. d.,* pet. in-4 oblong, d.-rel. veau. 22 »
Bel exemplaire peu commun.

5549. **COLLECTION D'ANTIQUITÉS** grecques, romaines et égyptiennes. Vente des 23-28 mars 1868. In-8, br. de 150 p. 2 50

5550. **COOPER.** Œuvres, traduites par Defauconpret. *Paris, Furne,* 1839-40, 30 vol. in-8, br. *Portrait, titres gravés et figures en taille-douce.* 75 »

5551. **(COQUATRIX).** Italie, drame. *Rouen, le Grand,* 1838, in-8., dem.-rel. maroq., br. du Levant, t. d., n. rog. *Curieuse eau-forte sur Chine, par G. Morin.* 10 »
Bel exemplaire d'un romantique rare.

5552. (COQUELET.) L'Asne. *Paris, Langlois,* 1729, in-12 de 40 pages, dérelié. 1 »

5553. CORNEILLE (P.). L'Imitation de Jésus-Christ, traduite et paraphrasée en vers français. *Paris, Gay,* 1862, pet. in-12, papier vergé, d.-rel. c. de Russie, tête dorée, n. rog. 6 50

5554. DANTE ALIGHIERI. L'Enfer, le Paradis et le Purgatoire, traduit en français, avec texte en regard, par Artaud. *Paris, F. Didot,* 1828-1830, 9 vol. pet. in-18, d.-rel., v. violet, non rogné. *Fig.* 20 »
Jolie édition. — Bel exempl.

5555. DECANDOLLE. Cours de botanique; organographie et physiologie végétales. *Paris,* 1827-1832, 5 vol. in-8, d.-rel. v. 60 *planches. Bel. exempl.* 12 »

5556. DESCHAMPS (Antoni). Dernières paroles, poésies. *Paris, Ebrard,* 1835, in-8, d.-rel. v. vert. (*Envoi d'auteur, signé Antoni, à Mlle Louise Bertin.*) 12 »
Bel exemplaire. *Rare.*

5557. DESCHAMPS (Emile). Etudes françaises et étrangères. (Poésies.) *Paris, U. Canel,* 1828, in-8, d.-rel. v. vert. 8 50
Envoi d'auteur signé à Mlle L. Bertin.

5558. D'HOZIER. Armorial général de France. *Paris, Imprim. royale,* 1821-23, 2 vol. in-4, d.-rel. v. ant. *Nombreuses armoiries dans le texte et planches.* 15 »
Cette nouvelle édition, publiée par d'Hozier fils, n'a pas été continuée.

5559. DIABLE A PARIS (Le). Paris et les Parisiens. Texte par G. Sand, Nodier, de Balzac, Th. Gautier, A. de Musset, etc. *Paris, Hetzel,* 1845, 2 vol. gr. in-8, d.-rel. chag. viol. *Illustrations de Gavarni.* 24 »
Premier tirage.

5560. DICTIONNAIRE DES FIEFS, seigneuries, châtellenies, etc., de l'ancienne France, cont. les noms des terres et ceux des familles qui les ont possédés, leur situation provinciale, les dates de possession, de transmission ou d'érection en terres titrées, etc., par Gourdon de Genouilhac, 1 vol. in-8 de 568 pages. 5 »

5561. DICTIONNAIRE TOPOGRAPHIQUE de France, comprenant les noms de lieu anciens et modernes, publié par ordre du ministre de l'instruction publique, in-4, br.

—— Eure-et-Loir, par L. Merlet, 1861.   5 »
—— Meurthe, par H. Lepage, 1862.   5 »
—— Basses-Pyrénées, par P. Raymond, 1863.   5 »
—— Nièvre, par G. de Soultrait, 1865.   6 »
—— Hérault, par E. Thomas, 1865.   6 »
—— Haut-Rhin, par G. Stoffel, 1868.   4 »
—— Morbihan, par Rosenzweig, 1870.   6 »
—— Meuse, par F. Liénard, 1872.   6 »

5562. DROUINEAU (Gust.). Résignée. *Paris, Gosselin*, 1833, 2 vol. in-8,
d.-rel. v. fauve, n. rog.   8 »
> Bel exemplaire de l'édition originale.

5563. DROUINEAU (Gust.). L'Ironie. *Paris, Gosselin,* 1834, 2 vol. in-8,
d.-rel. v. viol. *Bel exempl.*   9 »
> Edition originale.

5564. DULAURE. Histoire physique, civile et morale de Paris depuis
les premiers temps historiques. *Paris, Guillaume*, 1829, 10 vol. in-8,
br. *Nombr. planches.*   12 »

5565. DUMAS (Adolphe). Provence (poésies). *Paris, Hetzel*, 1840, in-8
sur papier vélin fort, d.-rel. v. bl. *Envoi signé à Mlle Louise Ber-*
tin.   5 »

5566. DUPONT WHITE. L'Individu et l'État. *Paris, Guillaume*, 1865,
in-12, d.-rel. maroq. chag. viol. ·   2 50

5567. ESMÉRALDA, opéra en quatre actes, paroles de V. Hugo, musique de Mlle Louise Bertin, avec accompagnement de piano par
F. Liszt. *Paris, Troupenas*, in-4, d.-rel. mar. v.   10 »
> Partition.
> Exemplaire de Mlle L. Bertin, provenant de sa vente.

5568. ESTAMPES ANCIENNES (Catalogue de la collection d'), provenant du cabinet de M. H. de L. *Paris*, 1856, gr. in-8, br. *Exempl. en*
grand papier avec prix ms.   5 »

5569. ESTAMPES (Catalogue d') et de dessins composant le cabinet de
Van Den Zande, rédigé par Guichardot. *Paris*, 1855, gr. in-8, br.
Exemplaire en grand papier.   4 »

5569 *bis.* —— LE MÊME, papier ordinaire, in-8, br. *Prix ms.*   4 »

5570. ESTAMPES ET DESSINS (Catalogue d'), composant le cabinet

du chevalier J. Camberlyn; rédigé par Guichardot. *Paris*, 1865,
2 part. in-8, br. 2 50

5571. **ESTAMPES.** Cabinet de Paignon-Dijonval. État détaillé et raisonné des dessins et estampes dont il est composé, rédigé par Bénard. *Paris*, 1810, in-4, d.-rel. ch. viol. 6 50
> Cet important catalogue est suivi de 2 tables comprenant tous les artistes cités.

5572. **FEYDEAU.** Fanny. Étude. *Paris, Amyot*, 1858, in-12. d.-rel. maroq. viol. (*David.*) 3 50

5573. **FOE** (Daniel de). Aventures de Robinson Crusoë, traduit par Mme A. Tastu, avec une notice par L. Reybaud. *Paris, Moutardier*, s. d., 2 vol. in-8, d.-rel. v. ant. 52 *gravures sur acier d'après les dessins de M. de Sainson.* 10 »
> Bel exempl. de cette jolie édition.

5574. (**FOUGERET DE MONBRON**). La Henriade travestie en vers burlesques. *Evreux, Ancelle*, an VII, in-18, br. *Portrait.* 2 »

5575. **GAVET ET P. BOUCHER.** Jakaré-Ouassou, ou les Tupinambas, chronique brésilienne. *Paris*, 1830, in-8, d.-rel. d. et c. mar. rouge, *Bel exempl. non rogné.* tiré sur papier de fil. 4 50

5576. **GÉRARD DE NÉRVAL.** *Faust*, de Gœthe, suivi du second Faust. Choix de ballades et poésies, trad. par Gérard (de Nerval). *Paris, Gosselin*, 1840, in-12, d.-rel. chag. br. 8 »

5577. **GRILLE** (Fr.), Autographes de savants et d'artistes, de connus et d'inconnus, de vivants et de morts. *Paris*, 1853, 2 vol. in-12, d.-rel. v. f. n. rog. 7 »

5578. **HEPTAMÉRON** (L'). Nouvelles de la reine Marguerite de Navarre, publiées par le bibl. Jacob. *Paris, Gosselin*, 1841, in-12, d.-rel. chag. n. 3 50

5579. **HISTOIRE DU BEAUJOLAIS** et des sires de Beaujeu, suivie de l'armorial de la province; par le baron Ferdinand de La Roche La Carelle. Lyon, imprimerie de Louis Perrin, 1853, 2 vol. gr. in-8; *au lieu de 40 fr.* 24 »

5580. **HOMMAGE AUX DAMES.** *Paris, L. Janet*, 1820, pet. in-18, maroquin rouge, fil., dent., tr. dor. *Jolies vignettes.* 4 »
> Exemplaire très-frais.

5581. **INDICATEUR DU MERCURE DE FRANCE.** Contenant la liste alphabétique des personnages sur lesquels on trouve, dans l'immense collection du *Mercure de France*, des rénseignements généalogiques, biographiques et nécrologiques, avec renvoi aux années, tomes et pages, par Joannis Guigard, auteur de la *Bibliothèque héraldique de la France*. Paris, 1869. Cette importante publication, qui a demandé de longues années de patientes lectures, forme un volume in-8. Elle est imprimée à deux colonnes, sur beau papier vergé ; *au lieu de 10 fr.*   4 »

5582. **INTERMÉDIAIRES DES CHERCHEURS ET DES CURIEUX** (notes and queries français). Questions et réponses, communications diverses à l'usage de tous. *Paris*, janvier 1864 à décembre 1875, nᵒˢ 1 à 182 ; 6 vol. gr. in-8, d.-rel. chag. viol ; les années 1874 et 1875 en livraisons.   65 »
> Collection bien complète dont plusieurs années sont entièrement épuisées.
> Le prix de l'abonnement est de 12 francs par an.

5583. **JAMES.** Mémoires d'un jeune cavalier, traduit de l'anglais par Defauconpret. *Paris, Gosselin*, 1835, 2 vol. in-8, d.-rel. v. fauve.   3 50

5584. **JEANDET** (Abel). Etude sur le xviᵉ siècle. France et Bourgogne. Pontus de Tyard, évêque de Chalon. *Paris, A. Aubry. (Lyon, impr. de L. Perrin).* 1860, in-8, pap. vergé teinté, br. Portrait.   10 »
> Epuisé.

5585. **JEUX DE CARTES INSTRUCTIFS.** *Paris, A.-A. Renouard*, 1809, 6 jeux de 47 cartes chacun, dans des étuis. En très-bon état. 10 »
> Mythologie, Histoire sainte, Histoire romaine, Histoire d'Angleterre, Histoire des Empereurs, Histoire des animaux.

5586. **JOINVILLE.** Histoire de Saint Louis, texte rapproché du françai moderne par N. de Wailly. *Paris, Hachette*, 1868, in-12, d.-rel. perc. n. rog. (*Raparlier.*)   2 »

5587. **KARR.** (A.) Geneviève. *Paris, Didier*, 1853, in-12, d.-rel. v. fauve.   2 »

5588. **KOCH.** Mémoires pour servir à l'histoire de la campagne de 1814. *Paris*, 1819, 3 vol. in-8, v. ant. *Sur les plats le cachet en or de la Bibliothèque des Gardes du Corps du Roi.*   9 »

5589. **LABOULAYE.** Dictionnaire des Arts et des Manufactures, de l'Agriculture, des Mines, etc. *Paris, Lacroix*, 1867, 2 forts vol. gr. in-8, br. *4000 gravures sur bois dans le texte.*   18 »

5590. **LACROIX** (P.) Les Arts au moyen âge et à l'époque de la Renaissance. *Paris, F. Didot*, 1869, gr. in-8, br. *Premier tirage.* 24 »
 Ouvrage illustré de 17 planches chromolithographiques et de 400 gravures sur bois.

5591. **LAMENNAIS.** Paroles d'un Croyant. 1833. *Paris, E. Renduel*, 1834, in-8, d.-rel. v. f. 6 »
 Edition originale. — Bel exempl.

5592. **LANOYE** (F. de.) Le Niger et les explorations de l'Afrique centrale., *Paris, Hachette*, 1858, in-12, d.-rel. maroq. vert. *Carte (David).* 4 »

5593. **LAVATER** (L.) Henri Farel, roman alsacien. *Paris, Guyot*, 1834, 2 vol. in-8, d.-rel. v. viol. 6 »

5594. **LE BAS** (Phil.) Annales historiques et Dictionnaire encyclopédique de la France. *Paris, F. Didot*, 1840-45, 14 vol. de texte et 3 vol. contenant 620 *planches et cartes.* Ens. 17 vol. in-8 cart. d'éditeur, n. rog. *Bel exemplaire très-frais.* Au lieu de 119 fr. 45 »

5595. **LE BON** (E.) Joseph Le Bon dans sa vie privée et dans sa carrière politique. *Paris, Dentu*, 1861, in-8, d.-rel. chag. Lavall. 3 50

5596. **LÉGENDAIRE DE LA NOBLESSE DE FRANCE.** Devises, cris de guerre, dictons, etc., des provinces, des villes et des familles nobles de la France, au nombre de plus de six mille, recueillis, mis en ordre et précédés d'une introduction par le comte O. DE BESSAS DE LA MÉGIE. Paris, 1865. Magnifique vol. grand in-8 de 560 p., imprim. avec luxe, papier ordinaire ; *au lieu de 15 fr.* 8 fr.

5597. **LEGOUVÉ,** Né à Montbrisson. Altilie, tragédie. *Paris, Giffart*, 1750, pet. in-12, br. en carton (*titre taché.*) 3 50

5598. **LE MOINE** (l'abbé) d'Orgival. Considérations sur l'origine et le progrès des Belles-Lettres chez les Romains. *Amst.*, 1750, in-12, d.-rel., v. f., non rogné (*Kœhler.*) 4 »

5599. **LINGRÉE.** Réflexions et maximes. *Parie, Impr. de P. Didot-l'Aîné*, 1814, pet. in-18, maroquin citron, fil., dent., tr. dor. (*Chilliat.*) *Jolie reliure dans le genre de Bozérian.* 8 »
 Bel exemplaire.

5600. **LOISIRS** d'un soldat au régiment des Gardes françoises. (Par Desrivières.) *Paris, (Cailleau)*, 1767, pet. in-12, br. (*Rare.*) 4 »

5601. **LYONNAIS.** (Album du). Villes, bourgs, villages, églises et châteaux du dép. du Rhône, pvbliés s. la dir. de L. Boitel, et illustrés par H. Leymarie. *Lyon, Boitel*, 1844, in-4 de 276 pages, d.-rel. chag. vert, tête dorée, n. rog. *Planches lithographiées.*   15 »

5602. **MASSON** (Michel.) Ne touchez pas à la Reine. *Paris, A. Dupont*, 1837, in-8, d.-rel. v. viol. (1ʳᵉ *Edit.*)   4 »

5603. **MAUPEOU** (de.) curé de la ville de Nonancourt (Eure.) La vie du R. P. dom Armand Jean Le Bouthillier de Rancé, abbé et réformateur du monastère de La Trappe. *Paris, d'Houry*, 1702, 2 vol. in-12, v. gr. *Portrait gravé par Drevet.*   4 50

5604 **MÉRIMÉE** (P.) La Guzla, ou Choix de poésies illyriques recueillies dans la Dalmatie, la Bosnie, la Croatie et l'Herzégovine, *Paris, Levrault*, 1827, in-18, cart. d'éditeur, n. rog. Figure.   3 50

5605. **MINIATURE.** (Traité de la) par Mˡˡᵉ Perrot. S. l., 1625, in-12, rel. neuve, bas. marb.   2 50

5606. **MINIATURE.** (Traité de) avec le secret de faire les plus belles couleurs, l'or bruny et l'or en coquille (par de La Voye-Mignot.) *Paris, Ballard*, 1711, in-12, v. gr.   2 50

5607. **MIONNET.** Description de médailles antiques, grecques et romaines, avec leur degré de rareté et leur estimation. *Paris*, 1806-1813, 6 vol. in-8. Recueil des planches de la description de médailles antiques, grecques et romaines. *Paris*, 1808, 1 vol. in-8. Supplément à la description de médailles antiques. *Paris*, 1819-1837, 9 vol. in-8. *Planches.* — Atlas de Géographie, Numismatique, 1838, 1 vol. in-4. —— Poids des médailles grecques d'or et d'argent du cabinet royal de France, 1839, 1 vol. in-8. Ensemble 18 vol. d.-rel. v. fauve.   600 »

    Collection complète, dont les six premiers volumes (*Description de médailles*) sont d'une grande rareté.

5608. **MOLLEVAUT.** Les Fleurs, poëme. *Paris, A. Bertrand*, 1818, in-18, cart.; n. rog. *Figures noires et coloriées, par Chasselat et Bessa.* 3   »

5609. **MONTFAUCON** (Dom Bernard de.) L'Antiquité expliquée (en français et en latin) et représentée en figures. *Paris, Delaulne*, 1722, 10 vol. — Supplément. *Paris*, 1724, 5 vol. Ens. 15 vol. in-fol. d.-rel. *Figures.*   275 »

    Excellent ouvrage qui n'est pas encore remplacé.

5610. **MOREAU** (Hégésippe.) Œuvres. *Paris*, 1860, in-12, d.-rel. chag. bl. 3 »

5611. **MORTONVAL.** Un secret d'État. *Paris, A. Dupont*, 1836, in-8, d.-rel. v. ant. 3 50

5612. **MUSÆUS.** Contes, précédés d'une notice par Paul de Kock. *Paris, Moutardier*, 1826, 5 vol. pet. in-18, d.-rel. veau rose. *5 vignettes sur Chine par Couché.* 10 »

5613. **MUSETTE DU VAUDEVILLE** (La) ou Recueil complet des airs de M. Doche, *Paris, l'auteur, s. d.*, in-8, obl. br. 500 *pages de musique gravée, avec les paroles.* 12 »

5614. **NÉCROLOGE** des plus célèbres défenseurs et confesseurs de la vérité des xviie et xviii siècles (par l'abbé Serveau) S. l., 1760-63, 2 vol. in-12, br. *Portrait du P. Quesnel et vue de l'abbaye de Port-Royal.* 4 ».
> La table du tome Ier est incomplète.

5615. **NOBILIAIRE** du département des Bouches-du-Rhône par Gourdon de Genouilhac et de Piolenc, un vol. in-8 de 240 pages. 5 »

5616. **NOBILIAIRE DU PONTHIEU ET DU VIMEU,** par M. le marquis de Belleval. 2e édit. revue, corrigée et augment. Paris, 1876, 1 gros vol. in-4 de près de 509 pages à 2 col., format de La Chenaye des Bois et papier vergé ; *au lieu de 30 fr.* 8 »

5617. **NOBILIAIRE UNIVERSEL** de France ou Recueil général des généalogies historiques des maisons nobles de ce royaume, par de Saint-Allais, avec le concours de MM. de La Chabeaussière, de Courcelles, l'abbé Lespine, de Saint-Pons, généalogistes célèbres. *Paris, Bachelin-Deflorenne,* 1872-1877, 40 demi-volumes in-8. Au lieu de 240 francs. 100 »
> Réimpression textuelle de la rarissime édition, publiée par ces auteurs et autres, en 20 vol. in-8, depuis 1814 jusqu'en 1843.
> Cette réimpression est exécutée dans le même format, en caractères elzéviriens, sur papier vergé collé, fabriqué spécialement pour cette édition.

5618. **NODIER** (Ch.) Bibliographie entomologique, ou Catalogue raisonné des ouvrages relatifs aux insectes. *Paris, Moutardier,* an IX, in-18, broché de 64 pages. *Tres-rare.* 7 »
> Premier ouvrage de Nodier, composé à l'âge de 18 ans.

5619. **NODIER** (Ch.) Bibliothèque sacrée grecque-latine. *Paris,* 1826, in-8, d.-rel., v. f., n. rog. *Bel exempl.* 7 »

5620. NODIER (Ch.) Dictionnaire raisonné des Onomatopées françoises. *Paris, Delangle,* 1828, in-8, d.-rel. veau vert, n. rog. *Bel exempl.* 7 50

5620 *bis.* —— LE MÊME, br.   6 50

5621. NODIER (Ch.) Essais d'un jeune barde. *Paris, Cavanagh,* 1804, in-18 cart. à la Bradel, non rogné.   4 50
  L'un des premiers ouvrages de Ch. Nodier et aussi l'un des plus rares.

5622. NODIER (Ch.) Histoire des Sociétés secrètes de l'armée qui ont eu pour objet la destruction du gouvernement de Bonaparte. *Paris,* 1815, in-8, d.-rel.   3 50

5623. NODIER (Ch.) Histoire du roi de Bohême et de ses sept châteaux. *Paris, Delangle,* 1830, in-8, jésus vélin, d.-rel. dos et coins de maroq. rouge du Levant, tête dorée, n. rog. *Nombr. vignettes de Tony Johannot, gravées sur bois.*   35 »
  Bel exemplaire.
  Parmi les charmantes vignettes de T. Johannot, on trouve à la page 44, dans un médaillon, les portraits très-ressemblants de Byron et de Delacroix.; à la page 303, une vignette représente Ch. Nodier, les mains dans les poches; un jeune homme élégant s'appuie sur son épaule. C'est le plus beau portrait de Ch. Nodier qui soit connu : la tête, le costume et l'allure sont d'une exacte vérité.

5624. NODIER (Ch.) Le Dernier chapitre de mon roman. *Paris, E. Renduel,* 1832, in-8, d.-rel. v. vert. n. rog.   6 »
  Roman très-piquant.

5625. NODIER (Ch.) Les Quatre talismans, conte suivi de la Légende de sœur Béatrix. *Paris, Dumont,* 1838, in-8, rel. (*Edit. originale.*) 2 50

5626. NODIER (Ch.) Promenade de Dieppe aux montagnes d'Ecosse. *Paris, Barba,* 1821, in-18, d.-rel., v. viol. éb., n. rog. *Carte et fig. coloriées.* (*Bel exempl.*   4 50

5627. NODIER (Ch.) Rêveries. *Paris, Renduel,* 1832, in-8, br.   3 »

5628. (NODIER.) Lord Ruthwen, ou les Vampires, publié par l'auteur de Jean Sbogar, *Paris, Ladvocat,* 1820, 2 vol. in-12, d.-rel. maroq. rouge. (*Édition originale*).   7 »
  Bel exemplaire.

5629. NODIER (Ch.) Souvenirs de jeunesse. *Paris, Levavasseur,* 1832, in-8, rel. (*Cachet*) *Edition originale.*   2 50

5630 NODIER (Ch.) Souvenirs et portraits de la Révolution. *Paris, Char-*

pentier, 1841, in-12, d.-rel. maroq, rouge du Levant, tête dorée,
n. rog.   4 50

5631. **NODIER** (Ch.) Trilby, ou le Lutin D'Argail. *Paris, Ladvocat*,
1822, in-18, d.-rel. v. viol.   3 50

5632. **LES NOMS FÉODAUX** ou Noms de ceux qui ont tenu fiefs en
France, depuis le xii° siècle jusque vers le milieu du xviii°, par
M. L. de Bétencourt, membre de l'Académie des inscriptions et
belles-lettres. Réimpression *fac-simile* de l'édit. rarissime publiée à
Paris en 1826, et contenant plus de vingt mille noms nobles. Cet
ouvrage intéresse plus particulièrement les anciennes provinces
de l'Anjou, de l'Aulnis, de l'Auvergne, du Beaujolais, du Berry, du
Bourbonnais, du Forez, du Lyonnais, du Maine, de la Marche, du
Nivernais, de la Saintonge, de la Touraine, de l'Angoumois et du
Poitou. Paris, 1867-1868. Cette réimpression, faite avec soin, sur
pap. vergé, forme 4 vol. in-8 ; *au lieu de 40 francs,*   22 »

5633. **PARFAICT** (Les frères). Histoire du Théâtre-François, depuis
son origine jusqu'à présent. *Paris*, 1745-1749, 15 vol. in-12, v.
marb.   55 »

5634. **PARIS**. Études archéologiques sur les anciens plans de Paris des
xvi°, xvii° et xviii° siècles, par A. Bonnardot, Parisien. *Paris*, 1851,
in-4 de 250 pages, br. *Planche. Epuisé.*   20 »

5635. **PASCAL**. Études sur Blaise Pascal, par A. Vinet. *Paris*, 1856,
in-8, d.-rel., v. fauve.   4 »

5636. **PASCAL**. Lettres, opuscules et mémoires de Mme Périer et de
Jacqueline, sœurs de Pascal et de Marguerite Périer, sa nièce, publiés
par P. Faugère. *Paris, Vaton*, 1845, in-8, d.-rel. v. fauve.   8 »
  Bel ex. ébarbé, non rogné.

5637. **PEIGNOT** (G.). Recherches historiques et littéraires sur les
Danses des morts et sur l'origine des cartes à jouer. *Dijon, Lagier*,
1826, in-8 de 428 pages, br. *Figures.*   28 »
  L'un des ouvrages les plus recherchés de G. Peignot.

5638. **PELLICO** (Silvio). Mes prisons. — Des devoirs des hommes.
Traduit de l'italien avec introd. par Ant. de Latour. *Paris, Fournier*,
1833-34, 2 vol. in-8, d.-rel. v. ant. *Portrait.*   8 »
  Première édition de cette traduction estimée.

5639. **PHYSIQUE OCCULTE** (La), ou Traité de la Baguette divina-
toire (par l'abbé de Vallemont). *La Haye, Mœtjens,* 1722, 2 tomes en
1 vol. in-12, bas. marb. *Figures.*   3 »

5640. **PLUTARQUE.** Les Vies des hommes illustres, trad. en français
par D. Ricard. *Paris,* 1829, 16 vol. pet. in-12, cart. à la bradel. *Portrait de Plutarque sur chine.*   10 »

5641. **PLUTARQUE.** Œuvres traduites du grec et accompagnées de
notes, par D. Ricard. *Paris, Brière,* 1827, gr. in-8, de 1030 pages à
2 colonnes, reliure pleine en veau bleu, fil. gauf. à froid, tr. dor.
(*Thouvenin.*)   15 »
  Bel exemplaire.

5642. **POÈMES GRECS.** (Les petits), par Orphée, Homère, Hésiode,
Pindare, Anacréon, Sapho, Callimaque, etc., trad. par Bignan,
Falconnet, Laporte, Dutheil, etc., *Paris, Desrez,* 1638, gr. in-8, d.-
rel., d. et c. mar. viol. (*Kœhler.*)   5 50
  Bel exemplaire.

5643. **POÈTES** du xıxe siècle. *Paris, Gosselin,* 1822, 4 vol. in-18, pleine
reliure en veau bleu, fil., dent., gauf. à froid, tr. dor., jolie reliure
du temps. *Petites vignettes, par Desenne.*   16 »
  Géraud, — de Saint-Victor, — de Chênedollé.

5644. **PONTMARTIN.** (A. de). Contes d'un planteur de choux. *Paris,
Lévy,* 1856, in-12 d.-rel. maroq. bl. (David).   3 »

5645. **POUGENS** (Ch.) Lettres d'un Chartreux, écrites en 1755. *Paris,
Mongié,* 1820, in-18, br. *Vignette de Desenne.*   2 50

5646. **POURTALÈS.** (Vente de la galerie). Catalogues des tableaux et
des objets d'art. 1865. 2 vol. in-8, br.   3 50

5647. **PRÊTRE MARIÉ** (Le), épisode de la Révolution française par le
comte de Poligny, avec introd. par Ch. Nodier. *Paris, Techener,* 1863,
in-12, br.   3 »

5648. **PRÉVOST** (l'abbé). Histoire du chevalier Des Grieux et de Manon Lescaut. *Amsterdam, aux dépens de la Compagnie,* 1756, 4 vol.
pet. in-12, maroquin Lavallière, tr. dor. (*Cuyls*) *Ex libris de la Bibliothèque Rigaud.*   30 »

5649. **PRISONS.** Aperçu du traitement qu'éprouvent les prisonniers de guerre français en Angleterre 1813, 1 *curieuse Planche*. — De la détention préventive, par Bertrand, 1862, — Répression pénale, par Bertin, 1859. Ens. 3 broc. in-8.   3 50

5650. **PROSTITUTION** (Histoire de la) chez tous les peuples du monde depuis l'antiquité la plus reculée, par P. Dufour. *Paris, Séré*, 1851-53, 6 tomes en 3 vol. in-8, d.-rel. Chag. n.   15 »

5651. **PROVENCE** (L'Etat de la), Contenant ce qu'il y a de plus remarquable dans la Police, dans la Justice, dans l'Eglise, et dans la noblesse de cette province, avec les armes de chaque famille. Par M. l'abbé R. D. B. (Robert de Briançon). *Paris, Aubouin*, 1693, 3 vol. in-12, veau fauve, fil. rel. anc. *Nombreuses armoiries.*   70 »

> Rare. — Bel exemplaire aux armes du marquis de Lagrange ; malheureusement la moitié de la page 323 du tome II a été enlevée.

5652. **QUATREMÈRE DE QUINCY.** Essai sur la nature le but et les moyens de l'Imitation dans les Beaux-Arts. *Paris*, 1823, in-8, d.-rel. v. rose.   5 »

5653. **RABELAIS.** Œuvres, publ. avec notes, par P. L. Jacob. *Paris, Charpentier*, 1849, gr. in-18 jésus] d.-rel. maroq. vert. tête dorée, n. rog. (*Bel ex. non piqué*).   5 »

5654. **RACINE** (J.) Œuvres. *Paris, Dufour*, 1826, 4 vol. in-32, rel. pl. chag. rouge.   25 »

> Charmante édition imprimée en caractères très-fins ; de la collection des *Classiques en miniature.*

5655. **RECUEIL D'ARMOIRIES** des Maisons nobles de France, par Gourdon de Genouilhac. *Paris*, 1 vol. in-8 de 450 pages.   5 »

5656. **RÉTIF DE LA BRETONNE.** La Confidence nécessaire. Lettres de Lord Austin de N** à Lord Humfrey de Dorset, son ami. *A Francfort et Paris, Gaugry*, 1769, 2 part. en 1 vol. in-12, v. marb. (*Bel exempl.*)   12 »

5657. **RIVAROL.** Ecrits et Pamphlets de Rivarol, recueillis pour la première fois, par A. P.-Malassis. *Paris, A Lemerre*, 1877, in-8, br.   4 »

5658. **ROMANS ET CONTES** de M. de *** (l'abbé de Voisenon). *Londres*, 1787, 5 parties en 2 vol. pet. in-12, v.   3 50

> Contenant : Le sultan Misapouf ; Histoire de la Félicité ; Zulmis et Zelmaïde ; Tant mieux pour elle.

5659. **ROME.** Nuova raccolta di 170 vedutine antiché e moderne

della città di Roma e sue vicinanze, incise da Domen. Pronti. 2 tomes en 1 vol. *Roma,* 1795, in-4, v. rac.   10 »
>170 vues de Rome ancienne et moderne.

5660. **SAINT-MARTIN** (de) le philosophe inconnu. Œuvres posthumes. *Tours,* 1807, 2 vol. in-8, d.-rel. v. ant.   7 50

5661. **SAND** (George). Le Secrétaire intime. *Paris, Revue des deux mondes,* 1834, 2 vol. in-8, d.-rel. v. fauve (en très-bon état)   7 50
>Edition originale.

5662. **SAND** (G.) Jacques. *Paris, Bonnaire,* 1834, 2 vol. in-8, d.-rel. v. ant.   6 »
>Edition originale. — La Préface datée du Grand Saint-Bernard, juillet 1834.

5663. **SAND** (J.) Rose et Blanche. *Paris, Dupuy et L. Tenré,* 1833, 2 vol. in-8, d.-rel. v. fauve.   12 »
>Rare.
>Premier ouvrage de Jules Sandeau, composé en société avec Mme Dudevant (George Sand), dont il est aussi le premier livre.

5664. **SCOTT** (Walter) The poetical works. *London, Nelson,* 1866, in-18, joli cartonn. tr. dor. *Vignettes gravées et photographiées.*   4 »

5665 **SÉNANCOUR.** Obermann, avec préface par Sainte-Beuve. *Paris, A. Ledoux,* 1833, 2 vol in-8, d.-rel. v. vert.   6 »

5666. **SOULIÉ** (Fréd.) Romans historiques du Languedoc. *Paris, A. Dupont,* 1836, 4 vol. in-8, d.-rel. v. ant. en parfait état.   10 »

5667. **SOULIÉ** (F.) Le Conseiller d'Etat. *Paris A. Dupont,* 1835, 2 vol. in-8, d.-rel. v. fauve. Edit. originale.   5 »

5668. **SOUMET.** Les Filiales, par Mme B. Daltenheyme (Gabrielle Soumet) *Paris, Allardin,* 1836, in-8, d.-rel., d. et c. mar. rouge, 1re *Edit.*   6 50
>Envoi d'auteur signé à Mlle Louise Bertin, auteur de la Esméralda.

5669. **SOUVENIR DES MÉNESTRELS.** *Paris,* 1821, in-18, mout. rouge, tr. dor. *Vignettes par Chasselat et musique.*   30 »

5670. **STATUTS DE L'ORDRE DU SAINT-ESPRIT.** Au droit Désir ou du Nœud. Institué à Naples en 1352, par Louis d'Anjou, premier du nom, roi de Jérusalem, de Naples et de Sicile. Manuscrit du xive siècle, conservé au Louvre, dans le musée des Souverains français, avec une notice sur la peinture des miniatures et la description du manuscrit par M. le comte Horace DE VIEIL-CASTEL. Paris, 1853, 1 vol. in-fol. de 43 p. de texte et XVII *miniatures; au lieu de* 100 *fr.*, 60 fr.

5671. **SUE** (Eug.) Deleytar. *Paris, Gosselin,* 1839, 2 vol. in-8, d.-rel. v. fauve. *Edit. originale.* 6 50

5672. **SWIFT.** Voyages de Gulliver, (trad. par l'abbé Desfontaines). A *Paris chez Gabriel Martin,* 1727, 2 parties en 1 vol. pet. in-12, v. m. *trois jolies vignettes.* 8 »

Edition originale de la traduction.

5673. **TARN.** (Répertoire archéologique du Dép. du) par H. Crozes *Paris, Imp. Impér.,* 1865. in-4. br. 2 50

5674. **THIERS.** Histoire du Consulat et de l'Empire. *Paris, Paulin. et Furne,* 1845-1874, 20 vol., plus un volume de table générale analytique et alphabétique. Ens. 21 vol. in-8, br. Ornés de 75 vignettes gravées sur acier, avec atlas de 66 cartes in-fol. Au lieu de 155 fr. 100 »

5675. **TROYES.** Poésies gothiques françaises. La Complainte de la Grosse Horloge de Troyes en Champagne (par N. Mauroy). *Paris, impr. de Crapelet,* 1831, in-8, pap. de Hollande, cart., n. rog. 5 50

Rare, tiré à très-petit nombre.

5676. **VÆNIUS** (Otho). Theatro moral de la vida humana en cien emblemas ; con el enchiridion de Epicteto, y la tabla de Cebes. *En Amberes, Verdussen,* 1733, in-fol. reliure neuve, bas. marbrée. *Beau portrait et* 104 *planches en taille-douce. Bel exemplaire.* 20 »

5677. **VALIDA,** ou la Réputation d'une femme, par Mᵐᵉ la marquise d'E*** (la marquise d'Épinay Saint-Luc). *Paris, Levavasseur,* 1835, 2 vol. in-8, d.-rel. v. ant. 2 *figures sur Chine gravées, par Porret.* 8 »

Bel exemplaire.

5678. **VECELLIO.** Costumes anciens et modernes. *Paris, F. Didot,* 1859, 2 vol. in-8, br. *Texte encadré et* 513 *costumes gravés sur bois.* 22 »

5679. **VICTOR HUGO** (chez). Par un passant. *Paris, Cadart et Luquet,*

1864, in-8. br. sur pap. vélin fort, *orné de 12 Eaux-fortes par Maxime Lalanne* (Epuisé).   6 »

    Introduction de A. Lecanu, avocat.

5680. **VILLETTE.** (Le marquis de). Œuvres. *A Londres,* (Paris, Clousier), 1786, pet. in-18, v. rac., fil.   10 »

    Cette rare et curieuse édition est imprimée sur papier fabriqué par Leorier Delisle avec diverses substances. Les 156 premières pages sont imprimées sur papier de guimauve, et les 20 feuillets suivants sont composés d'orties, de mousse, de roseaux, etc.
    Ex. Borluut de Noordonck et Van der Helle, avec ex-libris.

5681. **VIOLLET-LE-DUC.** Dictionnaire raisonné de l'Architecture française du xi° au xvi° siècle. *Paris, Bance et Morel,* 1854-1868, 10 vol. in-8, d.-rel., dos et coins de maroquin bleu du Levant, tête dorée, ébarbé, n. rog. *Portrait et 3745 bois gravés.*   250 »

    Très-bel exemplaire relié par Andrieux.

5682. **VIRGILE.** Opera Vergiliana docte et familiariter exposita ab Jodoco Badio Ascensio. A la fin : *Excussit Lugduni et in officina sua literatoria Jacobus Sacon,* 1517, pet. in-fol. v. marb.   35 »

    Belle édition ornée de 207 GRANDES FIGURES gravées sur bois. Ces gravures sont fort curieuses, en ce que tous les personnages de Virgile sont habillés avec des costumes du xvi° siècle.

5683. **VOLTAIRE.** La Henriade, poème ornée de dessins lithographiques de H. Vernet, avec les portraits par Mauzaisse. *Paris, Dubois,* 1825, in-fol. papier vélin, d.-rel., d. et c. maroq. br., n. rog. *(mouillure dans la marge des premiers feuillets.*   60 »

    Belle édition ornée de 94 planches lithographiées.

5684. **VOLTAIRE.** Œuvres complètes. *Kehl, Imp. de la Soc. littéraire typographique,* 1785, 92 vol. in-12, bas, gr. *Portrait.*   32 »

5685. **VOLTAIRE.** Œuvres-complètes. (Avec des avertissements et des notes par Condorcet). *De l'Imprimerie de la Société littéraire et typographique. (A Kehl),* 1785, 70 vol. in-8, veau raciné, fil. dent., tr. marb. *Beau portrait gravé par Tardieu.*   · 140 »

    Exemplaire sur grand papier (dit à l'astérisque).

5686. **WATELET.** Dictionnaire des Arts de peinture, sculpture et gravure. *Paris, Prault,* 1792, 5 vol. in-8. bas. rac.   10 »

LE FURONCLE

PAR

Horace BERTIN

AVEC UNE EAU-FORTE PAR CHAUVET

25 ex. sur papier Whatman, avec eau-forte avant la lettre,		7	»
50 —	vélin fort glacé avec cadre filigrané,	5	»
100 —	vélin fort glacé,	3 50	
300 —	Hollande,	3	»

Le Furoncle est un badin petit opuscule comme certains auteurs du XVIIIᵉ siècle aimaient à en faire. — Ce volume est très-bien imprimé avec la justification des éditions Cazin. Il est en outre orné d'une eau-forte de Chauvet.

ÉTUDE

SUR

LE FER ARMORIÉ DE FRANKLIN

PAR

M. LE COMTE DE LONGPÉRIER-GRIMOARD

Paris, 1877, broch. in-8. Blason.   » 50 cent.

Extrait du Bulletin du Bouquiniste. (Tiré à 50 exemplaires.)

NOTES ET DOCUMENTS POUR SERVIR A LA BIOGRAPHIE

DE

Christophe et François de Foix-Candalle

ÉVÊQUES D'AIRE

PAR PHILIPPE TAMIZEY DE LARROQUE

Paris, 1877, extrait de la Revue de Gascogne (Tiré à 100 exempl.)   2 »

BIOGRAPHIE MONTPELLIÉRAINE

PEINTRES, SCULPTEURS ET ARCHITECTES

PAR LOUIS DE LA ROQUE

Montpellier, 1877, in-8 de 136 pages.   3 »

Ce volume contient les notices sur les *peintres* : Bestieu, Boissière, Bourdon, Borély, Castellan, Coustou, Demoulin, Fabre, Gamelin, Matet, Moulinier, Pezet, Ranc, Raoux, Reynes, Troy, Vanderburch, Verdier et Vien ; les *sculpteurs* : d'Antoine, Bertrand, Granier, Journet, Legendre-Héral, Subreville et Vaneau ; les *architectes* : d'Aviler, Donnat, Les Giral et Mareschal.

LES PROFESSEURS ET AGRÉGÉS

A LA

FACULTÉ DE DROIT DE MONTPELLIER

— 1160-1791 —

In-8 de 96 pages.   2 »

471e Numéro.
1er Août 1877.

BULLETIN

DU

Bouquiniste

PUBLIÉ PAR Auguste AUBRY

Avec la collaboration de Bibliophiles et d'Erudits
Paraissant le 1er et le 15 de chaque mois.

21e ANNÉE. — 2e SEMESTRE.

PARIS

Un an........ 3 fr.

ÉTRANGER

Un an........ 5 fr.

PROVINCE

Un an........ 4 fr.

UN NUMÉRO

Prix.......... 50 c.

PARIS

CHEZ AUG. AUBRY, ÉDITEUR

LIBRAIRE DE LA SOCIÉTÉ DES BIBLIOPHILES FRANÇOIS
18, Rue-Séguier-Saint-André-des-Arts.
Et chez les principaux libraires de la France et de l'Etranger.

1877

Bibliothèque de L'Amateur Champenois

Par Alexandre ASSIER

Paris, 1858-1876, 14 vol. pet. in-8, *papier vergé*, tiré à 160 exemplaires numérotés. (*Collection terminée*).......... 28 fr.

I. — **Foires de Champagne.** Ce qu'on apprenait aux Foires de Troyes et de la Champagne au XIIIe siècle, suivi d'une notice historique sur les Foires de la Champagne et de la Brie. 2 »

II. — **Construction d'une Notre-Dame** au XIIIe siècle (Incendie et construction de N.-D. de Chartres), suivie des comptes de l'œuvre de l'église de Troyes au XIVe siècle. 2 »

III. — **L'Abbaye de Clairvaux** en 1517 et en 1709. 1866. 2 »

IV. — **Les Champenois** à travers les siècles. 1869. 2 »

V. — **Le Diable en Champagne.** « *Est-il bien vrai que le diable soit mort?* » 1869. 2 »

VI. — **La Bibliothèque bleue** depuis Jean Oudot 1er jusqu'à M. Baudot, 1600-1863. 1874. 2 »

VII. — **Napoléon 1er** à l'Ecole royale militaire de Brienne, d'après des documents authentiques et inédits, 1779-1784. 1874. 2 »

VIII. — **Les Nobles** de la province de Champagne, suivis de la Liste des familles qui n'ont point été admises par de Caumartin lors de la Recherche, en 1666. 1874. 2 »

IX. — **Une Cité champenoise** au XVe siècle. 1875. 2 »

X. — **Le bon vieux temps** en Champagne. 1875. 2 »

XI. — **Académie de province.** Mémoires d'une petite Académie de province. 1875. 2 »

VIENNENT DE PARAITRE :

XII. — **Les Arts et les Artistes** en Champagne, de 1250 à 1680. — 1° *Peintres-verriers et peintres.* - 2 »

XIII. — **Les Arts et les Artistes** en Champagne, de 1250 à 1680. — 2° *Maçons, architectes, menuisiers, fondeurs de cloches, orfèvres.* 2 »

XIV. — **Les Historiens de la Champagne et de la Brie** depuis 1810 jusqu'en 1875. 2 »

LA CHAMPAGNE ENCORE INCONNUE. Documents curieux et inédits, publiés par Alex. ASSIER. *Paris*, 1876, in-8. 2 vol. 12 »

LE TOME 1er COMPREND : **Nos bons Aïeux,** dont : La Fête de l'Ane, à Sens. — Les Fous de Troyes. — Animaux excommuniés en Champagne. — La Bourse pleine de Sens. — Un Rouleau des morts. — La Rue du Bois, d'après les Oratoriens. — Un maître d'école en 1787. — Premiers imprimeurs de la Champagne et de la Bourgogne. — Le *Salve Regina* des financiers à la Reyne mère.

LE TOME 2e COMPREND : Les Arts et les Artistes dans la capitale de la Champagne, depuis 1250 jusqu'en 1680.

VARIÉTÉS BIBLIOGRAPHIQUES

UNE REVENDICATION NORMANDE

A Monsieur le Directeur du Bulletin du Bouquiniste.

Vous connaissez, Monsieur, la fable où le chien, voyant qu'il ne peut défendre le repas de son maître, se joint aux camarades qui l'attaquent et le dévore avec eux.

Cette allégorie peint exactement ma situation. Je suis ennemi né de cette école de critiques qui s'ingénient à trouver que Molière, Racine et autres écrivains ont emprunté leurs idées à leurs prédécesseurs, et me voici pour une heure enrôlé dans leurs rangs. M. Jules Dukas a produit cette conversion. Son intéressant article publié dans le *Bulletin* du 15 juin dernier m'a paru mériter un mot de réponse. En vain l'auteur prétend-il que ses connaissances ne lui permettent pas de trouver dans la littérature ancienne la réminiscence qui aurait inspiré Boileau lorsqu'il a écrit son fameux vers :

Grand roi, cesse de vaincre ou je cesse d'écrire.

Personne ne croira à cette ignorance prétendue et ne fera une recherche dans laquelle votre spirituel collaborateur a échoué.

Je le soupçonne de nourrir une admiration très mitigée pour notre grand satyrique, et j'attribue à ce sentiment le raffinement quelque peu cruel avec lequel il se félicite de constater que Boiléau a emprunté l'idée de la louange qu'il adresse au roi à un poëte de cette pléiade tant décriée par lui.

Boileau avait-il lu les poésies complètes de Dorat? Je l'ignore et je ne le crois pas; passe encore pour Ronsard! Dans la gerbe on trouve plus d'une fleur. Mais si la pièce citée par M. Dukas n'a paru que dans le recueil où il l'a découverte, que de probabilités pour qu'elle ait échappé au regard de l'auteur de l'art poétique, si dur déjà pour le chef de ce cénacle !

J'aime mieux supposer, et on le pardonnera à ma sympathie pour la Normandie que j'habite, que Boileau, en 1675, a puisé son inspiration dans le souvenir bien plus rapproché de ces vers qu'il a lus certainement avec toute la cour et dans lesquels, dès 1668, le grand Corneille célébrait en deux langues différentes la rapide conquête de la Franche-Comté :

> Je rougis de me taire ,et d'avoir tant à dire,
> Mais c'est le seul party que je puisse choisir.
> Grand roy, pour me donner quelque loisir d'écrire,
> Daigne prendre pour vaincre un peu plus de loisir.

> Turpe silere quidem, seges est ubi tanta loquendi,
>   Turpius indigno carmine tanta loqui ;
> Carmina quippe moram poscunt : vel parce tacenti
>   Victor, vincendi vel tibi sume moras.

Ceci non pas à titre de rectification, mais à titre d'addition à la note de M. Dukas, si vous croyez que vos lecteurs l'agréent.

Veuillez recevoir, Monsieur, l'assurance de mes sentiments les plus distingués,

Rouen, 29 juin 1877.

J. FÉLIX.

LA BELGIQUE HÉRALDIQUE
RECUEIL HISTORIQUE, CHRONOLOGIQUE, GÉNÉALOGIQUE & BIOGRAPHIQUE COMPLET
DE TOUTES LES MAISONS NOBLES DE LA BELGIQUE.

Par M. POPLIMONT (1)

Malgré son titre étranger, cet ouvrage trouve tout naturellement sa place à la suite de nos nobiliaires nationaux, dont il semble être un complément.

(1) Onze volumes in-8. Se trouve à la librairie Aubry. — Prix au lieu de 110 francs : 30 francs.

En effet, tant d'alliances ont été contractées entre des familles belges et des familles françaises, que ce rapprochement de livres d'un même genre s'explique sans peine.

L'ordre alphabétique est celui qu'a suivi M. Poplimont, et c'est assurément le meilleur; mais on peut seulement l'adopter pour un répertoire généalogique, quand toutes les notices sont réunies, qu'il n'en manque pas une à l'appel et, souvent, la chose exige un temps infini.

Comme les enfants, — l'âge n'ajoute-t-il pas simplement certaines faiblesses morales à la faiblesse physique de la jeunesse? — en ouvrant un volume, je cherche toujours les images, et j'avoue ma déception lorsque je n'en découvre aucune. Avis à l'auteur du livre en question.

Si, pour les œuvres d'imagination, les gravures ne sont guère plus nécessaires que les fleurs naturelles sur une table, du reste bien servie, il n'en peut être ainsi, par exemple, pour les travaux concernant la science héraldique dont les termes techniques demandent des connaissances spéciales à ceux qui veulent s'en rendre compte exactement.

Voit-on d'ici une jeune femme cherchant, d'après la description des armes d'une amie, à broder un écusson chargé de trois *renchiers*, d'un *dextrochère*, d'une *guivre* ou de deux *amphistères*?

Combien le moindre croquis lui serait alors précieux ! Surtout si, au lieu de sujets qu'un dictionnaire pourrait l'aider à se figurer, il s'agissait d'un écu : *écartelé d'argent et de gueules chapé de même de l'un en l'autre* (Montbar); ou : *Parti-palissé d'une demi-pièce et de deux entières d'or sur gueules* (Haslang); ou encore : *trianglé de sable et d'argent au moyen de deux traits verticaux, de deux traits horizontaux et de cinq traits diagonaux, de dextre à senestre* (Tolnz).

Actuellement, les armoiries se reproduisent de tant de manières, en sculpture, en peinture, en gravure, en tapisserie, qu'il me paraît nécessaire d'ajouter, à tous les articles qu'on publie sur les familles, un dessin représentant leur blason.

Le président d'Hozier ne l'oubliait jamais; l'excellent père Anselme s'en faisait un devoir, et tous deux avaient raison.

Avant l'apparition du dictionnaire de M. Poplimont, qui ren-

ferme cinq cent quarante trois notices généalogiques, suivies de
de deux tables, l'une indiquant les articles, l'autre les alliances,
la Belgique possédait déja, sur son histoire nobiliaire, une bibliothèque très-bien montée.

Sans m'arrêter aux anciens ouvrages de fonds, tels que ceux de
Pontus Heuterus, J. B. Christyn, Philippe de l'Espinoy, Olivier
de Wrée, Jacques le Roy, Jean de Seur, Jacques de Hemri-
court, etc., je citerai seulement, parmi les publications modernes :

L'Armorial du royaume de Belgique, par le baron Isidore
de Stein d'Altenstein (1843), in-4°, avec un supplément de
182 planches.

L'Histoire de la législation nobiliaire de Belgique, par P. A. F.
Gérard (1846), in-8.

L'Annuaire de la noblesse de Belgique, par le baron de Stein
d'Altenstein, commençant en 1847, in-12.

Les Annales de la province et comté du Hainaut, par M. François Vinchant (1848-1854), in-4.

Le Nobiliaire de Gand, par M. Gustave Van Hoorebeke (1849),
in-8.

*Le Dictionnaire généalogique et héraldique de la noblesse de
Belgique*, par F. V. Goethals (1849-1852), in-4.

Le Nobiliaire de Belgique, par M. Van der Heyden (1853-1856),
in-8.

Enfin, *les Biographies nationales. La Noblesse belge*, par
Ch. Poplimont (1849-1855), in-4, avec portraits et armoiries coloriées, cette fois.

LONGPÉRIER-GRIMOARD.

L'ÉLOGE DE LA FOLIE

PAR ÉRASME

Traduction nouvelle par Emmanuel Des ESSARTS

81 Eaux-fortes d'après les dessins d'HOLBEIN, un frontispice de WORMS
et un portrait de l'auteur gravés par CHAMPOLLION. (1)

Il est bon, — pour le lecteur, mais aussi pour le poëte, — que par moment le poëte devienne érudit. On ne peut pas planer sans cesse, et quand'on trouve une branche odorante où se reposer, c'est avec bonheur qu'on y reprend haleine.

M. Emmanuel des Essarts, le poëte des *Élévations*, vient de rencontrer sa branche, et cette branche est non-seulement odorante, mais elle porte des fruits d'une singulière saveur.

D'actifs et intelligents éditeurs, MM. Arnaud et Labat, ont voulu publier une fois de plus un livre qu'on republiera toujours : *l'Éloge de la Folie*, et ils ont demandé au jeune et brillant professeur, à la Faculté des lettres de Clermont, de vouloir bien leur en préparer une traduction nouvelle.

De celle éditée en 1520 par Galliot Dupré à celle de M. G. Lejeal, publiée en 1872, il existe beaucoup de traductions du mordant Éloge, parmi lesquelles bon nombre d'anciennes, c'est-à-dire d'insuffisantes.

Gueudeville a eu, de son temps, une certaine vogue avec la sienne, plusieurs fois réimprimée. Gueudeville est un de ces traducteurs à moitié fidèles, et surtout à moitié infidèles qui, se tenant à une distance, non pas trop respectueuse, mais trop irrévérencieuse de leur auteur, ont cru très-bien faire en ne le suivant qu'à peu près. Alors, imiter sous prétexte de traduire, déranger sous prétexte d'arranger, c'était plus que la mode, c'était un mérite.

(1) Un beau vol. *Paris, Arnaud* et *Labat,* 1877. Prix : 30 fr. — Se trouve à la librairie *Aubry*.

Aujourd'hui, les traducteurs ont compris leur rôle. Au lieu de substituer avec prétention leur texte à celui de l'original, ils suivent religieusement ce dernier, le serrent de près, et en donnent une version exacte. Les plus forts, réussissant à se montrer écrivains et poëtes dans cette littéralité, vont jusqu'à reproduire, — et il se trouve que la langue le leur permet, — les lenteurs, les souplesses, les brièvetés, en un mot les allures de la phrase-mère.

Ceux-là ont bien mérité des lettres, car ils sont les divulgateurs complets d'une œuvre, ils font connaître un esprit dans ses détails aussi bien que dans son ensemble.

M. E. des Essarts est de ce groupe. Avant lui, M. Patin avait certainement donné une remarquable traduction. Mais elle ne nous empêchera cependant pas de dire que, parmi les récentes, il ne s'en était peut-être point fait encore avec un système aussi voulu de fidélité à l'original.

Un passage de l'avant-propos de M. des Essarts nous apprend comment il a procédé dans ce travail. Je le cite, parce que je ne saurais mieux révéler sa manière : « Qu'on nous permette, dit-il, d'analyser l'ouvrage que nous avons essayé de traduire à la moderne, c'est-à-dire avec la précision et le relief, et sans ce souci d'éteindre le modèle qui caractérise l'époque pseudo-classique de la traduction inexacte. C'est à ce titre que nous avons respecté les périodes d'Érasme, estimant infidèle autant que déplacé d'attribuer à un style imbu de latinité les coupes de la prose voltairienne et la sautillante allure des phrases de Beaumarchais. »

Après ces lignes on est édifié. Nous possédons un véritable Érasme. Que dire de plus? Dans une critique étendue, tout au plus pourrions-nous prendre un ou deux fragments et en comparer les diverses traductions. Et après?... Ce que nous verrions, nous le savons déjà.

De plus, M. des Essarts ne s'est pas contenté de traduire. Dans un *Avant-propos* des plus alertes, il suit le personnage d'Érasme et trace, pour ainsi dire, l'itinéraire de la *Folie* du savant frondeur. Puis vient une *Introduction historique*, qui est, quoi qu'il en dise, une étude profonde sur Érasme et son époque. Des *Notes* nombreuses et d'une attrayante érudition, suivent la traduction, et le volume se termine par une *Bibliographie*.

Cette dernière est-elle assez complète? Son étendue serait un de mes *desiderata*. L'autre, car j'en ai deux, serait un mot, même long, sur l'original artiste à qui l'on doit les dessins des 81 eaux-fortes qui illustrent ce volume. Comment cette édition ne dit-elle rien d'Holbein?

Sans aucun doute, après lui avoir fourni l'idée de plusieurs de ses compositions (1), Érasme lui avait adressé un exemplaire de son *Éloge de la Folie*. Enchanté de la série de portraits que la verve de son ami avait su y tracer, Holbein s'en inspira, et l'auteur de *la Danse des morts* chargea de croquis les marges du volume, puis le rendit à Érasme. Érasme le lui renvoya après avoir écrit, en souriant, le nom de H. Holbein au-dessous du gros Hollandais qui embrasse sa bouteille (page 168).

Ces dessins, plusieurs fois déjà reproduits par le cuivre et par le bois pour les diverses éditions de Gueudeville et autres, sont ici, — augmentés d'un beau frontispice de J. Worms et d'un portrait d'Érasme, — très-fidèlement gravés à l'eau-forte par M. Champollion, et constituent une illustration précieuse de la traduction de M. des Essarts; qui, du coup, prend rang parmi les meilleures et les plus belles.

Seulement, si serré et si fidèle que soit un traducteur, il n'est pas à l'abri des fautes d'impression. J'en relève une, qui me semble faire dire à l'auteur le contraire de ce qu'il a dit. A la fin de son opuscule, dont je n'ai pas en ce moment le texte sous les yeux, Érasme cite un proverbe. Moins que tout autre, le collecteur des *Adages* a pu se tromper en cette matière. Le proverbe, malgré le *stultus stulta loquitur*, doit dire : « Souvent l'homme fou a parlé à propos, » à preuve diverses versions dont celle-ci : « Un fol advisé bien un saige. » D'ailleurs le sens même de l'alinéa d'Erasme confirme cette opinion. Eh bien! dans le beau volume dont nous nous occupons, on lit : « Souvent l'homme fou a parlé

---

(1) Érasme peignait assez bien, et on a montré longtemps, dans le monastère de Stein, un Crucifix au bas duquel on lisait : « *Ne méprisez pas tant ce tableau; il a été peint par Érasme.* »

mal à propos. » Évidemment ce mal est de trop. — Pourquoi la typographie a-t-elle de ces distractions perfides ?

Mais là je n'implique point la responsabilité du traducteur, que je félicite au contraire de sa bonne fortune.

F. FERTIAULT.

HISTOIRE DE LA FERTÉ-BERNARD

SEIGNEURS, ADMINISTRATION MUNICIPALE, ÉGLISE, MONUMENTS, HOMMES ILLUSTRES.

Par Léopold CHARLES

Publiée par l'abbé Robert CHARLES

Un vol. in-8. Prix : 6 fr. 50

M. l'abbé Robert Charles vient de réunir en un volume les publications, faites à différentes époques, par son frère M. Léopold Charles, et relatives à La Ferté-Bernard. Nous devons lui adresser nos plus vifs remercîments, car, ce qui est pour lui, — suivant ses propres expressions, — un devoir et un honneur, est un immense service qu'il nous rend à tous. Les études de M. L. Charles avaient paru séparément, et ces plaquettes, épuisées pour la plupart, manquaient dans bien des bibliothèques (1).

M. l'abbé R. Charles, en les réunissant, n'a fait que mettre à exécution le projet que son frère nourrissait. La mort est venue surprendre M. Léopold Charles, le crayon à la main, pour ainsi dire (puisqu'il avait déjà gravé la plupart des planches et des bois qui figurent dans l'ouvrage). L'éditeur a coordonné ces études en les fondant ensemble ; il a respecté scrupuleusement les idées et le texte de l'auteur ; il a soudé ces diverses publications et il en a fait une œuvre très-complète, dans laquelle on trouve tout ce que présente d'intéressant la ville de La Ferté-Bernard.

Dans la notice sur *Souvigné-sur-Même*, que nous devons à M. l'abbé Rob. Charles et dont nous avons parlé, l'année passée (2),

---

(1) *Histoire de l'Église de La Ferté-Bernard*, 1844 ; *Ateliers des peintres verriers fertois aux XVe et XVIe siècles*, et *Notes biographique. sur le canton de la Ferté-Bernard*, 1851 ; *l'Administration d'une communauté d'habitants du Maine*, 1862 ; *les Halles*, 1869 ; *les Sires de La Ferté-Bernard et l'Hôtel-de-Ville de la Ferté*, 1870.

(2) *Bulletin du Bouquiniste*, 1er avril 1876.

nous avions dit quelques mots du sculpteur fertois du XVIe siècle, Sainctot Chemin. Quelque temps après, croyons-nous, il a publié une notice sur l'*Œuvre de Sainctot Chemin* (1). Il nous apprend comment les statues de l'artiste, — « obligé à raccommoder les civyères des maçons ou à faire leurs rabots quand l'ouvrage chômait, » — furent préservées, par les habitants de la petite localité, de la fureur des huguenots, brisant, brûlant, pillant, saccageant tout sur leur passage. On les croyait perdues, lorsqu'un terrassier de Souvigné, en creusant une fosse dans le cimetière, heurta, à 50 centimètres du sol, une pierre volumineuse : c'était un saint Sébastien. Les fouilles continuèrent alors, et l'œuvre capitale de Sainctot Chemin, *un Calvaire* (3), — où les personnages sculptés en ronde bosse (4) se détachent presque complétement du fond, — était retrouvée.....! (5).   PATRICE SALIN.

RECHERCHES
SUR
NICOLAS de NICOLAY

Au moment de livrer à l'impression le résultat des recherches que j'ai faites, depuis quinze ans, tant en France qu'à l'étranger, sur la vie et sur les œuvres du cosmographe dauphinois, Nicolas de Nicolay, mort à Paris en 1583, et sur Mathé de Laval, forésien, son gendre, je fais un dernier appel aux personnes qui ont étudié dans ses sources l'histoire du XVIe siècle, et je les prie de vouloir bien me signaler toutes les mentions relatives à ces personnages qu'elles auraient rencontrées, soit dans les ouvrages du temps, soit dans des recueils manuscrits. — Existe-t-il, notamment, un PORTRAIT et des LETTRES autographes de Nicolay ?

VICTOR ADVIELLE.
Rue du Pont-de-Lodi, n° 1, à Paris.

---

(1) L'Œuvre de Sainctot Chemin, sculpteur fertois (1530-1555), 14 p., 1 photog. Didron, Paris, Pellechat, Le Mans.

(2) Il était tout à la fois menuisier, charpentier, sculpteur et dessinateur.

(3) Ce *Calvaire* a un développement de 1 mètre 70 cent. de hauteur.

(4) Les personnages ont une hauteur moyenne de 0,90 cent.

(5) Cette magistrale composition est formée de six blocs de pierres tirées des carrières de Sainte-Gauburge, dans l'Orne.

LIVRES

En vente aux prix marqués

A la Librairie d'Auguste AUBRY

5687. **ADELS-WARD** (O. d'). Considérations sur la réformation et les lois de 1860 en Suède. — Réponse à la Suède libérale devant l'Europe. *Paris, Cherbuliez,* 1862, in-8, br. (4 fr.) 2 50

5688. **ALGAROTI** (le comte). Le Congrès de Cythère, trad. en français. *Florence et Paris,* 1777, pet. in-12, broché. 2 »

5689. **ANQUETIL,** Gallois et Dubois. Histoire de France dep. les Gaulois jusqu'à l'avénement de Louis-Philippe. *Paris,* 1829-31, 15 volumes in-8, br. 10 »

5690. **ANTILLES.** Un Hiver aux Antilles, en 1839-40, ou Lettres sur les résultats de l'abolition de l'esclavage dans les colonies anglaises, par J.-J. Gurney, trad. par Pacaud. *Paris, Didot,* 1842, in-8, br. (7 fr. 50.) 2 »

5691. **ARGENSON** (le marquis d'). Considérations sur le Gouvernement ancien et présent de la France. *Amst., Rey,* 1764. in-8, d.-rel. veau. 3 »

5692. **ARMORIAL DU BIBLIOPHILE,** par Joannis Guigard, avec illustrations dans le texte. *Paris,* 1870-1873, 2 tomes en un vol. gr. in-8 broché, titre rouge et noir, avec plus de 1,500 blasons intercalés dans le texte. (Au lieu de 24 fr.) 16 »

 Ouvrage indispensable non-seulement aux libraires et aux amateurs de livres, mais encore aux collectionneurs d'estampes, de tableaux, d'objets d'art et de curiosité.

5693. **ART DE JUGER** (l') du caractère des hommes sur leur écriture, avec 24 planches représentant les écritures de personnages célèbres. *Paris, Saintin,* 1816, in-18, bas. rac. *La première fig. est coloriée.* 3 50

5694. **ART** (l') **DE PRESCHER** (en vers), (par M. l'abbé de Villiers). *Cologne, P. Du Marteau*, 1682, pet. in-8, parch. (*Rogné en tête.*) 2 »

5695. **AULI GELLII.** Noctes Atticæ. *Lugduni, apud hæredes Seb. Gryphii.* 1560, pet. in-8, v., rel. anc. 2 50

5696. **BADÈRE** (Mme Clémence). Le Soleil Alexandre Dumas. *Paris,* 1855, in-8 de 84 p., cart. en percaline. *Rare.* 3 »

5697. **BAGNÈRES.** Guide des voyageurs à Bagnères-de-Bigore et dans les environs, publié par J. B. J... *Tarbes,* 1818, in-8, d.-rel. 2 »

5698. **BALZAC** (les œuvres diverses du sieur de). *Paris, Est. Maucroix,* 1664, pet. in-12, v. gr. 4 »
Sur le titre, ex-libris Franciscus Coquereau.

5699. (**BARBEAU DE LA BRUYÈRE.**) Vie de M. de Pâris, diacre du diocèse de Paris. *En France,* 1731, in-12, v. gr. *Portrait.* 2 50
Au verso du portrait se trouve imprimé l'ex-libris, avec les armoiries de R. P. Albert de Mercede, doctoris Sorbonici.

5700. **BARREAU FRANÇAIS.** Collection des chefs-d'œuvre de l'Éloquence judiciaire en France, recueillie par Clair et Clapier. *Paris, Panckoucke,* 1823, 16 vol. in-8, d.-rel. chag. vert. *Bel. exemplaire.* 42 »

5701. **BEAUCHENE** (le D^r de). De l'Influence des affections de l'âme dans les maladies nerveuses des femmes. *Montpellier,* 1781, in-8, br. 2 »

5702. **BÉRENGER.** De la répression pénale, de ses formes et de ses effets. Rapport fait à l'Académie des sciences morales et politiques. *Paris, F. Didot,* 1855, gr. in-8 de 584 p., br. (2e part.) 5 »

5703. **BERNARD DE GIRARD,** seigneur du Haillan. Histoire sommaire des comtes et ducs d'Anjou, depuis Geoffroy Grissegonnelle jusques à monseigneur Henry, fils et frère de roys de France, et duc d'Anjou de Bourbonnois et d'Auvergne. *Paris, à l'Olivier de Pierre l'Huillier, rue Saint-Jacques,* 1573, pet. in-16 de 30 pag., broché en carton. 25 »
Ce petit livret, dans un parfait état de conservation, est de toute rareté.

5704. **BERRY** (Galerie de la duchesse de). Tableaux anciens et modernes. 1865, in-8, br. 2 »

5705. BERTIN (Horace). Le Furoncle; avec une eau-forte par Chauvet.
Pet. in-8, papier de Hollande.   3 »

> *Le Furoncle* est un badin petit opuscule comme certains auteurs du
> xviiie siècle aimaient à en faire. — Ce volume est très-bien imprimé avec la
> justification des éditions Cazin. Il est en outre orné d'une eau-forte de Chauvet.

5706. BIBLIOPHILE FRANÇAIS (le), gazette illustrée des amateurs de
livres, d'estampes et de haute curiosité, publié par Bachelin-Deflorenne (1868-1873), avec la collaboration des meilleurs écrivains et de
bibliophiles distingués. *Paris,* 7 volumes gr. in-8 brochés, imprimés
avec grand-luxe sur papier vergé fort de Hollande; illustrés de
gravures sur bois, d'eaux-fortes et de chromolithographies par les
meilleurs artistes. (Au lieu de 175 fr.)   80 »

> CE SPLENDIDE OUVRAGE contient de nombreuses notices sur les livres curieux,
> les amateurs célèbres et les reliures remarquables depuis l'invention de l'im-
> primerie jusqu'à nos jours; il est orné de nombreux fleurons et blasons dans
> le texte et de *plus de* 100 *planches gravées ou en couleur,* reproduisant en
> fac-simile les spécimens des plus belles reliures anciennes et modernes et les
> portraits de 36 bibliographes ou bibliophiles célèbres.
> Il est terminé par une table générale des noms cités (environ 20,000) avec
> renvoi aux tomes et pages.
> Le prix en sera prochainement augmenté.

5707. BIOGRAPHIE SACRÉE, par Ath. Coquerel. 2e édit., suivie d'un
Essai histor. et critique sur les dates de la Bible. *Valence,* 1837, gr.
in-8, br.   3-50

5708. BORNET (J.). Au hasard (poésies). *Paris, Taride,* 1857, in-18,
br.   1 50

5709. BORNET (J.). Les Filles de la Terre, poésies. *Paris et Marseille,*
1862-64, 2 vol. in-18, br. *Envois d'auteur signés, à M. le comte d'Houdetot.*   2 50

5710. BOSSUET (J.-B.). Maximes et Réflexions sur la Comédie. *Paris,*
J. Anisson, 1694, in-12, anc. rel., v. br. (*Edit. originale.*)   7 »

> Cet ouvrage a été fait pour réfuter une lettre attribuée au P. Caffaro,
> Théatin, intitulée : Lettre d'un homme d'érudition et de mérite, consulté par
> l'auteur pour savoir si la comédie peut être permise ou doit être absolument
> défendue.

5711. BOULMIER (Jos.), Rimes loyales. *Paris, Poulet-Malassis,* 1857,
pet. in-12, br. *Rare.*   2 50

5712. BRIFAUT (Ch.). Dialogues, contes et autres poésies. *Paris,*
Trouvé, 1824, 2 vol. in-18, cart. à la Bradel, n. rog. (1re édit.) 3 »

5713. CALISTE, reyne des Galates, tragédie représentée à la récep-

tion de madame la duchesse de Chaulnes, gouvernante de Picardie.
In-12, d.-rel. parch.   10 »

> MANUSCRIT ORIGINAL, *inédit* du P. Philippe Briet, jésuite, d'une jolie écriture à l'encre rouge et noire, du commenc. du XVIIIe siècle.
> La dédicace à madame la duchesse de Chaulnes est signée de l'auteur.

5714. CALVIN (J.). Traité de la Justification, trad. du latin, de son Institution de la religion chrétienne, par J. de La Brune, pasteur. *Amst., Kuyper*, 1706, in-12, d.-rel. v. bl. *Portrait*.   3 »

5715. CANDOLLE (Aug.-Pyramus de). Mémoires et souvenirs, écrits par lui-même et publiés par son fils. *Genève, Cherbuliez*, 1862, fort vol. in-8, br. (7 fr. 50.)   4 »

> De Candolle, célèbre botaniste génevois, mort en 1841.

5716. CARNAVAL. Instruction chrétienne sur la manière dont on doit se conduire dans le temps qui précède le Carême et sur les désordres du carnaval. *Paris, Lottin*, 1722, pet. in-12, v. gr. Rare.   4 50

5717. CHAMPOLLION-FIGEAC. Eclaircissemens hist. sur le Papyrus grec trouvé en Egypte et connu sous le nom de Contrat de Ptolemaïs. *Paris*, s. d., in-8, d.-rel. 1 *fac-simile*.   3 »

> A la suite : Explicat. de la date égyptienne d'une inscription grecque tracée sur le Colosse de Memnon. *Paris*, 1819. — Notice sur un sarcophage royal, découvert en Egypte et transporté à Paris. 1833, une planche de médailles.

5718. CHANSONNETTES, satyres et contes, par Boucher de Perthes. *Paris, Treuttel*, 1833, in-12 de 576 pag., br.   4 »

> Volume très-bien imprimé par Pinard, orné de petites vignettes en bois dans le texte.

5719. CHANSONNIER complet et universel pour noces, naissances, etc., par Halbert d'Angers. *Paris*, 1846, in-18 allongé, br. *Figures*.   3 50

5720. CHANSONNIER DES DAMES, ou les Etrennes de l'Amour. 2e année. *Paris, Pillot*, 1802, in-18, br. *Jolie figure de Binet*.   2 50

5721. CHANSONNIER des Dames, ou les Etrennes de l'Amour. 5e année. *Paris, Pillot*, 1805, in-18, br. *Figure*.   2 »

5722. CHANSONNIER FRANÇAIS, ou Etrennes des Dames (XIIe année). *Paris, Odillot*, 1846, in-18, br. *Figure*.   2 »

5723. CHANSONS et poésies diverses, par Charles F... (Fournier). *Paris, Guyot et Scribe*, 1857, in-18, br.   3 »

5724. CHARLEMAGNE (sur la naissance de) à Liége. Recherches historiques; par Ferdinand Hénaux. *Liége, Oudart,* 1848, in-8, d.-rel., dos
et coins de maroq v. du Levant, tête dorée, non rogné. (*Tiré à petit
nombre sur pap. de Hollande.*) 3 50
Envoi d'auteur à M. Michelet.

5725. CHARLES VIII. La très-curieuse et chevaleresque histoire de la
conqueste de Naples, par Charles VIII. Comment le très-chrestien et
très-victorieux roy Charles VIIIe de ce nom, à bannière déployée,
passa et repassa de journée en journée, de Lyon jusques à Naples et
de Naples jusques à Lyon. *Lyon,* 1842 (*Imprimé par Dumoulin et
Rouet*). In-8, br. *Fleurons et lettrines grâvées.* . . . . 7 »
Ex. tiré sur grand pap. de Hollande.

5726. CHAZAUD (M.-A.), archiviste de l'Allier. Etude sur la chronologie
des sires de Bourbon (xi-xive siècles). *Moulins, Desroziers,* 1865, in-8
raisin. br. *Fac-simile et arbre généalogique, gravés.* . . . . . . 5 »
Mémoire qui a obtenu le prix d'histoire en 1864, au concours des sociétés
savantes.

5727. COCHERIS (Hipp.). Notice sur le Blason, des couleurs de Sicille,
hérault d'Alphonse V, roi d'Aragon. *Paris,* 1860, in-12, papier vergé.
(*Tiré à petit nombre.*) . . . . 1 »

5728. CONSTANT-BERRIER. Poésies. *Paris, Ladvocat,* 1826, in-18,
br. 2 50

5729. CURCHOD (Ant.). Christianisme et individualisme. *Paris, Mey-
rueis,* 1854, in-8, broch. de 582 pag. (6 fr.) 2 50

5730. CURCHOD (Ant.). Christianisme et individualisme. *Paris,* 1854,
in-8, br. (6 fr.) 2 50

5731. DAMIRON (Ph.). Souvenirs de vingt ans d'Enseignement à la
Faculté des lettres de Paris, ou Discours sur diverses matières de
morale et de Théodicée. *Paris, Durand,* 1859, in-8, br. (6 fr.) 2 50

5732. DARU (P.). Histoire de la République de Venise. *Paris, F. Didot,*
1819, 7 vol. in-8, d.-rel., v. ant. *Cartes et pl.* . . . . 15 »

5733. DEBRUGE-DUMÉNIL. Catalogue des objets d'art de la collection
Debruge-Duménil. 1849, in-8, br. *Planches.* . . . . 2 »

5734. (DE LA CODRE DE BEAUBREUIL). De l'immortalité de la

Sagesse et du Bonheur, ou la Vie présente et la Vie future ; traité de Philosophie pratique, par D. L. C. D.-B. *Paris, J. Renouard,* 1853, 2 vol. in-8, br. *Envoi d'auteur.* (14 fr.) 6 50

5735. **DEMENY** (Paul). Les Visions (80 p. de poésies). *Paris, A. Lemerre,* 1873, in-12, br., *sur papier chamois.* 2 »

5736. **DEPRET** (L.), de Lille. Les Etapes du cœur (poésies). — Gretchen, fantaisie en un acte. *Paris, Poulet-Malassis,* 1859, in-12, br. 2 25

5737. **DESCHAMPS** (E.). Contes physiologiques. *Paris, P. Henneton, s. d.* (1854), in-18, br. 2 50

5738. **(DESLANDES.)** Réflexions sur les grands hommes qui sont morts en plaisantant. *Amst.,* 1758, pet. in-12, v. marb. (*Bel ex.*). 3 50

5739. **DICTIONNAIRE D'AMOUR** (par le chevalier de Propiac). *Paris, Chaumerot,* 1808, in-12, d.-rel. 2 *vignettes.* (2 ff. détachés.) 2 »

5740. **DISCOURS** de M. le premier Président de la Chambre des Communes du café de Dubuisson, successeur de Procope, sur les affaires actuelles de l'Etat. (*Rare.*) Les Charmes de la solitude, épître en vers par Randon. *Londres,* 1777. En 1 vol. in-12, v. marb., fil. 2 »

5741. **DULAURE.** Histoire physique, civile et morale de Paris, depuis les premiers temps historiques. *Paris, Ledentu,* 1834, 10 vol. in-8, figures et *atlas de plans,* in-4, d.-rel. veau bleu. *Bel exempl.* 22 »

5742. **DUPATY** (E.). Les Délateurs, ou Trois années du xixe siècle (en vers, avec notes). *Paris, F. Didot,* 1819, in-8, br. 2 50

5743. **DUPONT** aîné. Traité de Taxidermie, ou l'Art de conserver et d'empailler les animaux. *Paris,* 1827, in-8, br. *Planches.* 1 »

5744. **(DU VERNEY,** avocat.) Livre de la Sagesse, traduit en vers françois, avec le texte latin. *Paris, Cavelier,* 1696, in-12, v. gr. 2 50

5745. **ECCARDI** (G.) Historia studii etymologici linguæ germanicæ, ubi scriptores recensentur qui in origines linguarum europæarum inquisiverunt. *Hanoveræ* 1711, petit in-8, broché, non rogné. *Rare.* 4 »

A la suite se trouve un vocabulaire français-v ède.

5746. **ESCHENAUER** (A.) Ex-pasteur à Strasbourg. Echos, poésies.

Paris, Dentu. 1874, pet. in-12, br. *imprimé en caractères elzéviriens,
par Claye.*   2 »

5747. **ESCHOLE DE SALERNE** (l'). En suite le poëme Macaronique,
en vers burlesqués. (Par Martin, doct. en médecine). *Paris, chez
Gab. Quinet, au Palais, dans la Gall. des prisons, à l'Ange Gabriel,*
1664, pet. in-12, dans la rel. du temps en parch. *Portrait gravé.* 20 »
   Cette rare édit. est dédié à Guy Patin.

5748. **ESTAMPES.** Catalogue de la curieuse collection d'estampes,
(Ecole française du xviiie siècle), de M. le baron Ch. de Vèze. *Paris,*
1855, in-8, br. *Portrait à l'eau-forte.*   ·   2 » D

5749. **FEYDEAU** (E.). Les Quatre Saisons; études d'après nature. *Paris,
Didier,* 1858, in-8, br. *Mouillures d'eau faciles à laver.*   5 »
   Ouvrage tiré à petit nombre et devenu rare.

5750. **FIN DU MONDE** (la) et l'avénement de Jésus-Christ, poésies.
Paris, P. Masgana, 1853, pet. in-18, broch. de 114 pages.   3 50
   L'auteur est Louis Coyniet (*non indiqué dans la nouvelle édition de Bar-
   bier*).

5751. **FONTANES** (M. de). Traduction de l'Essai sur l'homme de Pope,
en vers français. *Paris, Le Normant,* 1821, in-8, br. (texte anglais
en regard, avec notes).   2 »

5752. **FONVIELLE** (aîné) de Toulouse. — Résultats possibles de la
journée du 15 brumaire an VIII ou Continuation des Essais sur
l'état actuel de la France au 1er mai 1796. *Paris, an VIII,* in-8, bas.
rac. fil.   2 »

5753. **FORESTA** (le marquis de). Lettres sur la Sicile écrites pendant
l'été de 1805. *Paris,* 1821, 2 tom. en 1 vol. in-8, d. rel.   2 »

5754. **FOULD** (Collection de M. L.). Objets d'art, antiquités et tableaux. *Paris,* 1860, in-8, br.   3 »

5755. **FRANÇOIS DE SALES.** (La Vie symbolique du bienheureux),
évesque et prince de Génève. Comprise sous le voile de 52 emblèmes
qui marquent le caractère de ses principales vertus, par Gambart.
Paris, 1664, in-12, v. gr. *Orné de 52 figures emblématiques gravées
dans le texte et un joli frontispice gravé en taille-douce.*   6 »

5756. **FRA PAOLO.** Histoire des différends entre le pape Paul V et la

République de Venise. Ès années 1605, 1606 et 1607, trad. en franç. (par J. de Cordes), S. l., 1625, in-8, parch. 2 50

5757. FRESNEL (Fulg.). Lettres sur l'Histoire des Arabes avant l'Islamisme. *Paris, Barrois*, 1836, gr. in-8, br. (*Envoi d'auteur.*) 2 »

5758. GAILLARD (P.-D.). Briève chronologie ou Sommaire des temps, cont. la suite des anciens pères, monarques, empereurs..., plus la Chronique ecclésiastique. *Paris, J. Houzé*, 1585, 2 part. en 1 vol. in-16, d.-rel. v. fau. (*Quelques notes marg.*). Rare. 3 »

5759. GALERIE BOURGUIGNONNE, par Ch. Muteau et J. Garnier. *Dijon*, 1858-61, 2 vol. in-18, br. (*Tome I et III.*) 2 50
Biographies des Bourguignons célèbres.

5760. GALLAIS. Histoire de la Révolution du 20 mars 1815, in-8, v. jaspé, fil. 2 »

5761. GARSIA (D. Carlo). Antipatia de' Francesi e Spagnuoli, opera piacevole, e curiosa, trad. in italiano da Clodio Villopoggio. *In Venetia*, 1666, pet. in-12, br. en carton. Rare. 3 50

5762. GAUTTIER D'ARC. Fragments d'un voyage en Italie, en Grèce et en Asie, pendant les années 1829-1830. *Paris, Aug. Auffray, impr.*, 1831, in-12 carré, sur pap. vélin fort, cart. à la Bradel, n. rog. 3 50
Tiré à 100 ex. Rare. — Envoi d'auteur.

5763. GAY (Mlle Delphine). Essais poétiques. *Paris, Impr. de Gaultier-Laguionie*, 1824, in-8, br. avec une lithographie. (*Rare.*) 6 »
C'est dans ce volume que se trouve le *Bonheur d'être belle*, une pièce dont l'effusion naïve fit sourire alors, bien qu'elle fût parfaitement justifiée par la beauté de Mlle Gay, devenue plus tard Mme Emile de Girardin. (*Monselet.*)

5764. GINGUENÉ. Histoire littéraire d'Italie. *Paris, Michaud*, 1824, 10 vol. in-8, d.-rel. bas. fau. *Portrait.* 16 »
Le tome X est de Salfi; il est terminé par l'éloge de Ginguené.

5765. GOMONT (H.). Les Chevaliers romains, dep. Romulus jusqu'à Galba. *Paris, Didot*, 1854, in-8. br. 1 25

5766. GROS (F.-T.) de Marsillo. Recuil de pouesiés prouvençalos nouvello edicien augmentado. *Marseille, Sibié*, 1763, in-8, broché. 3 »

5767. **HAAG** (Eug.). Histoire générale des Dogmes chrétiens. *Paris*, 1864, in-8, br.   3 »

5768. **HALÉVY** (Léon). Fables. *Paris, Gide*, 1843, in-12, br. *Rare*.   2 50

5769. **HEURES NOUVELLES**, dédiées aux Dames de Saint-Cyr. Nouv. édit. en latin et en français. A *Paris, chez la v° Cl. de Hansy*, 1715, pet. in-12, chagr. noir, ancienne reliure avec milieux et fermoirs en argent, tr. dor., *figures*.   15 »
> Le titre est imprimé en bleu et or.

5770. **HIPPARCHIA**, histoire galante, traduite du grec (attr. à l'abbé Jérôme Richard). *Lampsaque (Paris), l'an de ce monde* (1748), 3 part. en un volume, in-12, de xvi et 152 pages, veau marbré. (*Manq. les figures*).   3 »
> Récit des Aventures galantes des ducs de Richelieu et de Brancas avec mesdames de V... et d'Al.

5771. **HISTOIRE DE FRANCE**. Introduction à l'histoire de France, ou Description physique, politique et monumentale de la Gaule jusqu'à l'établissement de la monarchie, par A. de Jouffroy et E. Breton. *Paris, Didot*, 1838, in-folio. *Orné de 46 planches, la plupart sur Chine, et d'une carte coloriée*.   36 »
> Bel exemplaire, imprimé sur papier vélin, dos et coins de maroq. Lavall. du Levant, non rog., tête dorée.

5772. —— Le même, un double exemplaire cartonné, non rogné, dos de percaline.   28 »

5773. **HORACE** (poésies champêtres d'). Trad. en vers, par Ed. de Linge, avec préface, par A. Michiels, *Paris, Dentu*, 1865, in-18, br.   2 »

5774. **HOTEL DE VILLE DE PARIS**. Fêtes et cérémonies à l'occasion de la naissance et du baptême de Son Altesse le Prince Impérial. *Paris, Impr. Mourgues*, 1860, in-fol. d.-rel. maroq. bl. plats en. percal. (*Armes de la ville sur le plat*).   18 »
> Texte et 12 grandes planches photographiées par Richebourg.

5775. **HOURCASTREMÉ**. Essai sur la faculté de penser et de réfléchir. *Paris*, 1805, in-8, br. tiré in-4.   2 »

5776. **HOUSSAYE** (Arsène). Galanteries de Margot. *Paris, H. Souverain*

1843, in-8, d.-rel. veau fauve, non rogné, *vignettes gravées s. bois
dans le texte.* 5 »

Bel ex. de ce roman devenu rare.

5777. **JÉSUS-CHRIST.** (Les voyages de) ou Description géographique
des principaux lieux et monuments de la Terre-Sainte, par C. M.
D. M. (Dubois-Maisonneuve). *Paris, Rusand,* 1831, in-8. br. *une carte
et un plan de Jérusalem* (lég. taches de boue au faux titre). 2 »

5778. **JOURNAL D'AGRICULTURE PRATIQUE** et de Jardinage, publié
par les rédacteurs de la Maison rustique du xix⁰ siècle, sous la direction de MM. A. Bixio et Barral. *Paris,* 1843-1853, 13 vol. gr. in-8,
d.-rel. bas. bl. *Figures.* Publié à 12 fr. l'année (156). 25 »

5779. **JUIFS D'EUROPE** et de Palestine. Voyage de MM. Keith, Black,
Bonard et Maccheyne, envoyés par l'Eglise d'Ecosse. Trad. de l'anglais (par Mⁱˡᵉ de Chabaud-Latour). *Paris,* 1844, in-8, br. de près de
500 pages, *une carte de la Palestine.* 4 »

5780. **KOCK** (Ch.-Paul de). La Bulle de savon, ou Choix de chansons.
Paris, Dupont, 1829, in-18, br. *Figure.* 3 50

5781. **LA COMBE** (Collection de). Tableaux, aquarelles, eaux-fortes,
lithographies. 1863, in-8, br. 2 »

5782. **LA FONTAINE** (Les Œuvres postumes de monsieur de). Publiées
par Mᵐᵉ Ulrich. *A Bordeaux, chez Simon Boé, Nic. de Lacourt et Simon
de Lacourt,* 1696, in-12, veau br. 15 »

Cette édit. de Bordeaux est fort rare et non indiquée dans le Manuel de
J. Cb. Brunet; elle contient 7 nouvelles fables, des lettres, chansons, relation
de l'Entrée de la reine, etc.

5783. **LA GRANGE-CHANCEL.** Les Philippiques, nouv. édit., revue sur
les édit. de Hollande, sur le manuscrit de la bibliothèque de Vesoul
et sur un ms. aux armes du Régent, préc. de Mémoires, p. s. à
l'hist. de La Grange-Chancel et de son temps, avec notes littéraire,
par de Lescure. *Paris, Poulet-Malassis,* 1858, pet in-8, d.-rel. veau,
v. non rogné. 5 50

On y a ajouté un portrait de La Grange-Chancel et un Compte rendu de
Barrière.

5784. **LA ROCHEFOUCAULT** (F. de). Réflexions morales et maximes.
Paris, Bastien, an IV, in-8, br. 1 50

5785. **LA SAUSSAYE** (J.-G.-C. de), chapelain du roi des Pays-

Bas ; pasteur de l'Eglise Walonne. Sermons sur divers textes de l'Écriture sainte. *Amsterdam, Changuion*, 1810, in-8, br.   4 »

5786. **LA SAUSSAYE** (L. de). Blois et ses environs. Guide artistique et historique dans le Blésois et le nord de la Touraine, 5º édition, revue, corrigée et augmentée. *Blois, Paris, A. Aubry*, 1873, pet. in-8 de xiii et de 435 pages. *Orné de 45 figures dans le texte.*   5 »

5787. —— Château de Blois. Histoire du château de Blois, 7º édition, revue et augmentée. *Blois, Paris, Aubry.*, 1875, petit in-8 de 406 pages.   6 »
  Ouvrage couronné par l'Institut.

5788. —— Château de Chambord (le), 12º édition, revue corrigée et augm. *Blois*, 1875, pet. in-8 de 118 pages. *Orné de 8 vignettes.* 1 50

5789. —— Ville de Lyon. Les six premiers siècles littéraires de la ville de Lyon. *Lyon, Paris, Aug. Aubry*, 1876, pet. in-8 de x et 258 pages, avec *fac-simile.*   4 »

5790. **LAUVERGNE.** Les Forçats considérés sous le rapport physiologique, moral et intellectuel, observés au bagne de Toulon. *Paris, Baillière*, 1841, in-8, d.-rel. chag., br. éb., n. rog.   2 50

5791. **LE FOUR** (L.-F.), du Loiret. Histoire abrégée du sacrilége chez les différents peuples et particulièrement en France, avec des notes sur les persécutions religieuses et leurs victimes. *Paris, l'auteur*, 1825, in-8, d.-rel., v. fau. (mouillure s. le titre).   3 50

5792. **LE GRAND** (A.-A.), ancien diacre de l'Eglise réformée de Paris. Rêve d'un homme éveillé, débauche d'esprit fantastique. *Paris, imprim. Dondey-Dupré*, in-8, br., de 516 pages.   7 »
  Ce volume, tiré à petit nombre pour les amis de l'auteur, n'a pas été mis dans le commerce ; il est resté inconnu à Otto Lorentz et non indiqué dans son *Catalogue général de la Librairie française.*

5793. **LEMERCIER DE NEUVILLE.** Les Figures d'u temps. Gustave Doré. *Paris, Lib. nouv.*, 1861, in-18, br. *Portrait pho tog. et fac-simile.* » 75

5794. **LEONE** (l'abbé). Conjuration des jésuites, publication authentique du plan secret de l'ordre, *Paris, Librairie sociétaire*, 1848, in-8, br.   3 50

5795. **LIBER PRECATIONUM.** Quas Carolus Calvus impettor Huldovici

Pii Cæsaris Filius sibi adolescenti pro quotidianó usúanté annos vigintiquinque supra septingentos in unum colligi, et literis scribi mandavit. In honorem et usum principis Maximiliani in lucem editus. *Ingolstadii, ex typogr. D. Sartorii*, 1583, pet. in-8, maroq. brun du Levant, milieu, tr. dorée (*Capé.*) .40 »

> BEL EXEMPLAIRE orné de figures sur cuivre. Le texte est entouré de bordures sur bois.
> Ce livre reproduit des précieuses heures manuscrites exécutées par ordre de Charles le Chauve, vers l'an 825, et qui, après avoir appartenu au monastère de Zurich, détruit en 1528, se conservait en 1583 dans la Bibliothèque ducale de Bavière. L'éditeur a donné, dans sa préface, la description et l'histoire de ce manuscrit, accompagné d'un fac-simile de la première page et de figures gravées, dont deux représentant le roi Charles le Chauve agenouillé devant la croix, et l'autre l'empereur Maximilien.

5796. **LIÉGE.** Notice sur van de Weyer, publiciste, par A. Le Roy, *Liége*, 1864 (tiré à 25 exemplaires numérotés). — Nécrologe liégeois pour 1855. — Charles Duvivier. par A. Le Roy, *Liége*, 1864. — Les Chansonniers forains, par M. Capitaine. *Liége*, 1864, (*envoi à J. M Quérard*). Ens. 4 broch. .3 »

5797.. **LINGARD.** Histoire d'Angleterre, trad. de l'anglais par de Roujoux. *Paris*, 1825, 16 vol. in-8, d.-rel., veau ant., bonne condition. 16 »

5798. **LITTÉRATURE ESPAGNOLE** (essai sur la). *Paris*, 1810, in-8, br. 2 »

> Par Malmontef, publié par Lecouteulx de Canteleu, comte de Fresnelles.

5799. **LONGPÉRIER GRIMOARD** (le comte de). Etude sur le fer armorié de Franklin. *Paris*, 1877, broch. in-8. *Blason.* » 50

> Extrait du *Bulletin du Bouquiniste*. (Tiré à 50 exemplaires).

5800. **LUTHER.** Ein christlicher sermon von Gerualt Sant Peters durch Martinum Luther gethon zu Wittemberg. Im zwaingigisten iar. (1522), pet. in-4 de 4 feuillets. 4 »

5801. **LUTHER.** Ein sermon von dem Unrechten Mammon, Luce XVI. Doct Mar. Luther. Anno 1522, pet. in-4, goth. de 8 feuillets, dérelié, en parfait état de conservation. 10 »

> Édition originale.

5802. **LUTHER.** Fyerfzehen schoner christlicher predig doctor Martin Luthers, newlich des jars Christi 1522, zu Wittenberg geprediget. Item der Passion... pet. in-4, goth. de 68 feuillets, dérelié, en parfait état. 8 »

5803. MALMAISON (le château de la). Histoire, description suivie du catalogue des objets exposés sous les auspices de S. M. l'impératrice. Par de Lescure. *Paris*, 1867, gr. in-18 jésus, br. *Planches gravées.* 3 »

> Envoi d'auteur à Mme la marquise de Boissy.

5804. MARC-AURÈLE. Libro aureo. *Venetia, Giolito de Ferrariis*, 1553, in-8, parch. *Marque et lettres ornées gravées sur bois.* 2 50

5805. MARTYN. Vie de Henri Martyn, missionnaire aux Indes-Orientales et en Perse, trad. de l'anglais sur la 6e édition. *Genéve*, 1846, in-8, br. 2 »

5806. MASANIELLO, ou la Révolution de Naples, trad. de Moissner. *A Vienne (Paris)* 1789, in-8, br. 1 50

5807. MÉMOIRES de M. le marquis de St-*** ou les Amours fugitifs du cloître, par le marquis d'Argens. *Amsterdam*, 1747, 2 part. en 1 vol. in-12, v. m. *Petite vignette sur les titres.* 3 50

5808. MILLEVOYE (Ch.). Poésies diverses. *Paris, F. Didot*, 1812, in-18, br. 3 *figures de Monet et autres.* 4 »

> Première réunion des poésies de Millevoye, publiées antérieurement par pièces détachées.

5809. MIRVILLE (le marq. J.-E. de). Des esprits et de leurs manifestations fluidiques. 3e édit. *Paris, Vrayet de Surcy*, 1854, gr. in-8, br. 5 »

5810. MONALDESCHI (Meurtre du marquis de). Les deux relations de Le Bel et de Conti, éditées par L. Lacour. *Paris, Jouaust*, 1863, in-18, br., *tiré à petit nombre* sur pap. de Holl. 2 »

5811. MONTALEMBERT (le comte de). Des intérêts catholiques au xixe siècle. *Paris*, 1852, in-8, br. 2 »

5812. MONTMORENÇY. Voyage, anecdotes, par H. de Latouche. *Paris, Audot*, 1823, in-18, br. *Carte coloriée des environs.* 2 »

5813. MOORE. (Th.). Les Amours des anges et les mélodies irlandaises, trad. de l'angl. par Mme Louise Belloc. *Paris*, 1823, in-8, br. *Portrait sur chine.* 1 50

5814. MORNY (galerie de M. le duc de). Tableaux et objets d'art. *Paris*, 1865, in-8, br. 2 »

5815. **MOSCOU.** Avant et après l'incendie, ou notice contenant la description de cette capitale et des mœurs de ses habitants, par deux témoins oculaires. *Paris,* 1818, in-8, cart. n. rog. 1 50

5816. **MOURAVIT (G.).** Le livre et la petite bibliothèque d'amateur. Essai de critique, d'histoire et de philosophie morale sur l'amour des livres. *Paris, Aubry,* 1869, in-8, br., de 470 pages sur beau papier vélin. Tiré à petit nombre. 35 »
Ouvrage entièrement épuisé et devenu rare.

5817. **NANTES.** Tombeau de François II et de Marguerite de Foix, par M. Columb, avec notices sur François II et Anne de Bretagne. *Nantes, Forest,* 1841, in-4, br. 8 *planches par de La Michellerie gravées par Normand.* 5 »

5818. **NÉEL.** Voyage de Paris à Saint-Cloud par mer et retour par terre. *Paris, Daubrée,* 1843, pet. in-32, d.-rel., maroq. 2 »

5819. **NICOLAI.** Recherches historiques sur l'usage des cheveux postiches et des perruques dans les temps anciens et modernes, trad. de l'all. *Paris, L. Collin,* g. in-8, d.-rel. veau, non rogné. *Nombreuses figures gravées.* 4 »
Ouvrage curieux.

5820. **NICOLE.** Les Œuvres de M. le président Nicole. *Paris, Ch. de Sercy,* 1662, 4 part. en 1 vol. in-12, parch. 4 *figures par Chauveau et 1 frontispice gravés.* 3 50
Adonis, poëme historique. — Pièces diverses choisies. — Proserpine.

5821. **OVIDE.** Métamorphoses en rondeaux, par Isaac Benserade, imprimées et enrichies de figures par ordre de Sa Majesté. *Paris, Imprim. royale,* 1676, in-4, reliure pleine en maroquin rouge du Levant, fil., dos orné, tr. dor. (*Amand*). 80 »
Bel exemplaire de cette édition recherchée pour les gravures de Le Clerc, F. Chauveau et J. Le Pautre, dont elle est ornée.

5822. **PALAIS-ROYAL.** Histoire lithographiée du Palais-Royal. *Paris, Motte et Didot,* 1833, in-fol. demi-colombier vélin, en feuilles. 40 *planches sur chine.* 30 »
Exemplaire de premier tirage, avec le portrait du cardinal Dubois, qui manque dans la plupart des exemplaires.

5823 —— LE MÊME OUVRAGE, moins le portrait du cardinal Dubois. 25 »

5824. PALLU (le R. P.), de la Comp. de Jésus. De l'Imitation de N. S. Jésus-Christ. *Paris, Bordelet,* 1738, in-12, d.-rel., v. fauve. *Bel exemp. (Rare.)* 4 »

5825. PARIS. Statistique monumentale de Paris. Cartes, plans et dessins par A. Lenoir, publiée par les soins du ministre de l'instruction publique. *Paris, Imp. royale,* livr. 1 à 18, gr. in-fol. 124 *planches dont plusieurs coloriées.* 40 »

5826. PARIS. Statuts, priviléges, ordonnances et règlements de la communauté des maîtres menuisiers et ébénistes de la ville, faubourgs et banlieue de Paris. *Paris, Chardon,* 1751, in-12, v. gr. *Rare.*

5827. PARISOT. L'Art de conjecturer à la loterie. *Paris,* 1801, in-8, br. 2 »

5827 *bis.* PASSE-TEMPS AGRÉABLE (le), ou Nouveaux choix de bons mots, de pensées ingénieuses, de rencontres plaisantes, enrichis d'une élite des plus vives gasconnades. *Rotterdam,* 1737, 2 tomes en 1 volume in-12, v. gr. 3 50

5828. PATOIS. Les Quatre Saisons, ou les Géorgiques patoises, poëme suivi d'un glossaire patois-français, par M. P. A. P. D. F. (Cl. Peyrot, ancien prieur de Pradinas). *Villefranche et à Figeac, chez Champollion,* 1781, in-12, d.-rel. maroq. v., doré en tête, non rog. *(Bel exemplaire).* 6 50

5829. PAULIN-PARIS. Lettre àM. de Monmerqué sur les Romans des douze pairs, 1831. — Notice des mss. de Berte aus grans piés, pet. in-8, pap. de Holl., d.-rel., dos percal non rog. 2 »

5830. PAUTEX.(B.).Errata du dictionnaire de l'Académie française ou Remarques critiques sur les irrégularités qu'il présente. 2e édit. *Paris,* 1862, in-8 br. *envoi et lettre autogr. de l'auteur* (6 fr.). 3 50

5831. PERSE (Les satyres de). Fidellement traduites en nostre langue avec le latin à costé, par le sieur Gefrier. *Paris, Loyson,* 1658, in-12, parch. *Joli frontisp. gravé.* (Rare). 5 »

Bel exempl. dans sa reliure du temps.

5832. PIÈCES RARES. Recueil en 1 vol., pet. in-8, rel. veau fauve *(très-bel état de conservation).* 38 »

1° Le Miroir des femmes, qui fait voir d'un côté les imperfections de la méchante femme, et qui montre de l'autre les bonnes qualités de la femme sage... *Troyes, Vᵉ J. Oudot et J. Oudot fils,* 1718. — 2° La Comédie des Proverbes

pièce comique. *Troyes, V° Oudot*, 1715. — 3° Histoire nouvelle et divertis-
sante du bon-homme Misère, par le sieur de La Rivière. *Troyes, V° Jean
Oudot*, 1719. — 4° L'Etat de servitude, ou la Misère des domestiques. *A
Troyes, chez la V° Garnier, imp.-libraire, rue du Temple. S. d.* — 5° Le
Miroir de Patience, ou la misère des Clercs de procureur, dédié à M. le Chancelier de la Bazoche. *Paris, Guill. Valleyre*, 1714 *(vignette en bois s. le titre).*
— 6° La Peine et Misère des garçons chirurgiens, autrement appelés frotres.
A Troyes, chez la V° J. Oudot, 1739. — 7° La Misère des garçons boulan-
gers de la ville et des faubourgs de Paris. *A Troyes, chez la V° Jean Oudot*
1739.

5833. PIERREFONDS(précis sur le château de) *Compiègne*, 1836, 1 *vue lith.*
—Notice sur le château de Pierrefonds, 1855, 2 *vues par Deroy.*—*Pier-
refonds* ancien et moderne, par V. Tremblay, 1859, 1 *vue gravée.*
Ens. 3 broch. in-8.   2 »

5834. POESIES diverses de M. D***, *Genéve*, 1776, in-8, d.-rel. *Front. gr.*
2 50

L'auteur de ces poésies est resté inconnu; seulement quelques mots de la
préface semblent indiquer qu'il est né à Bordeaux.

5835. POETÆ LATINI minores. Gratiani, Nemesiani, Calpurnii Siculi,
Q. Ennii, Severi Sancti, Bedæ, Septimii Sereni, Ausonii, Cassii Par-
mensis, Optatiani, Porphyrii et aliorum carmina. *Parisiis, Lemaire*,
1824, 8 vol. in-8, d.-rel, pap. vergé de fil, veau fauve, n. rog. *Bel.
exempl.*   14 »

5836. PORCHAT (L. L.). Winkelried, drame en 5 actes (en vers). *Lausanne,
vignett. grav. s. bois.*   2 »

Envoi d'auteur, autogr. signé.

5837. PROVINS (vues de). Dessinées et lithographiées en 1822, par plusieurs artistes, avec un texte, par M. D. (Dusommerard), *Paris*, 1822
in-4, en feuilles, 32 *planches.*   10 »

Bel exemplaire intact et bien complet.

5838. QUATRELLES. Le Chevalier Beau-Temps, préface par A. Dumas fils. *Paris*, 1870, in-8, br. *Jolies vignettes de G. Doré.*   3 50

5839. RECEVEUR (l'abbé). Histoire de l'Eglise, depuis son établissement
jusqu'au pontificat de Grégoire XVI, *Paris, Méquignon*, 1840, 8 vol.
in-8, d.-rel., chag. noir.   20 »

Ex. de M. Moléon, ancien curé de St.-Severin.

5840. RÉVOLUTION D'ANGLETERRE (Histoire de la), 1625-1660, par
M. Guizot. *Paris, Didier*, 1856, 6 vol. d.-rel., mar.   15 »

5841. RÉVOLUTION D'ANGLETERRE, (collection des mémoires relatifs

à la), publiée par Guizot. *Paris, Pichon-Béchet*, 1827, 25 vol. in-8, cart.
en perc.   22 »

5842. REVUE FRANÇAISE (la) publiée sous la direction de MM. S. Morel
et E. Oger. *Paris*, 1855, 17 vol. in-8 raisin, dem.-rel. mout. vert (en
bon état).   80 »

> Collection complète, y compris le dernier numéro qui manque à presque
> tous les exemplaires.
> Cette revue littéraire, très-estimée, avait pour collaborateurs : Victor Four-
> nel, P. Tolin, Ant. de Latour, Edouard Fournier, Aug. Lacaussade, Xavier
> Marmier, H. Contel, Simart (de l'Institut), Antony Méray, L. Mallefille, etc.

5843. RIGAULT (Hipp.). Journaliste, rédacteur des Débats. Œuvres complètes, préc. d'une notice biographique et littéraire, par St-Marc Girardin. *Paris, Huchette*, 1859, 4 beaux vol. in-8°, br. Publiés à 25 fr.
Net.   10 »

5844. RIVAROL. De l'universalité de la langue française, discours qui
a remporté le prix à l'Acad. de Berlin. *A Berlin (Paris)*, 1784, in-8,
d.-rel., v. bl.   2 »

5845. ROBIN (E.). La question pénitentiaire. *Paris*, 1874, in-8, br. de
300 pag. suiv. de pièces justificatives.   3 50

5846. RODRIGUES (Hipp.). La Justice de Dieu. Introduction à l'histoire
des judéo-chrétiens. *Paris, Michel Lévy*, 1869, fort vol., in-8, br. 3 50

5847. SACY (de). Traité de l'amitié. *Rouen*, 1779, in-12, d.-rel., veau
fau., non rogné, 1 *gravure ajoutée.*   3 »

5848. SAYOUS (A.). Histoire de la littérature française à l'étranger
(xviiᵉ siècle). *Paris*, 1853, 2 vol. in-8, br.   9 »

> Ouvrage couronné par l'Acad. française.

5849. SCHOLL (Aurélien). Lettres à mon domestique. *Bordeaux, impr.
Duviella*, 1854, in-18, br.   2 »

3850. SOLINI (C. Julii). Polyhistor, rerum toto orbe memorabilium
thesaurus locupletissimus. Pomponii Melæ de situ orbis libri tres.
Basileæ, apud Mich. Isengrinium, 1538, pet. in-fol., d.-rel,, *grandes
marges (mouillures d'eau).*   6 »

> Orné de 18 curieuses cartes gravées sur bois.

5851. SOLTYKOFF (collection du prince). Objets d'art et de haute curiosité, 1851, in-8, br. de 260 pages.   2 50

5852.- **SORET** (collection de M.). Tabatières, miniatures, bijoux, tableaux, livres, 1863, in-8, br. 1 50

5853. **SORET.** Essai sur les mœurs. *Bruxelles*, 1756, in-12, v. marb., fil., tr. dor. *Bel exemplaire.* 2 50

5854. **SOULT** (Galerie du maréchal.) Catalogue raisonné des tableaux, 1852, in-8, br. 2 »

5855. **SUISSE** (Un mois en) ou Souvenirs d'un voyageur recueillis par H. Sazerac, ornés de croquis lithographiés d'après nature, par E. Pingret. *Paris*, 1825, in-fol. en feuilles. 40 *planches sur Chine. Bel exemplaire.* 10 »

5856. **TAMIZEY LARROQUE** (De.) Notes et documents pour servir à la biographie de Christophe et François de Foix-Candalle, évêques d'Aires. *Paris*, 1877, extrait de la *Revue de Gascogne*. (Tiré à 100 exemplaires.) 2 »

5857. **THEINER** (Le P.) de l'Oratoire. L'Église schismatique russe, d'après les relations récentes du prétendu Saint-Synode, trad. de l'italien par Monseigneur Luquet. *Paris, Gaume*, 1846, in-8 br. de 152 et 424 pages. 3 »

5858. **THORNTON.** New illustration of the Sexual system, of Carolus von Linnœus : comprehending an elucidation of the several parts of the fructification ; and the Temple of Flora, or Garden of nature, by Robert John Thornton. *London, printed by Bensley*, 1807, in-fol. Max. Belle reliure anglaise en maroquin rouge. plein, filets, dentelles, tranches dorées. 250 »

EXEMPLAIRE UNIQUE avec la plupart des planches doubles en noir et en couleur, qui n'existent dans aucun autre exemplaire, comme l'atteste une lettre autographe de Thornton, dont voici la traduction :
« Ceci est pour certifier que M. Josi a un exemplaire unique de mon grand
« ouvrage : *le Temple de Flore*, ayant des gravures que personne autre ne
« possède. Doubles épreuves noires et coloriées, et alors d'une grande valeur
« pour les curieux d'objets d'art. »
On remarque dans ce magnifique ouvrage un beau portrait de Linnée en noir et en couleur (costume de Lapon).

5859. **TOLÉRANCE** (De la) dans la religion ou de la liberté de conscience, par Crellius. L'intolérance convaincue de crime et de folie, trad. de l'anglais (par le bar. d'Holbach). *Londres, (Amsterdam, Rey,)* 1769, in-12, v. gr., fil., tr. dor. *Bel exempl.* 3 50

5860. **URFÉ** (Honoré d'). L'Astrée, où par plusieurs histoires et sous personnes de bergers et d'autres sont déduits les divers effects de l'honneste amitié. Seconde partie. *Paris, Remy Dallin*, 1618, in-8 de 111 et 432 f. parch. *Titre gravé. Exempl. fatigué par l'usage mais en bon état intérieur et complet.* 10 »

> Edition originale de la seconde partie de ce roman célèbre.

5861. **URFÉ** (Honoré d'.) La Sylvanie ou la morte-vive. Fable bocagère. *A Paris*, chez *Robert Fouet*, 1627, in-8, parch. *Portrait. Exempl. grand de marges, mais incomp. du dern. feuil., qq. taches d'eau.* 6 »

> Pièce en cinq actes en vers sans rimes. Rare.

5862. **VAUMORIÈRE.** Harangues sur toutes sortes de sujets, avec l'art de les composer. *Paris, Guignard*, 1693, in-4, v. éc. *Beau portrait du chancelier Boucherat, auquel ce livre est dédié, vignettes gravées par Thomassin.* 5 50

> De l'Eloquence en général. — Du genre démonstratif. — Du genre libératif. — Harangues du genre judiciaire.

5863. **VERRUT** (H.) Essai sur les richesses et la puissance temporelle des prêtres. *Paris*, 1813, in-8, bas. rac. 3 50

5864. **VERTOT** (L'abbé de.) Œuvres choisies. *Paris, L. Janet*, 1819, 12 vol. in-8, d.-rel. veau antique. *Portrait.* 16 »

> Comprenant l'Histoire des Révolutions romaines, de Suède et de Portugal, et l'Histoire de l'Ordre des Chevaliers de Malte.

5865. **VIGNY** (Le comte A. de.) Servitude et grandeur militaires. *Paris, F. Bonnaire et V. Magen*, 1835, in-8, br. 5 »

> Edition originale. *Très-rare.* (Publication de la *Revue des Deux-Mondes.*)

5866. **VIGNY** (Le comte A. de.) Servitude et grandeur militaires, 2ᵉ éd. *Paris, V. Magen*, 1836, in-8, br., *qq. mouillures d'eau.* 5 »

> 2ᵉ édit. originale, plus complète.

5867. **VILLE DE PARIS.** Monographie de l'église de la Sainte-Trinité, construite par la ville de Paris, par Th. Ballu, architecte. *Paris*, 1868, in-fol., d.-rel. maroq., chagr. rouge. *Texte et 20 belles planches gravées.* 24 »

5868. **VINCENNES** (Le bois de), décrit et photographié par Émile de la Bédollière de Ildefonse Rousset. *Paris, Lacroix*, 1866, in-4, reliure pleine en percaline, avec sujets dorés. *Orné de belles et nomb. pl. photographiés.* Publié à 33 francs. 18 »

472ᵉ Numéro.

15 Août 1877.

BULLETIN
DU
Bouquiniste

PUBLIÉ PAR AUGUSTE AUBRY

Avec la collaboration de Bibliophiles et d'Erudits.

Paraissant le 1ᵉʳ et le 15 de chaque mois.

21ᵉ ANNÉE. — 2ᵉ SEMESTRE.

PARIS

Un an......... 3 fr.

ÉTRANGER

Un an......... 5 fr.

PROVINCE

Un an......... 4 fr.

UN NUMÉRO

Prix......... 50

PARIS

CHEZ AUG. AUBRY, ÉDITEUR

LIBRAIRE DE LA SOCIÉTÉ DES BIBLIOPHILES FRANÇOIS

18, Rue Séguier-Saint-André-des-Arts.

Et chez les principaux libraires de la France et de l'Etranger.

1877

ON DEMANDE A ACQUÉRIR :

Archives des Missions scientifiques, 2ᵉ série, tome V, 2ᵒ livr.

Bachaumont. Mémoires secrets pour servir à l'histoire de la République des lettres 1780-89, in-12, *petite lettre* (tomes 13, 15, 19, 21, 22), brochés ou non rognés.

Buchon. Collection de chroniques nationales françaises. *Paris, Verdière, 1824.* (Tomes 1, 2, 3, 4.)

Cabinet historique, publié par L. Paris, année 1860, livr. 5, 6, 9, 10. — 1868, livr. 6, 9, 12.

Collé. Journal, 1807, in-8. (*Tome 1, broché.*)

Crébillon fils. OEuvres, 1777, in-12. (*Tomes 9-10.*)
— LES MÊMES, 1779, in-12. (*Tome 2.*)

Dangeau. Abrégé des mémoires ou Journal du marquis de Dangeau, avec notes, par Mᵐᵉ de Genlis. *Paris, Treuttel et Würtz,* 1817. (*Tome 1.*)

David et d'Hancarville. Antiquités étrusques, grecques et romaines. *Paris,* 1787, 5 vol. in-8. (*Tome 1 non rogné.*)

Intermédiaire des Chercheurs et des Curieux. Nᵒˢ 72, 121, 122, 123, 124, 134 à 159 inclus., 214.

Journal des chasseurs. Revue littéraire. (*Livraisons du 15 et 31 octobre 1857.*

La Petite Revue, publiée par René Pincebourde. *Numéros du 30 décembre 1864 et du 17 juin 1865, et les tomes 12 et 13* (1866-1867).

Leber. Collection des meilleures dissertations, notices et traités particul. relatifs à l'histoire de France, 1838, in-8. (*Tomes 19 et 20.*)

Marmontel. OEuvres complètes. Nouv. édition. *Paris, Verdière,* 1818. (*Tome 13.*)

Mionnet. Description de médailles antiques, grecques et romaines, avec leur degré de rareté, etc. (*Tomes 2, 4, 5.*)

Montpensier (Mˡˡᵉ de). Mémoires publ. par A. Cheruel. *Charpentier,* 1858). Tome 1.)

Raynouard. Lexique roman. *Paris, Silvestre,* 18 38, 6 vol. in-8. (Tomes 3, 4, 5, brochés ou non rognés.)

Romancéro de Champagne, publié par P. Tarbé. *Reims,* in-8, br. (*Tome 2.*)

Scarron. OEuvres. *Amsterdam, Wetstein.* 1737, 10 vol. pet. in-12. (*Tome 3 ou pages 504 à la fin du même tome.*)

Société de Sphragistique. 9ᵉ numéro. (15 février 1853.)

Voltaire. OEuvres complètes. *Paris, Lefèvre et Deterville.* 1818, in-8. (*Tome 27.*

Werdet (Edmond). Histoire du livre en France. (*Tomes 2 et 4.*)
— *Idem.* de la librairie française. 1 vol.

VARIÉTÉS BIBLIOGRAPHIQUES

BIBLIOGRAPHIE BASQUE

(Voir le *Bulletin* des 15 avril et 1er octobre 1874, 1er mars 1875, 15 avril 1876
et 15 mars 1877.

VI

LES NOËLS D'ETCHEVERRY

Jean d'Etcheverry, docteur en théologie, était un prêtre basque, originaire de Saint-Jean-de-Luz ou de Ciboure, qui vivait
au commencement du xviie siècle. C'est donc l'un des premiers
écrivains basques, par ordre chronologique ; c'est aussi l'un des
plus féconds. Il a composé des manuels de piété, des recueils de
prières, des noëls, et des cantiques, ouvrages qui, par leur nature
même, devaient avoir plusieurs éditions.

Nous ne nous occupons aujourd'hui que du recueil des cantiques qui a été souvent réimprimé, jusqu'à ce que la publication,
faite vers 1763, des *Cantiques spirituels* en basque, ait rendu
le livre d'Etcheverry inutile en lui substituant un recueil plus
varié et plus approprié aux circonstances. Je connais, de ce
livre, cinq ou six éditions différentes : la première ne paraît pas
du reste avoir été retrouvée ; ce qui n'empêche pas la plupart des
bibligoraphes de dire qu'elle a été faite à Bayonne en 1630. La
cause de cette erreur générale est double : le plus grand nombre
des exemplaires connus appartiennent à des réimpressions faites
à Bayonne et non datées, les approbations ecclésiastiques et l'au-
torisation épiscopale sont datées des 6 et 8 août 1630. Mais il y a
contre cette hypothèse un argument sans réplique : en 1630, il
n'y avait pas d'imprimerie à Bayonne, tous les livres basques de
cette époque ont été en effet imprimés à Bordeaux. Il en fut vrai-
semblablement de même pour les *Noëls* d'Etcheverry.

I. La plus ancienne édition que nous en connaissions est en effet datée de Bordeaux et sort des presses de Guillaume Millanges; en voici le titre exact et complet : « NOELAC | ETA « BERCE | canta espiritual | berriac. | *Iesus Christoren biciaren* « *my | sterio principalen gañean.* | Eta sainduen ohoretan « besta | buructacotz | *Ioannes Etcheberri Doctor | Theologoac* « *egniñac* || (fleuron) | *BORDELEN,* | GVILLEN MILANGES Erre- | « gueren Imprima et caissea | baithan, 1645 » (1). C'est un petit in-8° de 251 p., sans feuillets préliminaires non chiffrés. Cette édition est la plus correcte de toutes : ainsi à la p. 3 on lit *dedicationea*, à la p. 5 *approbationea* et à la p. 10 la signature *Hirigoiti.* L'ouvrage est divisé en quatre parties qui commencent respectivement aux p. 13, 101, 178 et 214. A la p. 241, est une table générale des matières; le dernier morceau du texte est un hymne de remerciements à saint Ignace-de-Loyola. Voici le premier mot de quelques pages : 51 *o eguberri,* 101. *Aurkbita,* 201 *Arren* et 251 *Duçu.* Aux p. 10-11; il y a, sur le nom d'Étcheherri un acrostiche en vers dont les lettres initiales sont couchées.

II. On me cite une édition de 1697; mais elle paraît identique à la suivante : « NOELAC | ETA BERCE | canta espiritual | « berriac | *Iejus Christoren biciaren | misterio principalen* | « *gañean.* | Eta sainduen ohoretan besta | buruetacotz. | *Ioannes* « ETCHEBERRI *Doctor | Theologoac egniñac.* | (fleuron) | BAIONAN, « | MAFFRE Baitan bors | Cantognetan. 1699 » (2). 240 p. in-8° « (sig. B. p. 17, C p. 25, D p. 41, etc). A la p. 3 on lit *Dedica-* « *tignea* et à la p. 10 *Heriogiti.* Il n'y a pas à la fin de table des matières. Pour tout le reste, cette édition ne diffère pas de la précédente.

---

(1) Noëls et autres chants spirituels nouveaux. Sur les principaux mystères de la vie de Jésus-Christ, et pour les fêtes capitales en l'honneur des saints. Faits par Jean Etcheverri, docteur en théologie. Bordeaux, chez Guillaume Millanges, imprimeur du Roi, 1645. — Il n'y a dans ce titre qu'une faute d'impression, *egniñac,* pour *eguiñac*; en comparant avec les titres des réimpressions suivantes, on verra que celles-ci sont bien plus incorrectes.

(2) Noëls... *Bayonne,* chez Maffre, aux Cinq cantons, 1699. — Maffre n'était que libraire; le livre a dû être imprimé à Bordeaux ou à Pau.

III. La première réimpression non datée dont j'ai connaissance a son titre ainsi conçu : « NOELAC | ETA BERCE | canta espiritual « | berriac. | *Iesus Christoren biciaren | misterio principalen* | « | *gañean.* | Eta sainduen ohoretan besta | buruetacolz. | « *Ioannes* ETCHÉBERRI *Doctor*—Teologeoac egniñciac. | (fleur.) | BAYONAN. | P. FAUVETEN, Imprimerian | Carmessetaco al- « dean » (3) ; 250 p. in-8° (sign. B, p. 17, C, p. 25, D, p. 41, etc.). P. 3 *Dedicatignea*, p. 10 *Heriogiti.* Pas de table. Mais on a ajouté au volume dix pages comprenant trois nouvelles pièces de vers : 1° p. 241 la traduction du *Verbum caro* ; 2° p. 245 *Claritates gucia* ; 3° p, 249 EGVN ESTREINATV *gaitu hourrac odolaz.* — Sur un exemplaire conservé au *British Museum* on lit : 1682 à la plume ; ce doit-être un numéro de classement, car ce ne peut être une date : Paul Fauvet n'a commencé à imprimer qu'en 1701.

IV. « Noela | eta berce | canta spiritual berriac. | Jesus Chris- « toren biciaren | misterio principalen | gañean. | Eta sainduen « ohoretan besta buruetacotz. | Joannes Etchehurri Doctor | « Theolegoae egnifiac. | Bayonan, | P. Fauvet, Imprimat, çaillea « | baitan. Carmesen aldean ». — 240 p. in-12.

V. « Noela | eta berce | canta spiritual berriac | Jesus Chris- « toren hiciaren mis | terio principalen gañean. | Eta sainduen « ohoretan besta | buruetacotz. | Joannes Etcheberri, | Doctor « Theolegoac egnifiac. | Bayonan, | P. Fauvet, Imprimat, caillea « | baithan, Carmesen aldean. » (4) | 230 p. in-8°. Ces deux édi- tions ont été composées l'une sur l'autre ; elles contiennent les mêmes matières. La seconde (n° 5) a un moindre nombre de pages seulement parce que à partir de la p. 106 (deuxième partie) elle est imprimée en caractères plus fins. On y lit p. 3, *dedicati- gnea*, p. 5, *approbationa*, p. 10, *Heriogiti ;* l'acrostiche n'est pas

---

(3) Noëls... *Bayonne*, à l'imprimerie de F. Fauvet, à côté du couvent des Carmes. — Dans *egniñciac* (pour *eguiñac*) le ñ est plutôt un fi : Voy. la note ci-après.

(4) Noels... *Bayonne*, chez F. Fauvet, imprimeur à côté des Carmes. — On remarquera le fi pour *n* tilde ; le plus souvent on rognait la branche du f, on avait ainsi ñ, qui représente assez bien *ñ* ; on trouve de nombreux exemples de cet usage dans la première édition d'Axulo (Bordeaux, 1643), — *Noela* « le noël », pour *noelac* « les noëls. »

indiqué, c'est-à-dire que les lettres initiales des vers ne sont pas couchées. Les quatre parties commencent aux p. 13, 106, 171 et 200; il n'y a pas de table finale. Après l'hymne à saint Ignace vient (p. 222) le *Stabat mater* en basque (p. 225), les *Gaude* en latin (p. 226) le *Stabat* en latin, et (p. 229) la *prière pour le roi* en latin. | Premiers mots des p. 51 Abreec, 101 *Jesus*, 201 Jaunac, 230 fecit.

De toutes les Bibliothèques publiques d'Europe, je ne connais que le British Museum où soient conservés des exemplaires de ce livre devenu rare dans le pays. Ces exemplaires appartiennent aux trois éditions numérotées I, II et III ci-dessus ; mais les trois volumes sont reliés ensemble, sous la marque $\frac{1064\text{-a-}30}{1\text{-}3}$. Je dois les plus vifs remerciements à M. W. J. Van Eys, et surtout à Miss L. Robyn, qui ont bien voulu examiner pour moi ce précieux volume. Je dois également de précieux renseignements au prince L. L. Bonaparte dont la riche bibliothèque possède plusieurs exemplaires des Noelac. J'ai pu étudier directement des exemplaires des éditions III et V. — Aucun exemplaire n'a figuré, à ma connaissance, dans aucune vente publique.

Bayonne, le 27 juillet 1877.

Julien VINSON.

ŒUVRES DE SCARRON

D'APRÈS L'ÉDITION DE 1663

Avec une préface et des notes,

Par Charles BAUMET

2 vol. in-16 avec portrait. (1)

Le temps n'est plus, où, sous forme de médaillons artistement modelés, l'excellent Théophile Gautier nous présentait dans son livre : *les Grotesques*, une série de pauvres diables grimaçants, dont

---

(1) 2 vol. chez *Arnaud* et *Labat*. Se trouve aussi chez *A. Aubry*. Prix : 10 fr.

les soi-disantes difformités littéraires et déviations poétiques avaient tenté l'humour de sa plume.

Ce que Gautier faisait avec un certain esprit paradoxal, notre époque, plus mûre, le fait le plus sérieusement du monde, et ce ne sera pas pour nos petits-neveux une des moindres curiosités du XIXe siècle que l'examen de cette génération, relevant à vingt-cinq ans de distance les faux dédains de la précédente.

Villon, Théophile, Saint-Amant et Scarron sont jugés de nos jours par les érudits mieux que des *Grotesques*, mieux même que des charmants originaux; ils sont classés parmi nos bons poëtes et représentent l'essence de cette verve française vainement condamnée par le tribunal du pédant Boileau. Tous, ils ont reçu la consécration de la réimpression et l'honneur d'études nombreuses et sympathiques.

, Les bibliographes n'ont pas négligé Scarron, qui tient si fort à notre littérature par le burlesque qu'il a créé, le *Roman comique* et le *Virgile travesti* ont été popularisés par de multiples éditions, mais jusqu'alors, soit manque d'initiative, soit toute autre raison, on n'avait pas encore osé aborder la réimpression de ses poésies diverses.

Nous devons à la vérité avouer que les presses de France et de Hollande ont souvent imprimé les œuvres de Scarron pendant les XVIIe et XVIIIe siècles, mais les livres ont leur destin, et celui de tant de réimpressions fut assez heureux pour que les poésies de Scarron aient acquis aujourd'hui une rareté relative.

C'est donc avec le plus vif plaisir que nous annonçons l'apparition des deux petits volumes sortis des presses de Ch. Hérissey, imprimeur à Évreux, avec une fidélité de texte et une entente du XVIIe siècle qu'on ne saurait trop louer.

Toutes les poésies bouffonnes du *Malade de la Reyne* sont contenues dans ces deux gracieux in-16. M. Charles Baumet y a joint des notes utiles, et une excellente préface peut-être un peu trop courte au gré de nos désirs ; M. Champollion, un jeune aquafortiste, a traduit assez agréablement le portrait du pauvre cul-de-jatte qui s'intitulait si bravement : « un raccourci de toutes les misères humaines. »

Q. U.

De l'usage de se découvrir

ET DE SALUER

A Rome, ceux qui sollicitaient les charges, venaient chaque jour assister au lever des personnes dont ils voulaient s'assurer la protection. Pline le jeune nomme ces visites « officia antelucana » et Juvénal nous montre dans une de ses satires tout un monde s'agitant dès l'heure la plus matinale sans prendre le loisir d'attacher ses jarretières et les cordons de ses souliers. (Sat. 1, v. 19.)

Le client ou le solliciteur saluait en mettant la main sur sa bouche et en l'avançant vers la personne à laquelle il voulait rendre hommage ainsi que cela se pratiquait à l'égard des dieux ; mais il devait demeurer tête nue devant elle tandis qu'on ne se découvrait jamais devant les dieux ; toutefois le salut n'était accompagné ni de génuflexion ni d'aucune inclinaison du corps, du moins jusqu'après la complète décadence de la République.

En France, l'usage de se découvrir devant un supérieur ne paraît pas avoir prévalu avant le règne de Charles VI ; sans doute, on se découvrait lorsqu'on abordait une personne de haut rang, et on s'inclinait devant elle ; mais les grands ne donnaient au roi ce témoignage de respect que lorsqu'il leur adressait la parole ; seuls les officiers domestiques se tenaient devant lui tête nue et sans manteau.

Sous Charles VI et surtout sous Charles VIII, après l'expédition d'Italie, l'usage s'introduisit de demeurer tête nue devant les personnes auxquelles on voulait témoigner de la déférence. Sous François II, cette coutume était devenue générale ; voici, selon Sainte-Palaye quelle en serait l'origine : Les officiers chargés du heaume, de la lance et de l'épée, dit-il, les gardaient lorsque le chevalier s'en était dessaisi pour entrer dans une église ou dans un autre lieu respectable, et dans les nobles maisons où il arrivait ; nous pouvons croire que cet usage d'ôter son heaume a donné la première origine de se découvrir dans les lieux et pour les personnes à qui l'on doit de la considération. (Mémoires sur l'ancienne chevalerie.)

Il paraîtra peut-être intéressant de rechercher ici pourquoi les Orientaux ont adopté au contraire la coutume de ne jamais se découvrir. « C'est par principe de santé, dit Salvador, et à cause des fortes réverbérations du soleil, que les Orientaux ont pris l'habitude de rester toujours avec la tête couverte.

Et Salvador ajoute :

« Il ne serait peut-être pas désavantageux, sous nos climats inconstants, de modifier comme ont fait les quakers, notre étiquette qui nous fait couvrir et découvrir vingt fois dans la même heure ; nous éviterions plusieurs genres de maux. » (Loi de Moïse ou système religieux et politique des Hébreux, p. 405.)

J. BONIFACE-DELCRO.

NOTICE

SUR LE

Donjon du Château de Philippe-Auguste

BATI A ROUEN EN 1205

Aujourd'hui Tour de Jeanne-d'Arc,

PAR F. BOUQUET (1)

M. Bouquet a émis une intéressante notice sur la citadelle que Philippe-Auguste a fait bâtir en 1205, sur le penchant de la colline de Bouvreuil, au moment où il reprit la Normandie sur les Anglais. Ce château comprenait six tours, une demi-tour et un donjon. Ce dernier seul subsiste, et c'est là que fut enfermée Jeanne d'Arc lors de son procès. Ce souvenir suffirait à rendre intéressant ce monument, mais il présente en outre une réelle importance au point de vue archéologique. M. Bouquet a eu une heureuse idée en faisant connaître ce respectable débris de l'archi-

______

(1) *Paris, Aubry,* 1877. In-8. — Prix : 1 fr. 50 c.

tecture militaire. Nous ajouterons qu'il poursuit son histoire jusqu'à nos jours : racheté par un Comité dit de souscription nationale, constitué en l'honneur de Jeanne d'Arc, il vient d'être complétement restauré.   E. B.

LES CÉSARS DE PALMYRE

PAR Lucien DOUBLE

Un volume in-18. *Paris,* 1877. (1)

Sous ce titre, qui étonne au premier abord et peut offrir prise à une critique chagrine, l'auteur a donné au public une bonne étude sur une partie très-négligée, partant peu connue de l'histoire de l'Orient dans des temps reculés. Grâce aux travaux modernes de MM. de Vogué et Waddington, on peut contrôler les assertions contradictoires des historiens Zouaras, Zosime, Suîdas, des auteurs de l'histoire d'Auguste.

L'histoire des souverains qui ont régné à Palmyre commence avec Salomon son fondateur, et finit avec Zénobie, qui perd à être mieux connue, un peu du prestige dont l'avait entourée la légende. Les chapitres intitulés : *La Femme dans l'Orient antique ; l'Intérieur du palais de Zénobie ; les Batailles d'Antioche et d'Emèse ; le Siége et la prise de Palmyre,* se recommandent spécialement à l'attention du lecteur. Le volume des *Césars de Palmyre* n'est pas déplacé à côté de ses aînés l'*Empereur Claude* et l'*Empereur Titus,* pas plus par le fond que par la forme, de plus il offre l'intérêt d'un sujet moins connu.   V. D.

1. Se trouve à la librairie A. Aubry. Prix : 3 fr.

LIVRES

En vente aux prix marqués

A la Librairie d'Auguste AUBRY

CHAMPAGNE, BRIE, SEINE-ET-MARNE

5869. BISTON (P.), avocat. De la noblesse maternelle en Champagne et de l'abus des changements de noms. *Chalons*, 1859, in-12, br. *Epuisé.*   2 »

5870. BLANDY. Notice hist. et topogr. sur le château et le village de Blandy. Par E. de La Forge, curé de Chamigny en 1853 (né à Blandy). *Melun*, 1841, broch. in-8 de 36 p.   2 »

5871. BRIE. Excursions hist. et archéologiques au pays de Bierre. Par G. Leroy. *Melun, Michelin,* 1862, in-8, br, *Belle pl. grav. représ. les armes de la ville de Melun.*   3 50

     Tiré à 40 exempl. sur pap. vergé.

5872. BRIE. Mémoire sur La Queue-en-Brie, par Vergnaud Romagnesi. *Paris, Leleux,* 1848, broch. in-8, *avec 2 vues du donjon de l'ancien château.*   2 50

5873. BRIE-COMTE-ROBERT. Relation des miracles opérés par les reliques conservées à Brie-Comte-Robert, au xvᵉ siècle (par G. Leroy). *Melun*, 1862, broch. in-8, sur pap. de fil. *Armes gravées.* 2 25

5874. CHAMPAGNE. Histoire des archers, arbalétriers et arquebusiers de la ville de Reims, par E. de Barthélemy. *Reims, Giret,* 1873, in-12 de 270 p., br.   3 »

5875. CHAMPAGNE. Messire noble Antoine de Laujorrois. Notice sur sa vie, ses écrits et sa fondation, par l'abbé Garnier. *Langres*, 1869, in-8, br.   2 50

5876. CHAMPAGNE. Rôles des fiefs du comté de Champagne sous le règne de Thibaud le Chansonnier (1240-1252), publiés d'après les minutes conservées au trésor des chartes, par Auguste Longnon. *Paris*, 1877, un vol. de 416 p., br.   10 »

Ce volume comprend les textes.

5877. **CHAMPAGNE DÉSOLÉE** (la) par l'armée d'Erlach avec les cruautez exercées par icelle. *A. Paris*, 1649, in-4 de 8 p.   4 »

Pièce très-rare, en bon état.

5878. **CHAMPAGNE ENCORE INCONNUE** (la). Documents curieux et inédits, publiés par Alex. Assier. *Paris*, 1876, in-8, 2 vol.   12 »

Le tome 1ᵉʳ comprend : *Nos bons Aïeux*, dont : La Fête de l'Ane, à Sens. — Les Fous de Troyes. — Animaux excommuniés en Champagne. — La Bourse pleine de Sens. — Un Rouleau des morts. — La Rue du Bois, d'après les Oratoriens. — Un Maître d'école en 1787. — Premiers imprimeurs de la Champagne et de la Bourgogne. — Le *Salve Regina* des financiers à la Reyne mère. .

Le tome 2ᵉ : Les Arts et les Artistes dans la capitale de la Champagne, depuis 1250 jusqu'en 1680.

5879. **CHAMPAGNE ET BRIE** (le trésor des pièces rares et curieuses de la), publié par J. Carnandet. *Chaumont*, 1863, in-8, pap. vergé, br.   6 »

Tome premier, cont. 25 pièces, parmi lesquelles : Le Tumulte de Bassigni. — L'enseignement public à Langres au xviiiᵉ siècle. — Lettres de confirmation des droits et priviléges de Saint-Dizier. — Lettre écrite de Provins sur la vie et la mort de M. d'Aligre. — Entrée de M. de Choiseul, évêque et comte de Chaalons. — Incendie de Bourbonne-les-Bains. — La prise de Méry-sur-Seine. — Les Joyaux d'une épousée au pays de Langres. — Entrée de Marie-Antoinette à Châlons, etc., etc.

5880. **CHAMPOLLION FIGEAC.** Cimetière gaulois de Cély (Seine-et-Marne), notice des fouilles faites en 1860. *Paris*, 1861, broch. in-8. *Planche et fig. lith.*   1 50

5881. **CHAUMES-EN-BRIE** (une excursion à), par G. Leroy, *imprimé à Melun, chez A. Hérissé*, 1867, broch. in-8 de 20 p.   1 50

5882. **CHAVIGNERIE** (E. B. de la). Chroniques de La Chapelle-la-Reine. *Fontainebleau*, 1851, broch. in-8. (*Tiré à petit nombre et devenu rare*).   2 50

5883. **CRÉCY-EN-BRIE** (état du domaine de) au xviiᵉ siècle, par Th. Lhuillie. *Meaux*, 1867, in-12. Essai biographique sur le mathématicien Camus, né à Crécy-en-Brie, par Lhuillier. *Meaux*, 1863, in-8, ens. 2 broch. avec fac-simile.   1 25

5884. **CRÉCY-EN-BRIE.** Histoire pittor., topogr. et archéologique de

Crécy-en-Brie et de la Chapelle-sur-Crécy, suivie de consid. génér. sur les communes du canton, par le Dr Robillard. *Meaux*, 1852, in-12, br.   2 »

5885. **GUILLAUME DES BARRES**, comte de Rochefort (notice sur). Lue à Auxerre, le 5 juin 1851, par Prou. (*Envoi d'auteur*).   1 50

5886. **JACQUES COEUR**. Par Vallet (de Viriville). *Paris*, 1864, in-8, br. (*Extr. de la Revue des Provinces*).   2 50

5887. **MEAUX**. Exécution de l'arrest qui condamne 14 blasphémateurs hérétiques, avec les noms et détails de lad. exécution qui eut lieu en lad. ville de Meaux, le cinquième jour d'octobre 1546, 7 p., pet. in-8. *Avec la marque de l'imprimeur Jehan André, à la 8e page.*   4 »
    Curieuse pièce, très-rare.

5888. **MEAUX**. Voyage à Saint-Fiacre, village voisin de Meaux (par Lefèvre, anc. secret. gén. du ministère des finances). *Paris*, 1817, in-8, br. *Rare.*   3 50

5889. **SEINE-ET-MARNE**. 4 pièces in-8, br., non rog.   3 »
    Defrance, représ. du peuple, député de S.-et-M., au citoyen Creusé-Pascal (sur sa dénonciation à la Convention d'une *conspiration* dans les colonies françaises). An IIIe, 54 p. — Sur le mode à adopter pour les élections des représentans, 8 p. — Sur les inconvénients qui résultent de la pluralité de fermes considérables entre les mains d'un seul cultivateur (14 nivôse an II). 14 pag. — Réflex. s. qq. articles de la Constitution projetée. 4 p.

5890. **SEINE-ET-MARNE**. Lettre sur l'histoire de Donnemarie, par Teste d'Ouet. *Paris*, 1846, broch. in-8 de 52 p.   2 »

5891. **SEINE-ET-MARNE**. Notice historique sur la foire de Monthéthy, comm. d'Ozoir-la-Ferrière, par M. L. N. G..., *Ozoir-L.-F.*, 1844, broch. in-8.   » 50

5892. **SEINE-ET-MARNE**. Notice sur le village de Luzancy, par l'abbé Torchet. *Coulommiers*, 1860, in-8, br. de 128 p. 2 *planches et 1 plan lithogr.*   2 50

5893. **SEINE-ET-MARNE**. Pèlerinage à Jouarre, par F. Bourquelot et Anat. Dauvergne. *Coulommiers*, 1848, broch. in-8. *Rare.*   2 50

5894. **TAILLANDIER** (A.-H.). Notice hist. sur le château et les seigneurs de La Borde-le-Vicomte (près Melun). *Paris, Leleux*, 1856, broch. in-8. *Plan par A. Lenoir, gravé.* (Envoi d'auteur à M. Grésy).   3 50
    A cet ex. est jointe une longue note manuscrite de notes et additions, pa M. E. Grésy.

3895. **TESTE D'OUET**. Le Chien qui hurle. *Paris, V. Didron,* 1847,
in-8, br., de viii et 70 p. 3 50
Curieuse dissert. archéologique.

NORMANDIE

5896. **ANDELIS** (Histoire de la ville des) et de ses dépendances, par
Brossard de Ruville. *Les Andelis, Delcroix,* 1864, 2 vol. gr. in-8,
d.-rel., maroq. roug., non rogné. *Nombr. figures sur bois.* 24 »
Cet ouvrage, publié à 32 fr., broché, est entièrement épuisé.

5897. **AUMALE** (Histoire de la ville d') et de ses institutions, par E. Semichon. *Paris, Aubry,* 1862, 2 vol. in-8, d.-rel., maroq., tête dorée,
non rogné. *Plan, fac-simile et fig. (Epuisé).* 18 »

5898. **BEUZEVILLE** (C.). Les !Petits enfants (poésie). *Rouen, Legrand,*
1839, in-18, br. *Envoi d'auteur signé (mouillé).* 2 50

5899. **BONNEVILLE** (N. de) d'Evreux. Choix de petits romans, imités
de l'allemand, suivis de quelques essais de poésies lyriques. *Paris,
Barrois,* 1786, in-12, reliure pleine, veau fauve, fil., n. rog. 22 »
Bel exemplaire RELIÉ PAR BAUZONNET. — Cet ouvrage n'est pas cité dans le
Bibliographe normand.

5900. **BOUQUET** (F.). Le Donjon du château de Philippe-Auguste, bâti
à Rouen en 1205, aujourd'hui tour Jeanne-d'Arc, notice historique
et archéologique. *Rouen,* 1877, in-8 de 84 p. 1 50

5901. —— LE MÊME, papier vergé. 2 50

5902. **BUISSON** (J.-B.). Héroïsme de Joseph Chrétien, suivi de poésies
diverses. *Caen, Poisson,* 1818, .pet. in-18 de 66 p., br. *(Rare.)* 2 50

5903. **CHENEDOLLÉ** (de) de Vire. Etudes poétiques. *Paris, Nicolle,* 1820,
in-8, br. (1re édit.). 2 50

5904. **CONSTITUTION** (de la) du duché ou Etat souverain de Normandie (par de la Foy, ancien avocat au parlément de Normandie).
S. l., 1789, in-8, d.-rel., maroq. bleu, tête dorée, n. rog. 4 50

5905. **COUSTUMIER** (le) du pays et duché de Normandie. *A Rouen,
chez Martin le Mesgissier,* 1578, in-8 de 358 ff., d.-rel., maroq. rouge
du Levant, tr., marb. 10 »

5906. DÉLORIER. Chansons d'un invalide. *Rouen, Baudry*, 1831, in-18,
br. *(Quelq. mouillures).*   2 »

5907. DOUDEVILLE. Inventaire des archives du Doyenné de Doudeville, par le Doyen (Simon). *Rouen*, 1857-61, 2 vol. in-8, br.   6 »,

5908. DU BOIS (L.). Archives annuelles de la Normandie, historiques,
monumentales, littéraires et statistiques, *Caen Mancel*, 1824-25, 2 vol.
in-8, d.-rel., v. violet, n. rog., 3 *planches. (Complet).*   12 »
> Bel exemplaire. Rare.

5909. DULAGUE. Ancien prof. au collège de Rouen. Leçons de navigation, revues par Prud'homme. *Rouen, J. Racine*, 1801, in-8, cart.
Planches.   2 »

5910. FAUCON (l'abbé), Intérieur d'un château normand au xixe siè-
ble. *Caen, Le Gost*, 1873, in-8, pap. vergé, br. neuf. *Une vue du château de Saint-Georges-d'Aunay.*   6 50

5911. FÉCAMP. Histoire de l'abbaye de Fécamp et de ses abbés, par
Gourdon de Genouillac. *Paris, Dentu*, 1872, in-8, br. *Plan. Épuisé.* 4 »

5912. FÉRÉ (O.). Légendes et traditions de la Normandie. *Rouen*,
1845, in-8, veau fauve, fil., reliure anglaise. 8 *figures dont 2 par E.
H. Langlois, gravées par Brevière. (Bel ex.)*   10 »

5913. FLOQUET. Essai historique sur l'Echiquier de Normandie.
Rouen, Frère, 1840, in-8, cart. à la Bradel, n. rog. *Vue du Palais de
Justice de Rouen, par E. H. Langlois.*   8 »
> Tiré à 125 ex. sur beau pap. vélin.

5914. GAUTIER. Les Caractères ou les mœurs de ce siècle, par M. G**,
curé en Basse-Normandie. *Caen, Leroy*, 1789, in-12, d.-rel., maroq.
vert, tête dorée, non rogné.   3 »

5915. GELÉE (Théoph.) médecin ordinaire de la ville de Dieppe.
L'Anatomie françoise en forme d'abrégé. *Lyon, J. Huguetan*, 1649,
pet. in-8, jolie d.-rel., maroq. grén. du Levant, tr. marb.   8 »
Rare.

5916. GLANVILLE (L. de). Promenade archéologique de Rouen à Fécamp et de Fécamp à Rouen. *Caen*, 1853, in-8, d.-rel., maroq. bleu,
tête dorée, n. rog. *Figures. (Bel Ex.)*   6 »

5917. GOSSELIN (E.). Documents authentiques et inédits pour servir

à l'histoire de la marine normande et du commerce rouennais pendant les xvi° et xvii° siècles. *Rouen*, 1876, in-8, de xvi et 176
pages.   4 »

> Tiré à petit nombre.

5918. GRAINDORGE. Traité de l'origine des macreuses, mis en lumière, par Th. Maloïn de Caen. *Caen, J. Poisson*, 1680, in-12, d.-rel.,
Piqûres de vers, raccomm.   4 »

> Rare.

5919. GUILBERT. Mémoires biographiques et littéraires sur les
hommes qui se sont fait remarquer dans le dép. de la Seine-Inférieure, par leurs écrits, leurs actions. *Rouen*, 1812, 2 vol. in-8,
d.-rel., veau fau. *Portraits.*   8 50

5920. LE BRETON (Th.). Espoir. poésies nouvelles. *Rouen, Périaux,*
1845, in-12, br. *Envoi d'auteur signé. (Mouillé au bas des prem.*
pages.   2 50

5921. LECAUCHOIS. Avocat au Parlement' de Rouen. Justification de
Marie-Françoise-Victoire Salmon, accusée d'empoisonnement dans
la ville de Caen. *Paris, Cailleau*, 1786,' in-12, d.-rel., maroq. vert
du Levant, tête dorée, non rognée.   4 »

> Non mentionné dans le *Bibliographe normand.*

5922. LE COINTE (l'abbé). Conspiration des barons normands contre
Guillaume Le Bâtard, duc de Normandie, et bataille du Val-des-
Dunes en 1047. *Caen, Le Gost*, 1868, in-8, pap. vergé, d.-rel., maroq.
rouge du Levant, tête dorée. non rogné. (*Tiré à 300 ex.*)   6 50

5923. MICHEL (J.). Une fleur sous l'herbe, poésies. *Caen, Hardel,*
1846, in-18, br.   1 »

5924. NODIER (Ch.). La Seine et ses bords. *Paris*, 1836, in-8, d.-rel.,
bas. fau. *Vignettes sur bois par Marville et Foussereau.*   7 »

5925. NORMANDIE. Abrégé de l'histoire de Normandie, (par d'Anne-
ville). *Rouen, J. Lucas*, 1665, in-12, rel. chagrin plein violet, tr. dor.
Carte. (*Titre double*)   5 »

5926. OURSEL (J.). Les Beautez de la Normandie, ou l'Origine de la
ville de Rouen. *Rouen*, 1700, in-12, bas. rac. (*Mouillé.*)   3 50

> Le plan manque à l'exemplaire.

5927. OVIDE. L'Art d'aimer, poëme trad. en vers français par A. de

Gournay. *Caen, Poisson,* 1817, in-8, d.-rel., maroq. bleu, tête dorée, bel ex. non rogné.   4 »

5928. PÉVRIEU (J. B.). Les Reflets, poésies. *Caen, Hardel,* 1836, pet. in-18, br. de 70 pages. *Rare.*   3 »

5929. POIGNANT (de Caen). Six mois de l'Histoire de France. *Paris, Garnier,* 1849, in-8, d.-rel., maroq. rou., tête dorée, n. rogée. 3 50

5930. PORÉE (l'abbé de). Histoire de D. Ranucio d'Aletès, écrite par lui-même. *Venise, (Rouen),* 1758, 2 tomes en 1 vol. in-12, v. marb. *Jolies figures.*   5 »
> Cet ouvrage est un tableau satyrique des mœurs des moines et des désordres de leurs couvents au xviiie siècle.

5031. RAGUENET (l'abbé), de Rouen (né à Rouen). Histoire du Vte de Turenne. *Paris,* 1769, 2 tomes en 1 vol. in-12, v. gr.   2 »

5992. ROMANTIQUE (Du classique et du). Recueil de discours pour et contre. *Rouen, Periaux,* 1826, in-8, d.-rel., maroq. chag., Lavall., tête dor., non rogné.   4 »
> Par Bergasse, Guttinguer, l'abbé Gossier, A. Le Prévost, Marquis, Licquet, Adam.

5933. ROUEN. Dictionnaire indicateur des rues et places de Rouen. par P. Périaux. *Rouen,* 1819, in-12, d.-rel., maroq. rouge, tête dorée, n. rog. *Plan. (Bel ex.)*   2 50

5934. SAINT-WANDRILLE (Essai historique et descriptif de l'Abbaye de) et sur plus. autres monuments des environs, par H. Langlois, du Pont-de-l'Arche. *Paris, Tastu,* 1827, in-8, d.-rel. avec un grand nombre de figures et de plans inédits, dessinés et gravés par l'auteur et par Mlle Espérance Langlois. *Rare.*   20 »
> Exemplaire sur *grand papier vélin* (la pl. XI est sur un papier plus petit.

5935. SEINE-INFÉRIEURE (Annuaire agricole du dép. de la), par G. D. Guérard de la Quesnerie). *Rouen,* 1re *année,* 1822, in-12, d.-rel. chag. viol., n. rog. *Planches et vignettes, par E. H. Langlois. (Bel ex.)*   4 »

5936. SEMICHON. Etude sur une ville du moyen âge et de l'ancien régime. *Paris, Aubry,* 1862, in-8, br., papier velin fort. *Epuisé.* 6 »
> Tiré à très-petit nombre.

5937. THURET. Chants religieux et mélancoliques. *Rouen, Fleury,* 1838, in-12, d.-rel., maroq. du Levant, tête dorée, n. rog. *Envoi d'auteur signé.*   5 »

5938. TRAVERS (Jul.). Deuil. Poésies dédiées à la mémoire de Pélagie
Castel du Boulay. *Falaise, imp. de Brée*, 1837, petit in-18, br.   5 »

> Rare. On a ajouté à ce vol. une pièce de vers autographe de l'auteur (*Chan-
> son d'un nouveau marié*, 4 couplets).

5939. TRAVERS (J.). Gerbes glanées. 3ᵉ gerbe. *Caen*, 1861, in-18,
br.   1 »

BROCHURES ARCHÉOLOGIQUES

5940. BARBET DE JOUY (H.). Les Fontes du primatice (Fontainebleau,
1543) dans le jardin de l'empereur aux Tuileries. *Paris, Renouard*,
1860, broch. in-8, papier de Hollande.   3 »

5941. BAUDELAIRE (Ch.). Salon de 1846, par Baudelaire-Dufaÿs. *Paris,
Michel-Lévy*, 1846, in-12, br. couverture imprimée. *Très-rare.* 12 »

> Extrait de la table : Aux bourgeois. — A quoi bon la critique. — Qu'est-ce
> que le romantisme? — De la couleur. — E. Delacroix. — Du chic et du
> ponsif. — Ary Scheffer et les singes du sentiment, etc., etc.

5942. BOURASSÉ (l'abbé). Prise et pillage du château de Chavigny
par les protestants, en 1568. *Tours, Ladevèze*, 1858, broch. in-8. 2 »

5943. BRETON (Ern.). Coup d'œil sur les fouilles de la voie Appienne
(1550-1553). *Saint-Germain*, 1855, broch. in-8.   1 »

5944. CHABOUILLET (A.). Notice sur un coffret d'argent exécuté pour
Frantz de Sickingen, accomp. d'observ. sur divers monuments relatifs à ce personnage. *Paris*, 1861, broch. in-8, *avec 2 planches (8 sujets
gravés.* Envoi d'auteur.   2 50

5945. CHARLES D'ORLÉANS. Poésies inédites, tirées des mss. de la
biblioth. de l'Arsenal, in-8, br. 28 pp. — Lettre de M. J.-M. Guichard,
éditeur des poésies de Charles d'Orléeans à M***. *Paris, Duverger*,
1842, in-12, br. (*Envoi d'auteur*).   2 »

5946. CORBLET (l'abbé Jules). 4 brochures in-8.   2 50

> Des progrès de l'archéologie religieuse en France et à l'étranger dep. 1848.
> *Amiens*, 1855. — Notice sur le culte de saint Médard. *Amiens*, 1856. — Con-
> grès archéologique de Mende et de Valence. Compte rendu. *Paris*, 1857. —
> Notice hist. et liturgique sur les cloches. *Paris*, 1857. *Planches.*

5947. DOYEN (le baron). Promenade autour de mon jardin (en vers)
Troyes, Bouquot, 1856, brochure in-8 (envoi d'auteur autographié
sig.).   1

5948. **HUCHER** (E.). Des enseignes de pèlerinage; *Caen, Hardel,* 1853, broch. in-8, 12 *bois gravés*. 2 50

5949. **HUILLARD-BRÉHOLLES.** Notice sur une ancienne peinture histor. de la collégiale de Saint-Dié, broch. in-8, sur pap. vergé, *ornée d'une grande planche en couleur (4 sujets)*. 2 50
   Envoi d'auteur autogr. sig.

5950. **MATHON.** Notice sur une Mitre dite de Philippe de Dreux, conservée au musée de Beauvais, suivie d'une note sur des étoffes anciennes fabriquées en Sicile, par W. Burges. *Beauvais,* 1857, broch. in-8; 5 *sujets gravés*. 1 50

5951. **MONTAIGLON** (Anat. de). Dépenses des menus plaisirs de la chambre du roi, pendant l'année 1677 (analyse d'un ms. de la bibli. de Rouen). *Paris,* 1857, *tiré à* 100 *ex.* 2 »

5952. **NUMISMATIQUE MÉROVINGIENNE** (Essai sur la), comparée à la Géographie de Grégoire de Tours. Par le vicomte de Ponton d'Amécourt. *Paris, Rollin,* 1864, in-8 br., suivi d'une table des noms de lieux (220 pp.). 5 50

5953. **PASSY** (Louis). Histoire du droit. Des origines de la communauté de biens entre époux. *Paris, F. Didot,* 1857, in-8 br. de 70 pp. 1 50

5954. **POL NICARD.** Les Anciens ont-ils connu la ferrure à clous? in-8, br. de 84 pp. 3 »
   Tirage à part extr. de la Soc. impériale des Antiquaires de France.
   Curieuse dissert. archéologique.

5955. **ROUYER** (Jules). Notice sur quelques plombs des fêtes des Innocents ou d'autres divertissements analogues. *Bruxelles,* 1860, broch. in-8, 1 *planche de monnaies*. 1 50

5956. **SALIN** (Patrice). Un coin du tableau. Mai 1871. — Catalogue raisonné d'une collection d'ouvrages rares et curieux, anciens et modernes détruite au palais du conseil d'Etat, du 23 au 24 mai 1871, préc. d'une relation de l'incendie du palais du conseil d'Etat, etc. *Paris,* 1872, broch. in-8, de 70 pag., *tiré à très-petit nombre et devenu rare.* 5 »
   Envoi d'auteur à M. Guizot.

5957. **SALVO** (le marquis de). Mon balcon à Sainte-Lucie, en 1849 et 1850. Lettres à M. le comte de Saint-Priest; par le marquis de Salvo.

Paris, impr. de Pommeret, (1858), broch in-8, de 40 pag.   4 »

Très-curieuse brochure qui n'a été tirée qu'à 80 exempl. seulement, — Cet ex. est signé de l'imprimeur qui constate le tirage.

5958. **TAILLANDIER** (A.). Notice sur la vie et les travaux de Berriat-Saint-Prix, doyen des membres résidents de la soc. des Antiquaires de France. *Paris,* 1846, broch. in-8 de 36 pp.   1 50

5959. **TAPISSERIES.** Les Tapisseries du sacre d'Angers, classées et décrites selon l'ordre chronologique par l'historiographe de la cathédrale et du diocèse. *Angers,* 1858, in-12, br.   3 »

Descript. de 19 tapisseries des xive, xve, xvie, xviie et xviiie siècles.

5960. **TERREBASSE.** Le Tombeau de Narcissa, suivi d'une réponse. *Lyon, Aug. Brun (impr. par L. Perrin),* 1850, in-8 br. *avec un fac-simile de l'Epitaphe de la belle fille d'Young, décédée à Lyon, le 8 oct. 1736.*   2 50

Envoi signé à M. Le Roux de Lincy.

5961. **TOUBIN** (Ch.). Etude sur les champs sacrés de la Gaule et de la Grèce et en particulier sur celui des Séquanes. *Besançon, impr. Dodivers,* 1861, in-8 br. 1 *carte.*   2 50

5962. **TRAYERS** (Julien). Analyse et extraits du Journal historique, ou Récit fidèle de ce qui s'est passé de plus considérable pendant la maladie et à la mort de Louis XIV, par les sieurs Anthoine. Broch. in-8.   1 25

5963. **VALLET DE VIRIVILLE.** Iconographie de la France depuis les temps les plus reculés jusqu'en 1515. Recueil de portraits peints, sculptés, ciselés, etc. (projets et études). *Paris, impr. Pillet,* 1853, broch. in-8.   2 »

5964. **VILLEGILLE** (A. de la). 3 broch. in-8.   2 50

Communauté des Carmélites de Bourges. 1858. — Notice sur un verre à boire antique trouvé dans la Vendée. *Planche gravée.* — Notice sur un coffret en bois (xiie siècle). 1 *planche et* 2 *fig. dans le texte.*

OUVRAGES DIVERS

ANCIENS ET MODERNES

5965. **ACHARD** (A.). Une saison à Aix-les-Bains. *Paris, Bourdin, s. d.,* grand in-8, br., *carte, costumes coloriés et nombr. vignettes.*   6 »

5966. ANCIEN PARIS. Recueil contenant les dessins au lavis (plans, coupes et élévations) de 53 propriétés se trouvant dans les rues : Saint-Severin, de la Harpe, de la Vieille-Bouclerie, de la Huchette, de la Bûcherie, de Saint-Julien-le-Pauvre, du Fouare, Galande, Saint-Jacques, du Plâtre-Saint-Jacques, quai des Mirammionnes, quai des Ormes, rue Scipion, etc., en un vol. in-4, ancienne rel. veau marb. 55 »

> Parmi les dessins qui composent cet album, exécuté par un habile architecte du milieu du xviii⁰ siècle, nous remarquons, entre autres, rue de la Bûcherie, la porte du Rosaire (pl. 12). Les plan, coupe et élévation de l'église Saint-Julien-le-Pauvre, occupée par la communauté des Mᵉˢ Couvreurs, avec un loyer de 400 fr. (n° 31). Le cloître Saint-Julien-le-Pauvre, avec une maison y attenant, louée à Gaudot, fondeur, au prix de 800 fr., etc., etc.
>
> Ce volume est terminé par une table manuscrite indiquant les noms des principaux locataires et le prix de leurs baux.
>
> Sur l'étiquette au dos du volume, nous lisons : Départ. de M. Gissey.

5967. ARCHÉOLOGIE (Bulletin de la société d') du département de Seine-et-Marne. 1869-1872. *Meaux,* 1873, gr. in-8, br. de 672 pages. *Planches.* 5 »

5968. BARRUEL (l'abbé). Mémoires pour servir à l'histoire du jacobinisme. *Hambourg,* 1798, 4 vol. in-8, d.-rel. 8 50

> Le 4ᵉ vol. est terminé par la liste des principaux Illuminés dep. la fondation de la secte, en 1776, jusqu'à la découverte de ses écrits originaux, en 1786. (Avec la clef des noms.)

5969. BARTHÉLEMY ET MÉRY. Napoléon en Egypte, Waterloo et le Fils de l'Homme. *Paris, Bourdin,* s. d., gr. in-8, br. *Vignettes sur chine par H. Vernet et Bellangé.* 8 »

5970. BARTHÉLEMY ET MÉRY. Napoléon en Egypte, Waterloo et le Fils de l'Homme ; précédés d'une notice littéraire, par Tissot, de l'Académie française. *Paris, E. Bourdin,* s. d. édit. gr. in-8. sur beau papier vélin, *illustrations d'Horace Vernet et d'Hippolyte Bellangé dans le texte et hors texte tirées sur chine ;* d.-rel. chagr. rou. aux attributs de l'Empire. 10 »

> Bel exemplaire non piqué.

5971. BELGIQUE HÉRALDIQUE (La). Recueil historique, chronologique, généalogique et biographique complet de toutes les Maisons nobles reconnues de la Belgique, par Ch. Poplimont. *Paris,* 1867, 11 vol. in-8, br. (au lieu de 110 fr.). 30 »

5972. BELLEVAL (R. de). Du costume militaire des Français en 1446.

Paris, 1866, 1 vol. pet. in-4, br., papier vergé. *Orné de planches gravées.*
(*Au lieu de 8 fr.*). 3 »

5973. **BELLEVAL** (R. de). La Panoplie du xv° au xviii° siècle. *Paris,*
1873, 1 vol. gr. in-8, br. (*Au lieu de 6 fr.*). 3 »

> Les collectionneurs trouveront dans cette étude des renseignements indispensables pour les guider dans le choix et l'appréciation si délicats des armes et des armures.
> Armures de guerre, de joûte et de tournoi, de cheval, boucliers, cottes de mailles, hauberts, haubergeons, brigandines, jacques, buffetins, épées, dagues et poignards, armes d'hast et de jet, armes à feu portatives.

5974. **BELLEVAL** (R. de). Lettres sur le Ponthieu, 2° édit. considérablement augmentée. *Paris,* 1873, 1 fort vol. in-12 de 474 pag., br.
(*Au lieu de 6 fr.*). 3 »

> Cont. quatorze lettres, dont : Les Capitaines d'Abbeville. — Les Péchés mignons de nos pères. — Toison-d'Or et sa famille. — Pierre le Prestre. — Deux erreurs de la justice. — Friquet de Fricamps. — Le Blason du Ponthieu. — Les Maréchaux héréditaires. — Messieurs de Vendôme, etc.

5975. **BIBLIOTHECA ESPANOLA** (Ensayo de una) de libros raros y curiosos, formado con los apuntamientos de Don Bartholomé José Gallardo, aumentados por Zarco del Valle y Sancho Rayon. *Madrid,* 1866, fort vol. gr. in-8, br. (*tome 2°*). 9 »

5976. **BIOGRAPHIE** universelle et portative des contemporains, depuis 1788, par Rabbe, de Boisjolin et Sainte-Preuve. *Paris,* 1839, 5 fort vol. in-8, br. Edition compacte, publié à 100 fr. 20 »

> Bel exempl. non coupé.

5977. **BONNAFÉ.** Les Collectionneurs de l'ancienne Rome. *Paris, Aubry,* 1867, pet. in-8, br., papier vergé. 10 »

> Entièrement épuisé et rare.

5978. —— Le MÊME, ouvr. 1 ex. sur papier jaune pompéien. 15 »

5979. **BONNASSIES** (J.). La Comédie-Française. Notice historique sur les anciens bâtiments, n. 14 de l'Acienne-Comédie (rue des Fossés-Saint-Germain-des-Prés) et n°ˢ 17 et 19 de la rue Grégoire de Tours (rue des Mauvais-Garçons). *Paris, Aubry,* br. in-8. 2 »

> Tiré à petit nombre.

5980. **BORDIER ET CHARTON.** Histoire de France d'après les documents originaux et les Monuments de l'Art de chaque époque. *Paris,* 1859, 2 vol. gr. in-8, cart. en perc. *Nombr. figures sur bois dans le texte.* 10 »

> Premier tirage.

5981. **BOUTARD.** Dictionnaire des arts du dessin. *Paris*, 1838, in-8, br., non coupé. 2 »

5982. **BRAYER** (Marcel de), Odes. *Paris, Impr. Jouaust,* 1868, in-8, br., titre rouge et noir. 5 »

> Tiré à petit nombre sur beau papier de Hollande; avec envoi autogr. sig. de l'auteur.

5983. **BURTY** (Ph.). Maîtres et-Petits-Maîtres. *Paris,* 1877, un vol. in-18 Charpentier de 387 pages. 3 50

> Eugène Delacroix. — Meryon. — Victor Hugo. — Jules de Goncourt. — J.-F. Millet. — Dauzats, etc.

5984. **CABREL** (Armand). Œuvres politiques et littéraires. *Paris, Chamerot,* 1857, 5 vol. in-8, br. 8 »

5985. **CHAPPUZEAU** (Samuel). Le Théâtre-François, accompagné d'une préface et de notes, par Georges Monval, artiste du théâtre de l'Odéon. *Paris, J. Bonnassies, éditeur,* 1876, pet. in-8, br., pap. de Hollande. 10 »

5986. **COIFFURE** (Histoire de la), de la Barbe et des cheveux postiches, par Molé, Thiers, Dulaure, Nicolaï, P. Lacroix et F. Seré. *Paris,* 1858, gr. in-8, br. *Devenu rare.* 4 »

5987. **COLLARDEAU** (Ph.). La Salle de Théâtre de Molière au port Saint-Paul, avec le plan du Jeu de paume de la Croix-Noire et celui de l'hôtel Barbeau et des autres propriétés détruites pour l'établissement du nouveau marché de l'Ave-Maria. *Paris, J. Bonnassies.* 1876, in-8 br., *avec deux plans.* 3 »

5988. **DÉFENSE** du Poëme héroïque (la), avec quelques remarques sur les œuvres satiriques du sieur D... (Despréaux), Dialogue en vers et en prose (par J. Desmarets, l'abbé Testu et le duc de Nevers.) *Paris, Legras,* 1675, in-8, rel. du temps, veau br. de 142 pag. 5 »

5989. **DELECLUZE** (E. J.). Dante était-il hérétique? br. in-8 (tirage à part de la *Revue des Deux-Mondes.*) 2 »

> Envoi d'auteur, autogr. sig.

5990. **DESCHIENS.** Collection de matériaux pour l'histoire de la Révolution de France, depuis 1787 jusqu'à ce jour. Bibliographie des journaux. *Paris, Barrois,* 1829, in-8, broch. de 670 pages. 5 50

5991. **DINAUX** (A.). Les Sociétés badines, bachiques, galantes et littéraires. — Leur histoire et leurs travaux. Ouvrage posthume. *Paris,*

Bachelin-Deflorenne, 2 vol, in-8, br. *Orné d'un portrait dessiné et gravé à l'eau-forte par G. Staal.* (Au lieu de 14 fr.)   .   . 7 »

5992. **DOUET-D'ARCQ** (L.). Inventaire de la bibliothèque du Roi Charles VI, fait au Louvre en 1423, par ordre du Régent, duc de Bedfort. *Paris, pour la société des Bibliophiles françois,* 1867, in-8, *sur grand papier de Hollande,* de 44 et 318 pag. br.   . 15 »
Exemplaire n° 7. (*M. Le Roux de Lincy.*)

5993. **DU FOUILLOUX.** La Vénerie, précédée de quelques notes biographiques et d'une notice bibliographique. *Angers, Lebossé,* 1844, pet. in-4, d.-rel. maroq. bleu. *Nombr. grav. sur bois.* (*Épuisé.*) 25 »
Cinquième édit., tirée à petit nombre et non mise dans le commerce ; elle est précédée d'une notice sur l'auteur.

5994. **DUTRAMBLAY** (le baron A. P.). Apologues. *Paris, impr. Trouvé,* 1822, in-8, br. sur pap. de fil. *Beau port. gravé par Dequeviller.* 4 »

5995. **ENFANS DE LA JOIE** (les). Pour 1810. *Paris,* 1810, in-18, br. 1 *figure.*   . 2 50
Chansons par A. Gouffé, Béranger, Désaugiers, Mellinet aîné, J. Pain, Vernes, etc., et anonymes.

5996. **FABLIAUX.** Recueil général et complet des Fabliaux des xiii° et xiv° siècles, imprimés ou inédits publ. d'après les Mss., par Anat. de Montaiglon. *Paris, Impr. Jouaust,* 1872, in-8, papier vergé. (Tom Ier, seul paru.)   8 »

5997. **FÉTIS.** Histoire générale de la musique dep. les temps les plus anciens. *Paris, F. Didot,* 1872, in-8 de 562 pages, br. *Figures dans le texte.* (Tome III.)   6 »

5998. **FORGEAIS.** Notice sur les plombs historiés trouvés dans la Seine. *Paris,* 1858, gr. in-8, br. *Gravures dans le texte.*   4 »

5999. —— Le **MÊME,** d.-rel. *Aux armes du marquis de La Grange.* 5 »

6000. **FORGEAIS** (A.). Collection de plombs historiés trouvés dans la Seine. *Nombreuses gravures dans le texte.*

1° 1re *série.* MÉREAUX DES CORPORATIONS de métiers. 1862, gr. in-8, br.   12 »

—— Le **MÊME,** d.-rel., *aux armes du marquis de La Grange.* 14 »

2° 2° *série.* ENSEIGNES DE PÈLERINAGES. 1863, gr. in-8, br. *Épuisé.*   15 »

3° *3° série.* VARIÉTÉS NUMISMATIQUES. 1864, gr. in-8, br.   12 »

4° *4° série.* IMAGERIE RELIGIEUSE. 1865, gr. in-8, br.   12 »

6001. **FOURIER** (Ch.). Publication des manuscrits. *Paris*, 1851, in-12,
br.   2 »

6002. **FRANÇOIS II.** Roi de France, en cinq actes, le. l. (*Paris, Prault*).
1747, in-8, veau marb., fil. 1 *vignette allégor. par Cochin.*   3 »
> Tragédie en prose, par le président Hénault, enrichie de notes.

6003. **FURETIÈRE.** Le Roman bourgeois. Nouv. édit. revue et augm.
de remarq. hist. etc., *Nancy, chez Cusson,* 1712, in-12, veau gran.
Figures.   8 »
> Cette édit. est terminée par le Jeu de boule des Procureurs, satyre, à Mau-
croix.

6004. **GALLIER** (Anat. de). La Vie de province au xviii° siècle, d'après
les papiers des Franquières. (Les Femmes, les Mœurs, les Usages),
In-8 de 132 pag. *Imprimé en caract. elzéviriens, à Valence,* 1877, *chez
Chenevier.*   3 »

6005. **GIRONDE.** Conseil général du département de la Gironde. Procès-verbaux des délibérations. *Bordeaux,* 1845-1868, 17 vol. in-8,
d.-rel. v. fau. (*Aux armes du marquis de La Grange.*)   15 »
> Années 1845 à 1868 inclus.; il manque 1851, 1854, 1858, 1859, 1861, 1862,
1857.
> Les années 1856 et 1857 sont brochées.

6006. **GIRONDE.** Archives historiques du département de la Gironde.
Bordeaux, 1859, in-4, d.-rel. m. rou. (*Aux armes du marquis de La
Grange.*)   20 »
> Tome 1er. *Rare.*

6007. **GROSLEY** (Voyage de P. J.). en Hollande, publié par Patris-
Debreuil. *Paris,* 1813, in-8, br.   2 »

6008. **GUINOT.** Un été à Bade (texte anglais). *London, Mitchell,* gr.
in-8, br. *Portrait, carte, costumes coloriés et nombreuses vignettes, par
T. Johannot, Lamy, Français, etc.*   6 »

6009. **HAMILTON** (Ant.). Mémoires du comte de Grammont. Histoire
amoureuse de la cour d'Angleterre sous Charles II. *Réimpression conforme à l'édition princeps* 1713, *avec préface et notes,* par Benjamin
Pifteau. *Paris, Bonnassies,* 1876, 1 beau vol. pet. in-8 écu, imprimé
en caractères anciens, titre rouge et noir, *orné de fleurons, culs-de-*

lampe, frontispices et 6 eaux-fortes par J. Chauvet. Papier de Hollande.   20 »

6010. **HERALD AND GENEALOGIST** (the), edited by John Gough Nichols. F. S. A. *London,* 1862-1867, 22 parties in-8, br.   50 »

> Très-intéressante publication illustrée de nombreux blasons gravés et de figures, sceaux, médailles, etc.

6011. **HIPPEAU** (C.). Avénement des Bourbons au trône d'Espagne. Correspondance inédite du marquis d'Harcourt, ambassadeur des France auprès des rois Charles II et Philippe V, publiée avec introd. histor. et des notes. *Paris,* 1875, 2 forts vol. in-8, *ornés des portraits de Charles II et du marquis d'Harcourt.*   15 »

6012. —— Le MÊME sur pap. vélin.   25 »

6013. **HUGO** (Victor). Discours prononcé dans la séance publique tenue par l'Académie française, pour sa réception, le 3 juin 1841. *Paris, Didot,* 1841. — Réponse de M. Victor Hugo au discours de M. Sainte-Beuve, prononcé le 27 février 1845. *Paris, Didot,* 1845, br. en carton.   6 »

> Tous deux avec envoi autogr. sig. de V. Hugo.

6014. **HUGO** (Victor). Etude sur Mirabeau. *Paris, Guyot et Urbain Canel,* 1834, in-8, br.   6 »

> Envoi autographe de l'auteur.

6015. **INDICATEUR DE L'ARCHÉOLOGUE.** Bulletin mensuel illustré, fondé par M. G. de Mortillet, dirigé par de Caix de Saint-Aymour. *Paris,* 1872-1874, 2 vol. in-8. *Nombreux dessins dans le texte.*   6 »

6016. **JÉRUSALEM.** Itinerarium Hierosolymitanum et Syriacum, in quo variarum gentium mores et instituta; insularum, regionum, urbium situs..... una cum eventis, quæ auctori acciderunt, dilucide recensentur; accessit synopsis réipublicæ Venetæ Auct. J. Cotovico. *Antverpiæ Hier. Verdussen,* 1619, in-4, *nombr. figures, plans et cartes.*   10 »

> Exempl. donné en prix à l'ancien collége du Plessis-Sorbonne, à Paris, fondé en 1322, par Geoffroy du Plessis-Balisson. — La reliure est en maroq. rou., avec semé de fleurs de lys et le monogramme PS enlacé sur le milieu, et aux coins du vol. — Ce prix a été décerné, en août 1695, à l'élève Jac. Lecoigneux. Ouvrage rare et estimé; il manque les feuill. 17 à 20.

6017. **LACROIX** (P.). Histoire de la charpenterie. *Paris,* 1858, gr. in-8, br. *Figures.*   4 50

6018. **LACROIX** (P.) et F. Seré. Histoire de la charpenterie.—Histoire de

la coiffure, de la barbe et des cheveux postiches. *Paris*, 1858, un
vol. gr. in-8, d.-rel.. chag. rouge, tête dorée, n. rog. *Figures*. (*Taches de rousseur*). 7 »

6019. **LACROIX** (P.) et F. Seré. Histoire de l'orfévrerie-joaillerie. *Paris*, 1850 gr. in-8, br. *Nombr. figures sur bois et trois planches en couleur.* 5 50

6020. **LAGRANGE** (le marquis de). Pensées de Jean Paul, extraites de tous ses ouvrages; trad. de l'allemand, 2e édit. *Paris*, 1836, in-8, br., de 370 p. 2 »

6021. **LA GRANGE** (Madame la marquise de). La Résinière d'Arcachon, ou Marie aux yeux bleus. *Paris, Michel Lévy*, 1857, gr. in-18, jésus, br. 1 »

6022. **LA GRANGE** (Ed. de). Notice sur cent quatre-vingt-seize médailles romaines en or, trouvées pendant l'été de 1834, à Ambenay, canton de Rugler, dép. de l'Eure. *Paris*, 1834, broch. in-8 de 32 p. 1 »

6023. **LA GRANGE** (E. de). Notice sur les antiquités romaines découvertes en 1834, à Chandai (Orne), dans les propriétés du comte de Caumont-Laforce. *Caen, Hardel,* 1835, broch. in-8. 4 *planches*. 2 »

6024. **LA GRANGE** (le marquis de). Essai sur l'histoire de France depuis la Saint-Barthélemy jusqu'à la Fronde, broch. in-8 de 110 pages. 1 50
Introd, aux Mémoires du maréchal duc de La Force. (Tirage à part.)

6025. **L'ÉCOLE.** Revue de l'Instruction populaire, in-4. cart., dos de percal., 30 numéros (du 13 janvier 1867 au 15 janvier 1868). 10 »
Tout ce qui a paru. — *Très-rare.* Tiré à 100 exempl. numérotés.

6026. **LE FEVRE.** Les Vies des poëtes grecs en abrégé. *Paris, Deşercy,* 1665, in-12, d.-rel. neuve, v. m. *Front. gravé.* 1 50

6027. **LEVESQUE** (A.). Du droit nobiliaire français au xixe siècle. *Paris*, 1866, d.-rel. bas. (*Envoi d'auteur.*) 6 »

6028. **LYON** (Histoire de la ville de), par J.-B. Montfalcon, avec des notes, par C. Breghot du Lut et A. Pericaud. *Lyon (imprim. de L. Perrin)*, 1847, 2 vol. gr. in-8, br., avec table chronologique-alphabétique et 7 *vues, anc., cartes et plans.* 15 »

6029. **MAGNY** (le marquis de). De la répression des usurpations de noms et titres de noblesse. *Paris*, 1869, in-12, br. de 160 p.   1 50

6030. MAGNY (le marquis de). *Archéologie héraldique.* Le Roy d'armes, jurisprudence nobiliaire. *Florence*, 1867, un vol gr. in-4, imprimé avec luxe, *texte encadré avec vignettes et bois gravés.* (Au lieu de 30 fr.   15 »

6031. MÉMOIRES ET RAPPORTS, par Henri Goudard, fils, avocat à Cette (1818-1827), 2 vol. in-4, d.-rel., veau fau.   5 »

Mémoires et rapports imprimés à Montpellier et réunis sous le titre de :, *Mela laborum.*

6032. MEZETIN. La Vie de Scaramouche. Réimpression conforme à l'édition *princeps*, 1695, avec introduction et notes par Louis Moland. *Paris, Bonnassies,* 1876, un beau vol., petit in-8 écu, br., imprimé en caractères anciens, titre rouge et noir. *Portrait sur acier d'après Bonnart,* par Eug. Gervais, papier de Hollande.   10 »

6033. MICHEL (Fr.) et **E. FOURNIER.** Histoire des hôtelleries, cabarets, courtilles et des anciennes communautés et confréries d'hôteliers, de taverniers, etc. *Paris,* 1854, 2 vol., gr. in-8, br. 29 *planches.*   10 »

6034. MONTÉGUT. Œuvres mêlées de madame Montegut, maîtresse des Jeux floraux, recueillies par M. de Montegut, son fils, conseiller au parlement de Toulouse. *Paris, Desaint, et à Villefranche de Rouergue, chez Vedeilhie,* 1768 ; pet. in-8, belle et ancienne reliure en maroq. rouge, à larges dentelles, tr. dor., doublé de tabis. (Tome Ier.)   12 »

Ce volume est dédié à Mme la Présidente de Bastard ; il est orné du portrait de l'auteur et de 4 vignettes, dont une fort jolie : *les Grâces vengées,* par Moreau le jeune, gravée par Simonnet.

6035. MUSIQUE. Mémoire pour les Organistes du Roi et autres organistes et compositeurs de musique, faisant profession d'enseigner à toucher le clavecin et les instruments d'harmonie, contre le sieur Guignon, roi et maître des ménétriers, et les maîtres à danser. *Paris,* 1750, 20 pages in-fol., n. rog. *Rare.*   5 »

6036. NUITS PARISIENNES (les), à l'imitation des nuits attiques d'Aulu-Gelle ; ou Recueil de traits singuliers, anecdotes, usages remarquables, faits extraordinaires, etc. (par Chomel). *Londres (Paris), Lacombe,* 1769, 2 vol. pet. in-12, d.-rel. neuve, veau.   7 »

6037. ODÉON (l'). Histoire administrative, anecdotique et littéraire du

second Théâtre-Français, par Paul Porel et Georges Monval. *Paris,*
1876, un vol. in-8 jésus de 557 pages sur beau papier vélin. 7 50

6038. —— Le même, sur papier vergé de Hollande. 15 »

6039. **PARIS.** L'Hôtel-de-Ville et la Bourgeoisie de Paris. Origines,
mœurs, coutumes et institutions municipales, par F. Rittiez. *Paris,*
Durand, 1862, in-8, broch. de 408 pages. 2 50

6040. **PARIS.** Nouvelles annales de Paris, jusqu'au règne de Hugues-
Capet ; on y a joint le poëme d'Abbon sur le fameux siége de Paris
par les Normands en 885 et 886, beaucoup plus correcte que dans
les éditions précédentes; avec des notes par Dom Toussaint du Plessis, relig. bénéd. de Saint-Maur. *Paris, Lottin,* 1753, in-4, veau
marb. (*Bel exemplaire.*) 8 50

6041. **PARNASSE RÉFORMÉ** (le). 8ᵉ édit. (par Guéret). *Paris, Th. Jolly,*
1669, pet. in-12, anc. rel. 4 »
Rare. — La 1ʳᵉ édit. est de 1668.

6042. **PIÈCES DIVERSES** (première partie des), cont. : Églogues, élégies, stances, madrigaux, chansons, épigrammes, trad. d'Horace, etc.
Paris, Cl. Barbin, 1668, in-12, v. gran,, anc. rel. 3 50

6043. **PORTALIS** (le baron Roger). Les Dessinateurs d'illustrations au
xviiiᵉ siècle. *Paris,* 1877, 2 vol. in-8, br., sur papier de Hollande,
titres rouge et noir, *orné d'une planche gravée à l'eau-forte;* les Amateurs de dessins. 40 »

6044. **PROUDHON.** — **P. LEROUX.** — **J. JOURNET.** 3 broch. in-12
et in-8. 2 »
D'une religion nationale ou du culte, par P. Leroux. *A Boussac,* 1846. —
Les Démocrates assermentés et les réfractaires, par P.-J. Proudhou, 1863. —
L'An de salut, par un fou, un mendiant, un apôtre, par J. Journet. 1851.

6045. **RAYNOUARD.** Choix des poésies originales des Troubadours.
Paris, Didot, 1816, in-8, d.-rel. 12 »
Tome 1ᵉʳ, cont. : Les preuves histor. de l'ancienneté de la langue romane ; —
des recherches s. l'origine et la formation de cette langue; les éléments de sa
grammaire, avant l'an 1,000 ; — la Grammaire de la langue des Troubadours.

6046. **RÉGNIER,** sieur de La Planche. Histoire de l'Estat de France sous
le règne de François II, publ. par E. Mennechet. *Paris, Téchener,*
1836, 2 vol. in-8, cart., non rog. 1 *figure* (l'Exécution d'Amboise).
Épuisé. 6 »

6047. **ROUSTAN.** Les Subtilités de la Librairie parisienne. *Versailles, l'auteur,* 1864, in-8, br. (*Tiré à 125 ex. — Devenu rare.*)   8 »

6048. **SAINT-AMANT** (les Œuvres du sieur de), revueues, corrigées et beaucoup augmentées en cette dernière édition. *Imprimées à Orléans et se vendent à Paris, chez Est. Loyson,* 1661, pet. in-12, v. marb. Ex. en bon état.   8 »

6049. **SAND** (Georges). Cosima, ou la Haine dans l'amour, drame en cinq actes, précédé d'un prologue. *Paris, F. Bonnaire,* 1840, in-8, br., *couverture imprimée.*   8 »
> Première édition. *Rare.*

6050. **SORBONNE.** Mémoires lus à la Sorbonne. — 1861. Histoire. — 1863. Histoire — 1865. Archéologie. Ens. 3 vol. in-8, d.-rel. v. fau. (*Armes du marquis de La Grange.*)   8 »

6051. **SPHRAGISTIQUE.** Recueil des travaux de la société de Sphragistique de Paris, publié par A. Forgeais. *Paris,* 1851-1855, 4 vol. gr. in-8, cart. à la Bradel, n. rog.   40 »
> Collection devenue rare. Ce recueil contient une réunion très-intéressante de recherches historiques.
> Chaque volume donne la description d'une centaine de types de sceaux, accompagnés de leurs représentation gravée sur bois.

6052. —— Le tome Ier seul. en 12 livr.   10 »

6053. —— Le tome IV seul., br.   8 »

6054. **TABLEAU DE LA CROIX** (le), représenté dans les cérémonies de la sainte messe, ensemble le Trésor de la dévotion aux souffrances de Notre-S. J.-C., le tout enrichi de belles figures. *A Paris, chez Mazot, rue Saint-Denis,* 1651. Pet. in-8 carré, dans sa reliure du temps en maroq. rouge, richement dorée à petits fers (genre Le Gascon. (*Qq. taches aux premiers feuill.*)   25 »
> Ce vol. est orné de 100 estampes gravées par Collin et autres, avec leurs explications également gravées, encadrements avec sujets variés, le tout très-finement exécuté.

6055. **VOISIN** (Le Dr Félix,) du Mans. Analyse de l'entendement humain, suivi d'un mémoire sur l'abolition de la peine de mort. *Paris, J.-B. Baillière,* 1858, fort. vol. gr. in-8, br.   5 »
> Envoi d'auteur autogr. signé.

6056. **VOLNEY.** Œuvres. *Paris, Parmentier,* 1826, 8 vol. in-8, br. *Portrait et planches.*   20 »
> Les Ruines. — Voyage en Egypte et en Syrie. — Tableau du Climat des Etats-Unis d'Amérique. — Recherches sur l'Histoire ancienne. — Etat de la Corse. — Simplification des langues orientales, etc.

473-475ᵉˢ Numéros. 1ᵉʳ-15 Sept. et 1ᵉʳ Octobre 1877.

BULLETIN
DU
Bouquiniste

Publié par Auguste AUBRY

Avec la collaboration de Bibliophiles et d'Erudits

Paraissant le 1ᵉʳ et le 15 de chaque mois.

21ᵉ ANNÉE. — 2ᵉ SEMESTRE.

PARIS

Un an......... 3 fr.

ÉTRANGER

Un an........ 5 fr.

PROVINCE

Un an........ 4 fr.

UN NUMÉRO

Prix......... 50

PARIS

CHEZ AUG. AUBRY, ÉDITEUR

LIBRAIRE DE LA SOCIÉTÉ DES BIBLIOPHILES FRANÇOIS

18, Rue Séguier-Saint-André-des-Arts.

Et chez les principaux libraires de la France et de l'Etranger.

1877

CORRESPONDANCE · BIBLIOGRAPHIQUE

GUDIN DE LA BRENELLERIE

A Monsieur le Directeur du BULLETIN DU BOUQUINISTE.

Monsieur,

Horace a dit, il y a plus de dix-huit siècles :

Non cuivis homini contingit adire Corinthum.

Permettez-moi de faire une application paraphrasée de ce vieil adage latin, en vous disant qu'il n'est pas donné à tous les auteurs dramatiques d'être grands comme *Corneille*, parfaits comme *Racine*, vastes comme *Voltaire*, ou sombres et terribles comme *Crébillon*, et d'ajouter que, parmi les humbles satellites qui gravitent autour de ces astres de première grandeur, il en est, cependant, qui n'ont pas mérité l'oubli dans lequel ils sont tombés de nos jours. Or, le but que je poursuis dans l'épître que je vous adresse aujourd'hui, est de faire sortir de cet oubli, bibliographiquement, bien entendu, l'un de ces auteurs dramatiques très-estimable par ses productions littéraires, mais surtout très-recommandable par l'honnêteté de son caractère.

Je vais donc vous entretenir de *Gudin de la Brenellerie*, Paul-Philippe, né à Paris le 6 juin 1738, et mort dans la même ville, le 26 février 1812. Mais, avant tout, je crois devoir vous prévenir que, comme je l'ai fait pour *Ronsin*, dans ma lettre du 8 juillet 1875, insérée dans le *Bulletin* du 1er décembre de la même année, je ne m'occuperai que de ses œuvres de théâtre, laissant de côté ses travaux poétiques et historiques qui, certainement, ne manquent pas de mérite, mais ce n'est pas mon affaire.

En 1760, à l'âge de vingt-deux ans, *Gudin* présenta à la Comédie Française une tragédie qui avait pour titre : *Clytemnestre ou la Mort d'Agamemnon;* cette pièce fut agréée par les comédiens et procura à l'auteur ses entrées au théâtre, mais elle ne fut ni représentée, ni imprimée. Une autre tragédie : *Hugues-le-Grand,* fut reçue par les comédiens, le 18 janvier 1773 ; elle eut le même sort que sa devancière, quant à la représentation et à l'impression. Ces deux pièces sont, comme vous le voyez, étrangères en quelque sorte à la bibliographie, et je ne vous les cite ici que pour mémoire, ainsi que deux opéras-ballets : *Lycurgue* et *Solon*, qui sont restés inédits dans les cartons de l'auteur.

La première tragédie imprimée de *Gudin* a pour titre : *le Royaume mis en interdit,* ou *Lothaire et Valrade;* elle a été publiée à Genève, pour la première fois, en 1767.

Voici maintenant l'énumération des différentes éditions qui ont suivi celle-ci et dont je, puis vous garantir l'exactitude des titres :

1° *Le Royaume mis en interdit,* ou *Lothaire et Valrade,* tragédie en cinq actes, en vers, par de V... (Gudin.) Londres, 1758 (1768?)

2° *Le Royaume mis en interdit,* sans nom d'auteur, sans lieu, sans date, in-8 de 88 pages (Amsterdam, D. J. Changuyon, 1768?) Cette édition que j'ai sous les yeux n'a qu'un faux titre.

3° *Lothaire, roi de Lorraine,* tragédie en cinq actes, en vers, par Gudin de la Brenellerie. Genève, 1769, in-8. (Je ne connais pas cette édition, elle est inventoriée dans le catalogue de Guilbert de Pixerécourt, théâtre révolutionnaire, et dans celui de MM. Deville et Dufour, dont la vente des livres a eu lieu en février 1841.)

4° *Lothaire et Valrade,* ou *le Royaume mis en interdit,* tragédie brûlée à Rome par les moines inquisiteurs de cette ville, le 28 septembre 1768, à Rome, de l'imprimerie du Vatican ; 1777, in-8, de XXIV-118 pages, y compris les errata. (Cette édition, dont je possède un exemplaire, ne porte pas de nom d'auteur ; elle est précédée d'une lettre de l'auteur à Voltaire et d'une préface au commencement de laquelle *Gudin* déclare n'avoir jamais été consulté pour la publication des éditions antérieures, et que c'est contraint par les fautes qui fourmillent dans celles-ci qu'il s'est enfin. déterminé à publier l'édition dont je viens de vous donner le titre.)

Quelques jours après le 18 brumaire, un imprimeur sollicita de *Gudin* son consentement à la publication d'une nouvelle édition de cette tragédie ; ce dernier y consentit et livra sa pièce avec les additions et corrections qu'il avait jugé utile d'y introduire. Mais, à peine terminée en 1801, cette dernière édition fut enlevée à l'instant en totalité, sans qu'il ait été possible à l'auteur de jamais pénétrer la cause d'un écoulement aussi rapide de son œuvre. Toujours est-il que, quel qu'ait été l'accapareur, ami ou ennemi, l'imprimeur fut mis, par ce fait, dans l'impossibilité de fournir à Gudin un seul exemplaire de sa pièce. Néanmoins, postérieurement, il s'en est trouvé jusqu'à *trois* à l'étalage d'un marchand. Vous voyez, monsieur, d'après ce qui précède, que les exemplaires de cette dernière edition doivent être fort rares. Je vous dirai même que, pendant trente années de promenades sur les quais, je n'en ai pas rencontré un seul, et cela à mon grand déplaisir, je dois vous l'avouer.

Cettre tragédie fut jouée dans le nord de l'Europe (à Berlin), et eut à Rome les honneurs du bûcher sur la place *de la Minerve*. Elle n'a jamais été représentée en France, malgré le désir qu'en avaient manifesté les comédiens ; l'auteur, voyant les partis dégénérer en factions, ne voulut jamais le permettre. Et, à mon point de vue, l'auteur a eu cent fois raison de ne pas livrer en pâture à la malveillance et à la haine du parterre le principal personnage de la pièce, qui était un légat du pape. Au reste, je vous dirai que je n'ai jamais bien compris quel intérêt il y avait pour la civilisation et pour la morale d'introduire sur la scène la religion et ses ministres. Je pense, et c'est une opinion toute personnelle que j'émets ici, qu'il est et qu'il sera toujours dangereux et imprudent pour un gouvernement, quelles que soient son origine et ses tendances, de tolérer de jouer et souvent de ridiculiser au théâtre les choses saintes et les ministres du culte et *mon veto* est absolu, il s'applique à toutes les religions, et à plus forte raison à la religion qui est celle de la majorité des habitants d'un pays.

Tenez, Monsieur, j'ai là sur ma table trois pièces dramatiques qui ont été jouées à diverses époques sur différents théâtres de Paris, permettez-moi de vous en donner les titres, et peut-être penserez-vous comme moi qu'elles ont bien pu être les complices insconscients de la mort violente des trois archevêques de Paris, dont, j'en suis certain, vous n'avez pas oublié les noms.

Ces trois pièces sont intitulées :

La première, *le Jugement dernier des rois*, prophétie en un acte, en prose, par P. Sylvain Maréchal, jouée sur le théâtre de la République, au mois vendémiaire et jours suivants, à Paris, de l'imp. de C. F. Patris, imprimeur de la Com., rue du Faubourg Saint-Jacques, aux ci-devant Dames Sainte-Marie. L'an second de la République française une et indivisible. (Cette pièce est rarissime.)

La seconde, *l'Incendiaire* ou *la Cure et l'Archevéché*, drame en trois actes, à grand spectacle, par MM. Benjamin et Alexis, musique de M. Piccini, décorations de M. Lefèvre ; représentée pour la première fois sur le théâtre de la Porte-Saint-Martin, le 24 mars 1831. (Quelques jours avant le sac et le pillage de l'archevêché de Paris.) A Paris, chez J. N. Barba, Palais-Royal, grande cour, derrière le Théâtre-Français, et chez Bezou, libraire, boulevart Saint-Martin, 1831. (Cette pièce a été réimprimée dans la *France dramatique*, au xix^o siècle, — 17e et 18e livraisons.)

Et enfin la troisième, *une Émeute au paradis* ou *le Voyage de Robert-Macaire*, folie-vaudeville en deux actes, par MM. Dupuis et Guillemé ; elle a aussi été imprimée dans la *France dramatique au xix^o siècle*, 134° livraison, et représentée pour la première fois sur le théâtre dirigé par M. Dorsay, à Paris, le 22 juillet 1834. (Je pense que cette édition est la seule qui existe de cette pièce.)

La première, qui n'est que grotesque, met en scène des sauvages, nn sans-culotte, tous les rois de l'Europe, y compris la czarine et le pape.

La seconde, qui est odieuse et malveillante, expose à la haine du public un archevêque et un curé.

La troisième, qui est grotesque et ridicule, offre en pâture à la risée du parterre saint Pierre, sainte Madeleine et autres, en compagnie de Robert Macaire et de Bertrand, son fidèle Achate.

Eh bien, Monsieur, tout cela est déplorable, plein d'impiété et de démoralisation. L'espace me manque pour vous faire l'analyse de ces trois monstruosités dramatiques, et je ne puis que vous renvoyer, ainsi que les lecteurs du *Bulletin*, au remarquable ouvrage du regretté *Théodore Muret*, intitulé : *l'Histoire par le théâtre*, 1789-1851. Paris, Amyot, libraire-éditeur, 8, rue de la Paix, 3 vol. in-12, 1865. Vous y verrez ces œuvres détestables analysées avec une sévère, mais juste impartialité. Quant à moi, je me contenterai d'appliquer à cette question, avec une légère variante, la maxime espagnole : *Ne touchez pas à la reine*, et je dirai à tous les peuples : *Ne touchez pas à la religion*, c'est la clef de voûte de la société, c'est sa dernière ancre de salut ; car, sans religion, plus de famille, plus de patrie, et j'ajouterai que le peuple qui a conservé intactes ses croyances religieuses peut revendiquer avec orgueil pour son pays ce que Tacite a dit des Germains : « *Nemo enim illic vitia ridet ; nec corrumpere et corrumpi seculum vocatur.* »

Cependant, vous allez me dire, Monsieur, que je suis bien loin de *Gudin*. J'y reviens à l'instant ; sa seconde et dernière œuvre dramatique imprimée a pour titre : *Caius Marcius Coriolan, ou le Danger d'offenser un grand homme*, tragédie, par M. Gudin de la Brenellerie. Représentée pour la première fois sur le théâtre de la Comédie Française, aux Tuileries, le 14 août 1776. A Paris, chez Ruault, libraire, rue de la Harpe, 1776, in-8 de 144 pages.

La représentation de cette pièce ne fut pas heureuse ; mais le public dédommagea l'auteur de son insuccès au théâtre en accordant à son œuvre un succès d'estime, après en avoir apprécié le mérite par une lecture calme et réfléchie. Le texte du *Coriolan* de Gudin que j'ai sous les yeux est précédé d'une épître dédicatoire à sa mère, et d'une monographie en forme de dissertation sur les différentes tragédies relatives à *Coriolan* qui avaient paru antérieurement à la sienne. Elles sont au nombre de *dix-huit*, savoir : *neuf* en français ; *une* en latin de *Herman Kirchner*, contemporain d'Alexandre Hardy, *cinq* en italien, et enfin *trois* en anglais. Nous devons savoir bon gré à *Gudin* de nous avoir transmis cette intéressante nomenclature, et il serait désirable que les auteurs dramatiques qui prennent un personnage historique comme sujet de tragédie imitassent son exemple ; ce serait pour les lecteurs sérieux de bonnes occasions pour comparer les œuvres du temps passé avec celles du temps présent. Depuis 1776, à ma connaissance, il a été composé *trois* tragédies concernant *Coriolan*, l'une par *De Ségur*, l'autre par *La Harpe*, et la troisième qui a pour titre, *Coriolan chez les Volsques*, par *Ach. Goujon.*

Ce personnage historique présente des difficultés presque insurmontables, comme sujet de tragédie ; aussi n'a-t-il été abordé par aucun de nos grands tragiques ; je crois qu'ils ont eu raison et que *Crébillon* était dans le vrai lorsqu'il disait à un jeune rimeur qui lui soumettait, pour l'examiner, une tragédie de *Coriolan* : « Pensez-vous que si nous avions cru, mes prédécesseurs et moi, qu'il fût possible de traiter ce sujet, nous vous l'aurions laissé ? » L'arrêt prononcé par l'auteur de *Rhadamiste et Zénobie* semble justifié par les malheureuses tentatives de plusieurs de nos poëtes qui ne manquaient pas de talents scéniques. Je crois, au reste, que cet arrêt est sanctionné par l'opinion de la grande majorité des auteurs dramatiques français.

Il me reste, Monsieur, peu de choses à vous dire sur *Gudin de la Brenellerie*, si ce n'est qu'il fut correspondant de l'Institut, membre de plusieurs académies de France, et que nous lui devons la première édition complète des œuvres de *Beaumarchais*, dont il avait été, je crois, le secrétaire. Elle a été publiée à Paris en 1809, en 7 volumes in-8. On trouve, à la fin de cette édition, un intéressant travail de l'éditeur, intitulé : *Des Drames et des Comédies de Beaumarchais et des critiques qu'on en a faites.*

Enfin, Monsieur, je termine ma lettre, que vous trouverez peut-être un peu longue, en vous faisant savoir que les exemplaires des deux tragédies de Gudin, sans être d'une grande rareté, sont néanmoins peu communs, et que ce n'est qu'avec beaucoup de temps et après de longues recherches que j'ai pu parvenir à me les procurer.

Veuillez agréer, Monsieur, la nouvelle assurance de ma parfaite considération.

Napoléon Marchal.

Une Lettre inédite de Voltaire.

Mon cher Monsieur Aubry,

Je vous serais reconnaissant de donner l'hospitalité dans votre *Bulletin* à une lettre de Voltaire, que j'ai tout lieu de croire inédite. Adressée à Anisson-Duperron, directeur de l'imprimerie royale et relative au poëme de Fontenoy, elle m'a paru offrir un certain intérêt pour les admirateurs du grand philosophe du XVIIIᵉ siècle. Elle contient en effet treize vers, dont quelques-uns présentent des variantes qui n'ont pas encore été signalées jusqu'à présent.

Quoique non datée, il est facile d'assigner à cette lettre une date précise ; elle fut évidemment écrite en 1745, pendant l'impression du poëme de Fontenoy et après la capitulation d'Ostende.

Jacques Anisson-Duperron, directeur de l'imprimerie royale à cette époque, avait pour ami intime, à Bourbonne-les-Bains (Haute-Marne), un monsieur Aubert, auquel il fit présent de cinq à six lettres de Voltaire.

Ces lettres, à la mort de M. Aubert, devinrent la propriété de son fils, Aubert, dit Saint-Séverin, qui mourut à Bourbonne en 1833, laissant une fille unique mariée à M. Charles-François Odinot, directeur des postes.

M. Odinot, devenu possesseur de ces lettres, en donna une, — celle que je vous envoie, — à M. Victor Odinot, son frère, alors notaire à Bourbonne ; les quatre ou cinq autres furent remises à M. Roger, de Langres, membre de l'Académie française, et secrétaire général des postes.

M. Odinot, qui a vu ces lettres, se rappelle que quelques-unes ne portaient qu'un V pour signature.

A Monsieur,

Monsieur Anisson, directeur
de l'imprimerie royale
au louvre. (1)

« il est bien juste monsieur de ne pas oublier *Ostende* dans

---

(1) *a la biblioteque,* mots rayés mais bien lisibles.

l'énumeration des conquetes du roy, je vous suplie d'ordonner qu'on insere le morceau suivant à la page 27. (1)

> il fuit; mais quel objet pour cette ombre allarmée!
> il voit (2) la Flandre entiere en proye à notre armée,
> ses pâles deffenseurs fuyants de toutes parts,
> dans les mains de louis laissant leurs étendarts;
> le Belge en vain caché dans ses villes tremblantes;
> les murs de Gand tombez sous ses mains foudroiantes,
> son char victorieux dans ces vastes remparts
> écrazant le Berceau du plus grand des Cesars;
> Ostende qui, jadis, a durant trois années
> bravé de cent assauts les fureurs obstinées,
> en dix jours à louis cedant ses murs ouverts;
> et l'Anglais effrayé sur le trône des mers.
> français, heureux français, etc.

« j'abandonne la médaille, mais si vous pouvez Monsieur oter les cadres, vous me ferez plaisir. La chose sur laquelle j'insiste cest sur la promptitude de l'impression des trois cent exemplaires que M le comte de Maurepas a la bonté de m'acorder, et sur ces petites additions qui me paraissent necessaires. Je les soumets au jugement de M le comte de Maurepas a qui je vous suplie de les montrer, je ne crois pas que je puisse luy faire ma cour demain, mais je ne peux mieux la luy faire qu'en travaillant, autant qu'il est en moy dans mon genre, a celebrer la gloire du roy.

« j'ay lhonneur detre monsieur avec bien de la reconnaissance, votre tres humble et tres obeissant serviteur,

« VOLTAIRE. »

Ce jeudy au soir.

---

(1) Je donne en note le même passage, extrait du poëme de Fontenoi, — *Œuvres complètes* de Voltaire, Paris, Houssiaux, 1852, tome II, page 498, — pour mieux faire voir les variantes :

> Il fuit; mais quel objet pour cette ombre alarmée!
> Il voit *ces vastes champs couverts de notre armée;*
> *L'Anglais, deux fois vaincu, cédant* de toutes parts,
> Dans les mains de Louis laissant *ses* étendards;
> Le Belge en vain caché dans ses villes tremblantes;
> Les murs de Gand tombés sous ses mains foudroyantes;
> *Et son char de victoire, en* ces vastes remparts,
> Ecrasant le berceau du plus grand des Césars;
> Ostende, qui jadis a, durant trois années,
> Bravé de cent assauts les fureurs obstinées,
> En dix jours à Louis cédant ses murs ouverts,
> Et l'Anglais *frémissant* sur le trône des mers.
> Français, heureux *guerriers,* etc.

(2) *ces vastes,* mots rayés mais bien lisibles.

En publiant cette lettre, que je certifie en tous points conforme à l'original, je réponds à l'appel fait aux possesseurs de lettres inédites de Voltaire, par le savant éditeur de ses œuvres complètes, en cours de publication. Trop heureux si les renseignements qui précèdent peuvent amener la découverte des quatre ou cinq autres données à Roger.

Bourbonne-les-Bains, 20 août 1877.

D' E. BOUGARD.

RELATION

D'UNE

MALADIE SINGULIÈRE

Arrivée à M. Blanchet, curé de Cours, près La Réolle, en Guyenne, pour avoir gardé une continence trop parfaite, écrite par lui-même. — INTRODUCTION par un Bibliophile. (1)

Cette jolie plaquette exécutée avec assez de soin et imprimée en beaux caractères, sur papier teinté, est un très-curieux spécimen de la littérature du dernier siècle. Le mémoire du Curé de Cours est daté de Paris, 4 août 1775 et a été publié pour la première fois dans le recueil de Mairobert, l'*Espion anglais* (p. 62 à 106 du vol. Ier de la réimpression abrégée de 1809). Le sujet en est certainement scabreux, mais la brochure est intéressante et d'une lecture facile. L'introduction est éminemment instructive.

Il faut surtout applaudir à l'initiative de M. Chollet : son imprimerie, établie dans un simple chef-lieu de canton, a déjà produit plusieurs beaux et bons ouvrages. Voilà la vraie décentralisation, puisque la décentralisation est à la mode depuis quelques années.　　　　　　　　　　　　　　　　　　J. V.

(1) *Sauveterre*, J. *Chollet*, impr.-lib., 1877, petit in-8 de xxvi-70 pages. Prix : 1 fr. 50 c. — Se trouve chez *A. Aubry*.

LIVRES

En vente aux prix marqués

A la Librairie d'Auguste AUBRY

6057. **ALMANACH DES MUSES.** *Paris, Delalain,* 1765-1833, 54 vol. in-12, veau marb. Reliure uniforme, très-bien conservée. *Vignettes.* 38 »

Il manque à cette collection les années 1769, 1775, 1785, 1817 à 1825.

6058. **ALVIN (L.).** Les Grands prix de Rome. Examen de la proposition de M. Portaels. *Bruxelles,* 1857, broch. in-8, de 53 pages. 1 25

6059. **ARCHITECTURE MILITAIRE.** Etude sur les monuments de l'architecture militaire des Croisés en Syrie et dans l'ile de Chypre, par G. Rey. 1871, in-4, cart. *Orné de 24 planches gravées et cartes en couleur. (Coll. des docum.)* 14 »

6060. **ARCHIVES** administratives et législatives de la ville de Reims, par P. Varin. *Paris,* 1839-1853, 10 vol. in-4, cart. *(Coll. des documents).* 35 »

Administration, 1314-1396. — Coutumes, 1269. — Statuts, 1100-1699. — Pièces inédites. — Table générale des matières.

6061. **ARMOIRIES ALLEMANDES** (livre d'). *Nuremberg, P. Fursten,* 1656, 6 tomes en 3 vol. in-8, oblongs. *(Quelques raccommodages.* 35 »

Armorial rare et recherché; il contient environ 17,000 armoiries gravées.

6062. **BARTHOLMÈSS (Ch.).** Histoire philosophique de l'académie de Prusse, dep. Leibnitz jusqu'à Scheling, particul. sous Frédéric le Grand. *Paris,* 1850, 2 vol. in-8, d.-rel. plats en percal. 5 50

6063. **BEULÉ.** Éloge de Rossini. *Paris, F. Didot,* 1869, br. in-4. 1 50

6064. **BIOGRAPHIE** des contemporains, par Napoléon. *Paris, Ponthieu,* 1824, in-8, d.-rel., v. f. 3 »

6065. **BIOGRAPHIE DES DAMES** de la cour et du faubourg Saint-Germain, par un valet de chambre congédié. (Piton et E. de Monglave). *Bruxelles*, 1826, in-32, d.-rel. maroq. rou., *rare.* 6 50

6066. **BOSSUET.** Collection complette des sermons, panégyriques et oraisons funèbres. *Paris, Lamy*, 1808, 17 tomes en 19 vol. in-12, veau, rac. 22 »

6067. **BOUILLY.** Le Portefeuille de la jeunesse ou la Morale et l'Histoire enseignées par des exemples. *Paris, Moutardier*, 1830, 20 tom. en 10 vol. in-18, d.-rel. bas. v. *Portr.* 10 »

6068. **BOURDALOUE.** Œuvres complètes. *Paris, veuve Dabo*, 1824, 22 vol. in-18, d.-rel., bas. 12 »

6069. **(BOURDOT DE RICHEBOURG).** L'Invention de la poudre; poëme en trois chants. *Paris, Josse*, 1732, in-8, dérelié. 2 »

6070. **BREST** (Notice historique sur la ville de). Par M. L.-C. Feraud, officier au 7º de ligne. *Typogr. de Come et Bonetbeau, à Brest*, 1837. In-32, rel. en maroq. vert, fil., tr. dor., *rare.* 6 »

   Petit vol. rare dont l'auteur est M. Lecauchois-Feraud, qui a ajouté à cet ex., plusieurs notes volantes manuscrites.

6071. **BRETAGNE.** Le Fondeur du Jardin-des-Plantes de Nantes et son confrère de Rézé. Attributions celtiques et gallo-romaines, par Parenteau. *Nantes*, 1868, gr. in-8, papier de Hollande, *4 planches et figures dans le texte et une photogr.* 3 »

6072. **BUFFON ET LACÉPÈDE.** Œuvres, *Paris, Duménil*, 1845, 12 vol. in-8, d.-rel., v. bl. *Nombreuses figures.* 18 »

6073. **CALVIN.** Histoire de la vie, mœurs, actes, doctrine, constance et mort de Jean Calvin, jadis ministre de Genève, recueillie par Hier-Hermès Bolsec, docteur médecin, à Lyon, publiée à Lyon en 1577 et rééditée avec une introduction, des extraits de la vie de Th. de Bèze par le même, avec des notes à l'appui, par M. Louis-Franç. Chastel, magistrat. *Lyon*, 1875, beau vol. in-8, cart., imprimé par A.-Louis Perrin et Martinet, sur papier vergé teinté. *Portrait de Calvin gravé sur bois, tiré sur Chine.* 12 »

6074. **CAPTIVITÉ** du roi François Ier, par Aimé Champollion-Figeac. *Paris*, 1847, in-4, cart. (*Coll. des docum.*) 6 »

6075. **CARTULAIRE** de l'abbaye de Beaulieu (en Limousin), publié par

Maximin-Deloche. *Paris*, 1859, in-4, cart., n. rog. (*Coll. des documents.*   9 »

6076. CARTULAIRE de l'abbaye de Saint-Victor de Marseille, publié
par M. Guérard. *Paris*, 1857, 2 vol. in-4, cart., n. rog. (*Coll. des
docum.*)   16 »

6077. CENTURIES. *S. l.*, 1616, pet. in-8 de 8 pages, dos et coins
maroq. rouge (*Closs.*)   3 »

6078. CHARLES IX. Edict et déclaration faite par le roy Charles IX,
de ce nom, sur la pacification des troubles de ce royaume. *A Orléans, par Eloy Gibier*, 1562, pet. in-8, non rel. de 8 ff. non chiffrés.
(*Très-bel état*).   3 »

6079. CHEREAU (le D\ Ach.). Henry de Mondeville, chirurgien de Phi-
lippe-le-Bel, roy de France. *Paris, Aug. Aubry*, 1862, in-8, br. *orné
d'une planche fac-simile, dess. par H. Bordier.*   3 50
    Tiré à petit nombre. — Épuisé.

6080. CHRONIQUE du religieux de Saint-Denys, conten. le règne de
Charles VI, de 1380 à 1422, publ. par L. Bellaguet. *Paris*, 1839-52,
6 vol. in-4, cart. (*Coll. des docum.*)   36 »

6080 *bis.* —— Le MÊME, tome II, seul, cart.   5 »

6081. CONFÉRENCE DE LOUDUN. Négociations, lettres et pièces relatives à la conférence de Loudun, publiées par M. Bouchitté. *Paris*,
1862, in-4, cart., n. rog. (*Coll. des docum.*)   8 »

6082. CONSEIL SACRÉ d'un gentilhomme françois aux églises de
Flandres, qui peut servir d'humble exhortation à l'excellence des
très-illustres Princes protestants du sainct empire, et d'avertissement certain aux seigneurs des Païs-Bas. *A Anvers*, 1567, petit
in-8 de 186 p. Plus un curieux avertissement de l'imprimeur aux
lecteurs.   6 »
    Très-rare.

6083. CONSTITUTION. Acte constitutionnel ; préc. de la déclaration
des droits de l'homme et du citoyen. *A Noyon, chez Devin*, 1793,
in-16, carré, br.   2 50
    Suivi d'un chant civique et d'une proclamation, en vers.

6084. CONSTITUTION française (la) de 1789-91 et 1791 acceptée par le le roi. Suivie d'une table des 83 départ., etc., et des entretiens du P. Gérard. *Paris, chez les sœurs Traintelle, brocheuses*, in-16, rel. 2 »

> Sur le titre la signat. autogr. de Callot, 1er officier municipal à Nevers.

6085. **CONSTITUTION** française, et acceptation du roi. *A Dijon*, de l'impr. de *P. Causse*, 1791. Pet. in-18, sur pap. vélin, belle et anc. reliure en maroq. rouge, tr. dor. 7 »

> Sur la garde on lit le quatrain suivant, autogr. adressé à M. Salliou :
>
> > Si comme vous, tout le monde était bon,
> > Moins de loix seraient nécessaires,
> > Le seul Code de la raison
> > Feroit de nous un peuple heureux de frères.

6086. **COQUEREL** (Ath.). Biographie sacrée, augm. d'un essai histor. et crit. sur les dates de la Bible. *Paris*, 1841, gr. in-8, d.-rel., véau fauve. 4 »

6087. **CORRESPONDANCE** administr. sous le règne de Louis XIV, entre le cabinet du roi, les secrétaires d'Etat, etc., publ. par Depping. 1850, 4 vol. in-8, cart., n. rog. *(Coll. des docum.)* 22 »

6088. **CROZE-MAGNAN.** Examen analytique du tableau de la transfiguration de Raphaël. *Paris*, 1805, in-8, br., de 63 pag. *Figure au trait.* 2 »

6089. **CUJAS** (Eloge de Jacques), conseiller au parlement de Grenoble, docteur en droit à l'université de Bourges, par Bernardi, avocat au parl. de Provence. *Paris*, 1775, in-12, n. rel. de 134 p. 2 50

6090. **DELIE** Objet de plus haute vertu, poésies amoureuses, par Maurice Seve, Lyonnais. *Lyon*, impr. *de Louis Perrin*, 1862. Pet. in-8, br. sur pap. teinté. *(Réimpression de l'édit. de 1544 à 205 exemplaires.)* 16 »

> Ce charmant volume, imprimé dans le goût du xvie siècle, est orné d'un portrait de Sève, en taille douce, et de 50 jolies vignettes (Emblèmes).

6091. **DELILLE.** Œuvres avec les notes de Choiseul-Gouffier, Aimé Martin, etc. *Paris, Lefévre*, 1833, gr. in-8, à deux col., d.-rel. maroq. vert. *Portrait. (Edition compacte.)* 4 »

6092. **DEMMIN** (Cent cinquante numéros de la collection Auguste). Vente du 12 mai 1875, catalogue in-8, br., orné de nombreuses figures de céramique et objets d'art. 2 »

6093. DICTIONNAIRE BIOGRAPHIQUE universel et pittoresque. *Paris,
Aimé André,* 1834, 4 vol. gr. in-8, d.-rel., bas., *Orné de 120 portraits
dans le texte.*   8 50*

6094. DOCUMENTS HISTORIQUES inédits, tirés des collections manuscrites de la bibliothèque royale, publiés par Champollion-Figeac.
Paris, 1841-48, 4 vol. in-4, cart. *(Coll. des docum.).*   22 »

6095. EFFIGIES Regum Francorum omnium a Pharamundo ad Ludovicum XIII. *Francof.,* 1622, pet. in-4, br. en carton. 64 *portraits gravés à-mi-pages.*   15 »

   Le papier est devenu roux, défaut commun à tous les exemplaires de ce
livre. Celui-ci est non rogné et peut faire un bel ex.

6896. EPICTETI Enchiridion (Græcè). Ex. editione J. Upton accurate
expressum *Glasguæ, R. et A. Foulis,* 1751, in-64, veau viol., relié
sur brochure.   4 »

   Jolie édition bien imprimée.

6097. ERASME. De civilitate morum puerilium, per D. Erasmum Ro-
terodamum libellus ab autore recognitus. *Montibus,* (Mons) apud L.
Rivium, 1607, pet. in-8, parch.   3 50

6098. ESCOUBLEAU DE SOURDIS (Correspondance de Henri d'), archevêque de Bordeaux, chef des conseils du roi en l'armée navale;
augm. des ordres, instructions et lettres de Louis XIII et du cardinal
de Richelieu, avec texte hist., notes et introd. par E. Sue. 1839,
3 vol. in-4, cart. *(Coll. des docum.).*   15 »

6099. ESTIENNE (Henri). Traicté de la conformité du langage françois, avec le grec divisé en trois livres, avec une préface remons-
trant quelque partie du désordre et abus qui se commet aujourd'huy
en l'usage de la langue française. *A Paris, par Robert Estienne,* 1569,
pet. in-8 dans sa première reliure parch.   22 »

   Bel exempl. — Rare.

6100. ETEX (Ant.). J. Pradier, étude sur sa vie et ses ouvrages. *Paris,*
1859, broch. gr. in-8. *Figure au trait, à l'eau-forte.*   1 50

6101. FABRE (Adolphe), président au tribunal de Saint-Étienne. Les
Clercs du palais. Recherches historiques sur les bazoches des parle-
ments et les sociétés dramatiques des bazochiens et des enfants
sans souci. 2e édition. *Lyon,* 1875, *imprimé par Savigné à Vienne,*

sur beau papier teinté, en caractères elzéviriens. *Planche fac-simile.* 12 »
— Ouvrage couronné par l'Académie des Inscr. et B.-L. (Tiré à 350 ext).

6102. **FABRE** (Ad.). Trésor de la sainte chapelle des ducs de Savoie, au château de Chambéry, d'après des inventaires inédits des xv° et xvi° siècles. Étude historique et archéologique. 2° édit. *Lyon,* 1875, in-8, br. 1 *planche.* 6 »
Impression sur papier teinté à 250 ex., par Savigné, à Vienne, en caract. elzéviriens. o

6103. **FAVRE** (Réné), seigneur de la Vallebonne et Villaret, sénateur au souverain sénat de Savoie, etc. Le Bien public fait par la justice, précédé d'une étude biographique sur l'auteur et son époque par Humbert Ferrand. *Lyon, imprimerie Louis Perrin,* 1867, in-8, br. sur papier teinté, *fac-simile (tiré à petit nombre).* 6 »
Réimpression de l'Edition originale d'Annecy, publ. en 1616.

6104. **FLAVIUS JOSEPH.** Œuvres complètes, avec une notice par Buchon. *Paris, Desrez,* 1836, gr. in-8, d.-rel. v. bl. *Epuisé.* 6 »

6105. **FOUCAUD.** Les Artisans illustres. Publié sous la direction du baron Ch. Dupin et Blanqui, aîné. *Paris,* 1841, gr. in-8, relié en percal., *nombreux portraits et vignettes dans le texte.* 5 »

6106. **GARAT.** Précis historique de la vie de M. de Bonnard. *Paris, de l'imprimerie de Monsieur,* 1785, pet. in-12, d.-rel.; n. rog. 5 50
Petit volume rare, n'ayant été imprimé que pour l'auteur et ses intimes; sur la garde, une longue note manuscrite de feu Arth. Dinaux, qui rappelle les désagréments éprouvés par son imprimeur, qui avait cru pouvoir se dispenser de le soumettre à la censure.

6107. **GENLIS.** Précis de la conduite de madame de Genlis depuis la Révolution. Suivi d'une lettre à M. de Chartres, et de réflexions sur la critique. *A Hambourg, et se trouve à Paris, chez Cerioux.* S. d. (1796), in-12, br. 8 »
Curieux exemplaire auquel on a ajouté un portrait (rare) de Mme de Genlis, daté de 1780, plus 21 pages manuscrites (biographiques, bibliographiques et historiques) sur Mme de Genlis, de M. Avenel, auquel ce livre a appartenu.

6108. **GERMANIE** (Atlas de la), trad. de Tacite par Panckoucke. *Paris, Panckoucke,* 1824, pet. in-4, br. 12 *planch.* dont la prophétesse Velléda, par Hor. Vernet, gravée par Fauchery, *noires et plus. coloriées.* 5 »

6108 *bis.* **GERMANIE.** Le même, avec figures tirées sur chine (premières épreuves). 7 »

6109. **GIBBON.** Histoire de la décadence et de la chute de l'empire romain, avec une notice par Buchon. *Paris, Desrez,* 1837, 2 vol. gr. in-8, d.-rel. *Epuisé.*   12 »

6110. **GRAFFIGNY.** Lettres d'une Péruvienne. Nouv. édit. augm. de plus. lettres et d'une introduction à l'histoire. *Paris, Duchesne,* 1752, 2 vol. in-12 rel. en. 1, veau marb., 2 titres gravés non signés, 2 figures et 2 vignettes par Eisen, gravées par Delafosse. ͵ 15 »
> Sur le premier titre se trouve l'autographe suivant : Par Mme de Grafigny. A Collé ce livre appartint auparavant qu'il te parvint.
> Exemplaire en belle condition. — L'édition citée par Cohen est de 1753 (?)

6111. **GREW** (Nehemiah). The anatomy of plants. With an Idea of a philosophical history of plants. *London,* 1682, pet. in-fol. v. gr. 83 *planches. Rare.*   15 »
> Exemplaire avec envoi autographe de l'auteur.

6112. **HOLTZWART.** Eicones cum descriptionibus duodecim primo-rum, quos scire licet, veteris Germaniæ heroum; latinitati et car-mine redditæ a Mathia Holtzwarto. *Argentorati,* 1573, pet. in-8 de 32 pag., br.   10 »
> Pièce de toute rareté, ornée de 15 gravures sur bois. La dernière repré-sente Charlemagne en pied, armé.

6113. **HOMME DE RUEL** (L') au Roy. *Paris, Jean Sara,* 1617 (en vers), pet. in-8 de 8 ff., d.-rel. dos et coins maroq. gren. (*Closs*).   4 50

6114. **HOROSCOPE DE MORGARD.** *Paris, Ballagny,* 1614. — L'Anti-mauregard, ou le Fantosme du bien public, 1614. 2 plaquettes pet. in-8, dos et coins maroq. rouge (*Closs*).   8 »
> Satires en vers publiées au sujet de l'*Almanach pour l'année* 1614, dans lequel Morgard prédisait pour ladite année révolte et guerre civile. Arrêté pour cette publication, il fut condamné à neuf ans de galères.

6115. **HORSIN DÉON.** Rapport sur le Salon de 1853. *Paris,* 1853, broch. in-8.   1 50

6116. **HUGO** (V.). Bug-Jargal, par l'auteur de Han d'Islande. *Paris, U. Canel,* 1826, in-18, d.-rel. chag. Lavall. *Figure.* Eau-forte de P. Adam d'ap. *Deveria.*   9 »
> Edition originale.

6117. **JOUHANNEAUD** (l'abbé). Dictionnaire d'anecdotes chrétiennes. *Paris,* 1851, gr. in-8, bas. viol. (*de la collection Migne*).   6 »

6118. **JUSTICE DE DIEU** (Traité de la) et horrible vengeance contre

les meurtres commis par les princes et potentats de la terre. S. L.
1562, pet. in-8, non rel. *Rare.*   6 »
> Belle pièce à toutes marges.

6119. **LA FONTAINE.** Fables. Édition miniature. *Paris, Laurent et De-*
berny, 1850, in-64, reliure pleine chag. rouge. fil., tr. d or., dans un
étui.   20 »
> Charmante édition imprimée en caractères microscopiques.

6120. **LALANNE** (L.). Curiosités bibliographiques, littéraires, biographiques et des traditions. *Paris, Paulin,* 1845-47, 4 vol. in-12, d.-rel.
maroq. bleu.   10 »

6121. **LANGALERIE** (Ch. de). Notice sur l'art de nieller et sur la découverte de quelques empreintes de nielles du xiv° siècle. *Orléans,*
1858, broch. in-8. *Figure photogr.*   2 50

6122. **LAS CASES.** Mémorial de Sainte-Hélène. *Paris,* 1823, 8 vol.
in-12, cart. à la Bradel, non rognés. *Portr. et fac simile.*   6 50

6123. **LEMBOUCHEMENT** de nostre sainct père le pape, l'empereur et
le Roy faict à Nice, avec les articles de la tresve et lettres du Roy à
monsieur le gouverneur de Lyon. M.D.XXXVIII. *On les vend à Paris,*
en la boutique de Arnould et Charles les Angeliers frères, devant la cha-
pelle de Messieurs les présidents, au palays. Pet. in-8 de 16 f. non rel.
(très-bon état).   20 »
> Cette pièce est terminée par la Chrestiente parlant à Charles, empereur
> (Charles-Quint) et à Françoys, roi de France. Le 1er juing 1538. — Vraye
> pronostication (en vers, par Jehan Marot).
> Ensuite : Jehan de Conches de Valence en Daulphyne aux lecteurs, salut.

> Amy lecteur, si tu prétends lire
> Nouveau escript, escript plain de doctrine,
> Lis·les beaux vers, plus resonantz que lyre
> Faicts par Marot, touchant la paix divine.
> ....
> ....

6124. **LENORMANT** (Fr.). L'Antiquité à l'Exposition universelle.
L'Égypte. *Paris, Gazette des Beaux-Arts,* 1867, gr. in-8, *fig. dans le*
texte. Envoi d'auteur.   2 »

6125. **LETTRES DE ROIS,** reines et autres personnages des cours de
France et d'Angleterre, depuis Louis VII jusqu'à Henri IV, tirées des
archives de Londres, par Brequigny, publiées par Champollion-Figeac. *Paris,* 1839-1847, 2 vol. in-4, cart. (*Coll. des docum.*).   14 »

1125. LIVOURNE. Recueil de vues, où l'on a joint des observations historiques (texte italien et français). *Livourne,* 1796, pet. in-4 obl., br. 1 *plan* et 17 *planches finement gravées.*   3 50

6127. LYON. Réception de tres-chrestien, tres-juste et tres-victorieux monarque Louis XIII, Roy de France, et de tres-vertueuse Royne Anne d'Austriche ; par MM. les doyen, chanoines et comtes de Lyon en leur cloistre et église, le XI décembre 1622. *Lyon, Jacques Roussin,* 1623, pet. in-fol. parch. 17 *planches gravées par P. Faber de Lyon G. Huret,* etc.   10 »

Livre rare, malheureusement inccmplet. Il comprend le titre, les pages 17 à 130, la page 185, les pages 9 à 26 de la *Description des Cérémonies.*

6128. MACHIAVEL. Tutte le opere di Nicolo Machiavelli citadino et secretario Fiorentino, divise in V parti, et di nuovo con somma accuratezza restampate. S. L., 1550; in-4, avec un titre à chaque part. et le portrait gravé de Machiavel.   12 »

Cette édition est celle que Brunet appelle la secoude; elle est rare et recher- chée en Italie. (Conforme à la description du manuel, d'apr. Gamba).

6129. MAILLARD (F.). Le Gibet de Montfaucon (étude sur le vieux Paris), gibets, échelles, piloris, marques de haute justice, droit d'asile. Les Fourches patibulaires de Montfaucon, documents histor., description, la légende des suppliciés, scènes de la dernière heure. *Paris,* 1863, gr. in-12, d.-rel. parch . *Vignette gravée.*   3 »

6130. —— Le même, br.   2 50

6131. MARANZAKINIANA. Nouvelle édilion, conforme à l'original, précédée d'une notice par Philomneste Junior. *Paris, imprimerie de Jouaust,* 1875, pet. in-8, papier Wathman.   15 »

6132. MARIAGE DES FLEURS (Le), poëme latin par De La Croix, avec trad. française par D***. *Paris,* 1728, in-8 de 40 pages, dérelié. 1 *planche gravée en bois.*   2 50

6133. MARIE-ANTOINETTE. Essais historiques sur la vie de Marie-Antoinette d'Autriche, Reine de France (attrib. à Pierre-Ét.-Aug. Goupil), *Londres,* 1789, in-8 de vi-79 p. — Correspondance de la Reine avec d'illustres personnages. *S. l.,* 1790, 144 p. en 1 vol. in-8, d.-rel. (*Le titre de la première pièce manque*).   15

Ces deux pièces sont fort rares.

6134. MARIE STUART. Summarium rationum, quibus cancellarius

Angliæ ot prolocutor Puckeringius Elisabethæ Angliæ reginæ per-
suaserunt occidendam esse... Mariam Stuartam Scotiæ reginam. His
additum est supplicium et mors Reginæ Scotiæ, opera Romoaldi
Scoti. *Coloniæ, sumpt. Henningii,* 1627, pet. in-8, cart.   - 8 »
> Opuscule très-rare.

6135. **MAROT** (Clément). Œuvres, annotées, revues sur les éditions
originales et précédées de la vie de Clément Marot par Ch. d'Héri-
cault. *Paris, Garnier,* 1867, gr. in-8, br. *Portrait.*   10 »
> Exemplaire sur papier vergé fort, tiré à 150 ex. numérotés.

6136. **MARTINUS** (Emm.). Oratio pro crepitu ventris habita ad patres
crepitantes. *Cosmopoli, ex typ. societ. patrum crepitantium,* 1768,
in-32, maroq. gren. à compart., tr. dor. (*Thouvenin.*)'   10 »
> Petit livret très-rare ; relié sur brochure.

6137. **MAXIMES DE SAINT IGNACE** (Les) avec les sentiments de saint
François Xavier. *Le Mans,* 1859, pet. in-16, br. (*très-jolie impression.*   3 »
> Exempl. sur papier chamois.

6138. **MAZARIN.** Lettres du cardinal Mazarin pendant son ministère,
publ. par A. Chéruel, 1872, in-4. (*Tome I*er). Seul paru. (*Coll. des
docum.*).   14 »

6139. **MELZO** (Il Cavaliee). Regole militari sopra il governo e servizio
della cavalleria. *In Anversa,* 1611, pet. in-fol. parch.   22 »
> Curieux. Contenant 16 grandes planches sur les costumes et manœuvres de
> cavalerie.

6140. **MÉMOIRES** de la Reyne Marguerite. Édit. nouvelle plus correcte.
A Paris, chez J. Ribou, 1666, in-12, v. gran. (*Bel ex.*) .   - 15 »
> Edition peu commune.

6141. **MOLIÈRE.** Œuvres, avec des remarques par Bret. *Paris,* 1786,
8 vol. pet. in-12, veau gran.   5 »

6142. **MONNAIES ANTIQUES** (Du prix et de la vente des) par J. Saba-
tier. *Paris,* 1859, in-8 br. de 38 pag., avec 4 planches gravées. 3 »

6143. **MULLER** (l'abbé Eug.). Trois évêques de Senlis. — Obsèques
d'un évêque du XVe siècle. *Beauvais,* 1867, in-8, br.   2 »

6144. **MULLER** (l'abbé E.). Evangéliaire de la cathédrale de Noyon.
Noyon, 1870, broch. in-8, 8 *planches lithogr.*   2 »

6145. **NÉGOCIATIONS DIPLOMATIQUES** entre la France et l'Autriche, durant les trente premières années du xvie siècle, publ. par Le Glay, 1845, 2 vol. in-4, cart. (*Coll. des docum.*). 10 »

6146. **NÉGOCIATIONS DIPLOMATIQUES** de la France avec la Toscane, documents recueillis par G. Canestrini et publiés par A. Desjardins. *Paris*, 1859-65, 4 vol. in-4, cart. (*Coll. des docum.*). 26 »

6147. **NÉGOCIATIONS.** Lettres et pièces diverses, relat. au règne de François II, tirées du portefeuille de l'Aubespine, évêque de Limoges, par L. Paris, 1841, cart., n. rog. (*Coll. des docum.*). 6 »

6148. **NUMISMATIQUE** ancienne, grecque et romaine (Traité élémentaire de), composé d'apr. celui d'Eckhel, par Gérard Jacob K., (Kolb) de Reims. *Paris, Aimé-André*, 1825, 2 vol. in-8 reliés en un. *Planches gravées. (Bel ex. relié en veau rou. gaufré).* 12 »

    Ouvrage estimé et peu commun.

6149. **PALSGRAVE.** L'Eclaircissement de la langue française, par Jean Palsgrave, suivi de la grammaire de Giles du Guez, publiés pour la première fois en France, par F. Génin. *Paris*, 1852. fort vol. in-4, cart. (*Coll. des docum.*). 20

6150. **PHOCION** (Entretiens de), sur le rapport de la Morale avec la Politique, trad. du grec, de Nicoclès, par Mably. *Paris, impr. de Didot le Jeune*, an III (1795), in-4, *grand papier vélin*, veau racine, fil. 12 »

    Orné de deux figures par Moreau, gravées à l'eau-forte par Giraud. (Avant la lettre.)

6151. **PICARDIE.** Recueil de 10 généalogies de familles nobles de la Picardie, extraites de l'Armorial général de D'Hozier (1738). En 1 vol. in-fol., cart. *Armoiries gravées.* 25 »

    De Billaut, Cottin, de Flavigny, Foucques, de Lespinay, Le Roux, Pelet, Tristan de Houssoy, de Limosin-d'Alheim, de Mengin.

6152. **POLITIQUE, ADMINISTRATION, ARMÉE.** 1848-50. Recueil de 13 pièces en 1 vol. In-8, d.-rel. 4 »

    Le Commerce extérieur, par de Bussières. — Propriété communale, par E. Cauchy. — Bien-être général pour toutes les classes de la société, par un ouvrier. *Grandes planches* (curieuses). — Du vote de l'armée, par le colonel Cerfberr. — Du rengagement dans l'Armée, par Ney d'Elchingen. — Considér. sur la Démocratie, par de Sainte-Aulaire, etc.

6153. **PRIVILÉGES** accordés à la couronne de France par le Saint-

Siége. *Paris, Imp. imp.*, 1855, in-4, cart., n. rog. (*Coll. des documents*).   5 50

6154. **PROCÈS DES TEMPLIERS,** publié par M. Michelet. *Paris*, 1841, 51, 2 vol. in-4, cart. (*Coll. des docum.*).   12 »

6155. **RAPPORTS AU MINISTRE** sur les documents inédits, par Aug. Thierry, Fr. Michel, comte Beugnot, Génin, Varin, etc. *Paris, Impr. roy.*, 1839, in-4, br.   3 »

6156. **RAPPORTS** au Roi et pièces pour l'instruction publique. *Paris, Impr. royale*, 1835, in-4, br.   2 »

6157. **RECUEIL DE PIÈCES** en un vol. in-12, v. fau.   4 »

Rech. et observ. sur les vipères, faites par M. Bourdelot. *Paris, Barbin*, 1671. — Rech. et observ. naturelles sur la production de plus. pierres, la pétrification, etc., et sur l'embrasement du mont Gibel ou Étna, arrivé l'an 1669, par Boccone. *Paris, Barbin*, 1671. — Rech. et observ. curieuses sur la nature du corail et sur la sangsue qui se trouve attachée au poisson, par le même. 1671. — Réponse de l'abbé Bourdelot sur l'Embrasement du mont Etna.

6158. **RENOUVIER** (J.). Le Musée de Montpellier, 1855, broch., gr. in-8 de 24 p. *Figures*.   2 50

6159. **RESTAURATION.** Politique, Jurisprudence, Finances. 1814-26, 31 vol. in-8, d.-rel., bas., v.   35 »

Important recueil formé par M. le comte de Sèze et renfermant un choix des meilleures brochures publiées pendant la Restauration, par le duc de La Vauguyon, Duvergier de Hauranne, de Chateaubriand, de Montlosier, B. Constant, Jordan, de Villeneuve, de Staël-Holstein, Grégoire, de Bourrienne, Lemercier, Martainville, Taillandier, de Forbin-Janson, de Vaublanc, de Lagarde, Cauchois-Lemaire, de Beaujour, de Montalivet, etc.

6160. **RÉVOLUTION FRANÇAISE.** Recueil de 56 pièces en 8 vol. in-8, d.-rel., bas.   24 »

Par Guadet, Louvet, Pétion, Roland, Brissot, C. Desmoulins, L. Lecointre, Barère, Collot, Billaud-Varennes, Fouquier-Tinville, Mounier, Condorcet, Barnave, Vilate, Siéyès, Chauveau-Lagarde, Jordan, etc.
Ce curieux recueil a été formé par M. le comte de Sèze, défenseur de Louis XVI.

6161. **REY** (E.-G). Essai sur la Domination française en Syrie, durant le moyen-âge. *Paris*, 1866, in-4, br. *Figures dans le texte.* (*Plans et coupes de forteresses*).   3 50

6162. **RICH.** Dictionnaire des antiquités romaines et grecques, trad. par Chéruel. *Paris, Didot*, 1861, in-8, d.-rel., maroq. chag., br., non rogné. 2,000 *gravures dans le texte.*   9 50

6163. ROBERTSON (W.). OEuvres complètes, avec notice, par Buchon.
Paris, Desrez, 1836, 2 vol. gr. in-8, d.-rel., maroq. vert.   7 50

6164. ROLLIN. OEuvres complètes. *Paris, Ledoux et Tenré,* 1817,
18 vol. in-8, d.-rel., bas. et atlas, in-4. *Portrait.*   30 »
Ex. en bon état.

6165. ROMEY ET JACOBS. La Russie ancienne et moderne, d'après
les chroniques nationales. *Paris, Furne,* 1855, gr. in-8, d.-rel. *Gravures sur acier et costumes coloriés, et une grande carte.*   8 50

6166. ROUILLIARD (Seb.), de Melun. Le Grand aulmosnier de France.
Paris, D. Douceur, 1607, in-8, v. marb. (*Bon exempl.*).   7 »

6167. SAINT-MARTIN (de). Des Erreurs et de la Vérité, ou les Hommes
rappelés au principe universel de la science, par un Ph.·.·. Inc.....
A Edimbourg, 1775, in-8, veau gran.   4 »

6168. SAUTEL (P. P. J.). Soc. Jes. Lusus poetici allegorici sive Ele-
giæ oblectandis animis et moribus informandis accommodatæ;
Aptæ-Juliæ J. Tremolière., Typ. et Bibliopolam, 1827, in-12, br.
Rare.   4 »
Cet ouvrage, dû aux soins de J. Tremolière, qui en a fait la préface latine,
est exempt de toute faute typographique, ce qui le fait rechercher des amateurs.

6169. SCHILTER (J.). Thesaurus antiquitatum teutonicarum ecclesias-
ticarum, civilium, literariarum, exhibens monumenta veterum
Francorum Alemannorum vernacula et latina cum notis G. Scherzii,
ac variorum. *Ulmæ,* 1727, 2 vol. in-fol., vélin. *Planches.*   15 »
Recueil rempli de documents précieux pour l'histoire civile et littéraire de
l'Allemagne à l'époque carlovingienne.

6170. SCHOEPFLINI (Danielis) Vindiciæ typographicæ. *Argentorati,*
1760, in-4, br. 7 *planches fac-simile. Bel exempl. non coupé.*   4 50

6171. SÉVIGNÉ (Éloge de madame de), par madame Achille Comte.
(Ouvrage qui a remporté la mention honorable à l'Acad. franç.).
Paris, 1840, in-8, d.-rel. *Portrait.*   2 »

6172. SOULARY (Joséphin). Sonnets, Poëmes et Poésies. Nouv. édi-
tion complète, revue, corrigée et augmentée, dédiée à la ville de
Lyon. *Lyon, impr. de Louis Perrin,* 1864, in-8, sur papier teinté.
Net.   12 »
Cette belle édition a été faite par souscription et non mise dans le com-
merce.

6173. **SOULARY.** Sonnets, etc., l'un des 6 ex. sur papier blanc de Hollande. 15 »

6174. **SOUVENIR D'EMMANUEL** (Garnier). Lyon, impr. de *Louis Perrin*, 1864, in-8 de 136 et 332 pag. sur papier vergé teinté à l'antique. *Portrait photogr., par P. Petit.* 6 »

Ce beau volume, publié en mémoire de son fils, par M. Adolphe Garnier, membre de l'Institut, n'est pas dans le commerce.

6175. **STRASBOURG.** Jus argentoratense. Inclitæ Reipublicæ Argentoratensi consecrat hoc quiquid est ejus devotus cliens. Jo. Schilter, 1700. Pet. in-fol. de 320 pages, d.-rel.

Manuscrit allemand d'une bonne écriture. —
Ce volume paraît être inédit et de la main même du célèbre jurisconsulte Jean Schilter.

6176. **SUCCESSION D'ESPAGNE** (Mémoires militaires relatifs à la), sous Louis XIV (1700-1713), par le général Pelet. 11 vol. in-4, cart., n. rog. (*L'atlas manque.*) (*Coll. des docum.*) 45 »

6177. **SUCCESSION D'ESPAGNE** (Négociations relatives à la), sous Louis XIV, ou Correspondance, mémoires, etc., conc. les prétentions de la maison de Bourbon au trône d'Espagne, publ. par Mignet. *Paris*, 1835, in-4, 4 vol. cart. (*Coll. des docum.*). 20 »

6178. **TASSO** (Torquato). Aminta favola Boscareccia ; *Parigi, Prault*, (1745), pet. in-12, maroq. n., tr. dor., 1 *titre gravé avec fleuron et 8 vignettes dess. par Cochin fils, et gravé par Aveline; y compris celle du titre.* 8 »

Cette jolie édit. est dédiée, par l'abbé Antonini : All' illustrissimo signora, la contessa di Nadaillac; avec une jolie vignette cont. les Armoiries de Nadaillac.

6179. **TERTULLIEN** et saint Augustin. Œuvres choisies, avec la trad. en français, publ. s. la dir. de M. Nisard. *Paris, Dubochet*, 1845, gr. in-8, d.-rel., v. viol. 6 »

6180. **THÉATRE.** Relation curieuse de tout ce qui s'est passé au Parnasse au sujet des comédies du *Philosophe marié et de l'Envieux*. *Paris*, 1727, in-8, dérelié. 2 »

6181. **THÉATRE BURLESQUE.** — **MONSIEUR CASSANDRE,** ou les Effets de l'amour et du vere-de-gris, drame en deux actes et en vers, dédié à la marquise de ***, par Douçet. *Amsterd.* (*Paris, Gueffier*), 1775, in-8, br., n. rog. 3 »

6182. THÉATRE BURLESQUE. MORT DE BUCÉPHALE (la). Tragédie burlesque, en un acte, en vers. 6e édit. (1re par P. Rousseau). *A Bucéphalie, chez Gilles Poignard, s. d.*, in-8 de 35 p., dérelié.   2 »

6183. —— MORT DE GORET (la). Tragédie (en vers) représ. pour la première fois sur le th. de l'Op.-Comique, le 12 juillet 1753 (par Delorme). *Paris, Duchesne,* 1753, in-8, br., n. rog.   3 »

6184. —— PRINCESSE FARIDONDON (la), ou la Cour du roi Peteau, tragédie en 5 actes et en vers, par M. de Ver (Bidon de Villemontez.) *Riom, imp. de Salles fils,* 1840.   3 »

6185. —— SAVETIER JOYEUX (le). Opéra-comique en un acte, par Fauchard-de-Grand-Ménil. *Paris,* 1759, in-8, br.   2 »

6186. —— SIROP AU C... ou l'Heureuse délivrance ; tragédie héroï-mer-dif., par M ***, (Grandval fils). *Au temple du goût, s. l. n. d. titre gravé. (Rare).*   4 »
Mouillures aux dern. feuill,

6187. —— ROZENRY (J.). Misgoton, ou les Victimes d'un malentendu et de la Jalousie, tragédie bourgeoise en trois actes et en vers, avec la résurrection générale et vaudeville. *Paris, Barba,* 1828, broch. in-8, n. rog.   2 »

6188. THÉOPIHLE prêtre et moine. Essai sur divers arts, publié par le comte de l'Escalopier, et précédé d'une introduction par J.-Marie Guichard. *Paris, Techener,* 1843, in-4, d. rel.   22 »
Ouvrage recherché et peu commun.

6189. THEOPHILE (Factum de). Ensemble sa requeste presentee à nosseigneurs de parlement. *S. l.,* 1625, pet. in-8 de 14 pages, dos et coins, maroq. bl. (*Closs.*).   4 »

6190. TOURAINE. Allocution adressée aux élèves de l'école primaire de la commune de Nazelles (Indre-et-Loire), broch. in-8. *imprimée sur papier teinté à l'antique, par L. Perrin, à Lyon,* 1865.   1 25

6191. VASSY. Discours entier de la persécution et cruauté exercée en la ville de Vaissy. *S. l.,* 1563, pet. in-8, non relié, de 28 ff. non chiffrés.   15 »
Pièce très-rare, en bel état.

6192. VÉRITEZ (les) plaisantes ou le Monde au naturel. *Rouen, Maurry,*

1702, in-12, de 524 pag. Plus 16 ff. prélim., rel. du temps en veau,
br.   15 »

Cet ouvrage peu commun est attribué, par un bibliophile du siècle dernier,
à un avocat du Parlement de Normandie du nom de Dutuit.
Le vol. est composé de 109 p. en vers sous les titres suivants : Des Entretiens. — Des Jeux. — Des Amours. — Des Galanteries. — Des pièces
sérieuses.
On remarquera, parmi ces poésies, une pièce en vers (page 487) sur la mort
de Jean Letellier, peintre, pièce d'autant plus curieuse qu'elle nous apprend
la naissance à Vernon du peintre Letellier, un des meilleurs élèves du Poussin
et son neveu.

6193. **VICTOIRE** (la) des catholiques contre ceux de la Religion prétendue Réformée ès Grisons. Où par le secours d'Espagne et d'Italie
a esté presque conquis sur eux tout le pays des Grisons. *Paris*, 1620,
pet. in-8, dos et coins, maroq. bl. (*Closs.*).   6 »

Rare.

6194. **VILLE D'ANVERS.** Articles et conditions du traicté faict et conclu
entre l'Altesse du prince de Parme, Plaisance, etc., capitaine général ès pays de par deçà au nom de S. M., comme duc de Brabant..... et la ville d'Anvers, dep. le xviiᵉ jour d'aoust, 1685. *Paris,*
chez J. Richer, 1685, pet. in-8 de 24 pag., cart.   3 »

6195. **VINS DE CHAMPAGNE ET DE BOURGOGNE** (Recueil de poésies latines et françoises sur les). *Paris, chez la Vᵉ de Cl. Thiboust,*
1712, in-8, de 22 pages, dérelié.   3 50

Par Grenan Bourguignon ; Ch. Coffin, de Reims, et de Bellechaume.

6196. **VEGETIUS** (Flavius) de Re militari, libri quatuor, Sextus Jul.
Frontinus... de Re militari. Ælianus, de instruendis aciebus. Mo-
desti libellus de Vocabulis rei militaris liber unus. Item picturæ
bellicæ cxx passim Vegetio adjectæ. Collata sunt omnia ad antiquos
codices, maxime Budæi, quod restabitur Ælianus. *Parisiis, apud*
Chrit. Wechelum, 1553, in-fol. dans sa première reliure en parche-
min, de 4 ff. et 280 pages (*la dernière pour la marque de We-*
chel).   40 »

Bel exemplaire à toutes marges qui se recommande par le nom de son imprimeur et celui du célèbre Budé, ainsi que par les nombreuses et curieuses
gravures en bois dont il est orné ; c'est dans ce livre où se trouvent les premiers modèles de scaphandres et machines à plonger.

6197. **VOYAGE DE PARISIS-FONTAINE** et Chantilly, Morfontaine et
Ermenonville. *Mai* 1834, pet. in-8, d.-rel.   10 »

Manuscrit original inédit de 105 pages.
Voyageurs : Mᵐᵉ la marquise de Maupéoux. — Mᵐᵉ la vicomtèsse de Bois-

mont. — Mme Alfred de Lignemare. — Mlle Aline de Boismont. — Mlle Octavie de Boismont. — M. de Lignemare, cheval. de l'ordre royal et militaire de Saint-Louis. — M. Alfred de Lignemare, conducteur en chef de la caravane.— M. d'Arcy, vieux troubadour.

6198. VOYAGES autour du monde et naufrages célèbres, par le capitaine Lafond (de Lurcy). *Paris*, 1870, 8 vol. gr. in-8, br. *Nombreuses figures noires et coloriées.* (Publié à 66 fr.). Net,   12 »

6199. WADDINGTON-KASTUS. De la psychologie d'Aristote. *Paris, Joubert,* 1848, in-8, br. (*Envoi d'auteur.*)   3 50

6200. WATELET. Essai sur les jardins. *Paris*, 1774, in-8, br.   1 50

6201. WERDET (Edm.) De la librairie française. Son passé, son présent son avenir, avec des notices sur les libraires les plus distingués. *Paris,* 1860, in-12, d.-rel. veau fauve, éb., n. rog. (*Capé.*)   12 »
    Ouvrage épuisé et devenu rare.

CHOIX DE CHANSONNIERS

6202. ALTAROCHE (A.). Chansons et vers politiques. *Paris, Pagnerre,* 1835.—Les Républicaines, chansons populaires des révolutions de 1789, 1792 et 1830 (par divers auteurs). *Paris, Pagnerre,* 1834. 2 tom. Ens, 2 tom. en 1 vol. in-18, d.-rel. — Chansons politiques, par Altaroche. *Paris,* 1838, in-18, br. (*C'est le tome deuxième du vol. paru en 1835.*)   4 »

6203. ANTHOLOGIE. Choix de chansons et poésies légères. *Paris,* 1834, 3 vol. in-32, br. *Jolie vignette d'Henry Monnier, coloriée.*   9 »

6204. ANTHOLOGIE PATRIOTIQUE, choix d'hymnes, chansons, vaudevilles et rondes civiques qui ont paru depuis la Révolution. *Paris,* an III, in-18, br. *Figure. Rare.*   3 »

6205. BÉRANGER. Poniatowski. Hâtons-nous. Chansons dediées au général Lafayette. *Paris,* 1831, broch. in-8. *Edition originale.*   1 50

6206. BOUCHER DE PERTHES. Romans, ballades et légendes. *Paris,* 1830, in-18, br.   2 50

6207. BUGEAUD (J.). Chants et chansons populaires des provinces de l'ouest : Poitou, Saintonge, Aunis et Angoumois, avec les airs origi-

naux recueillis et annotés. *Niort (Paris, Aubry)*, 2 vol. gr. in-8. *Airs
notés.*   20 »

> Introduction. — Bibliographie des recueils de chants populaires. — Notice.
> — Rondes. — Bals. — Branles. — Bourrées.

6208. **CAVEAU MODERNE** (le) ou le Rocher de Cancale. *Paris, Capelle*,
1807-1808, 2 vol. in-18, br. *Vignettes.*   3 50

6209. **CHOIX** de rondes à danser pour les demoiselles. *Paris, Louis*,
s. d., in-18, br. *Figure.*   2 »

6210. **CHANSONS** et morceaux extraits d'opéras (xviiie s.). 50 pièces
en un vol. in-8, parch. *Musique gravée.*   5 »

6211. **CHANSONS.** 10 vol. in-18 et in-32, br. *Fig.*   6 »

> Album chantant. — Les Refrains de Béranger. — La Fleur chansonnière. —
> Le Bouton de Rose. — Le gai chanteur. — Passe-temps lyrique. — Le nou-
> veau Chansonnier républicain. — Le Chansonnier des chansonniers. — Les
> Chansonniers célèbres.

6212. **CHANSONS CHOISIES** avec les airs notés. *A Genève (Cazin)*,
1782, 4 vol. — Nouveau recueil de chansons choisies avec les airs
notés. *A Genève*, 1785, 4 vol. Ens. 8 vol. in-18.   32 »

> Bel exemplaire, *broché, non coupé.* — Très-rare dans cet état.

6212 *bis.* **CHARRIN** (P.-J.). Chansons et poésies. *Paris, Béchet*, 1820,
in-18, br. *Figures de Couché et musique gravée.*   3 »

6213. **CODE ÉPICURIEN**, choix de chansons anciennes, modernes et
inédites, publié par J. Rousseau. *Paris*, 1829, in-18, br. *Jolie vignette
de Devéria.*   2 50

6214. **ÉPICURIEN FRANÇAIS** (l'), ou les Dîners du Caveau moderne.
Paris, 1808-1814, 16 vol. in-18, br., et l'année 1814 en livraisons.
Portraits.   » »

> Il manque : le 1er, le 3e et le 4e trimestre de 1810. — Le 1er, le 2e et le 4e
> trimestre de 1812. — Le 2e et le 4e trim. de 1813.

6215. **ÉTRENNES D'HORACE**, pour l'an 1741. Chansons prises des
Pensées de ce poëte et recueillies par le sieur Ballard. *Au Mont-
Parnasse*, gr. in-8 de 96 pages, br. (airs notés), *Rare.*   6 »

6216. **ÉTRENNES DE POLYMNIE**, ou recueil de chansons, romances,
etc. (années 1786, 1788 et 1789, 3 vol. in-18, br.); airs notés. (*Le vol.
de 1786 est entièrement gravé.*)   6 »

6217. **ÉTRENNES** (nouvelles) utiles et agréables, contenant un Recueil

de Chansons morales et d'Emblesmes, sur de petits airs et vaudevilles connus. *Paris, Lottin,* 1749, in-18, v. m., fil., tr, dor. *Airs
notés.*   4 »

> Ce recueil est composé par Mᵐᵉ Massuau, religieuse de l'abbaye de Vaysin,
> diocèse d'Orléans.

6218. GOGUETTES (les) du bon vieux temps, ou recueil choisi de
chansons joyeuses, rondes et pots-pourris gaillards du xvᵉ au
xviiiᵉ siècles, rédigé par un vieil amateur. *A Paphos et Paris,* 1810,
in-18, br. *Figure.*   4 »

6219. RAVRIO. Mes Délassements, ou recueil de chansons composées
pour mes amis. *Paris,* 1805, in-8, br.   5 »

> Tiré à petit nombre sur pap. vélin de Hollande.

6220. RECUEIL DE CHANSONS avec musique. In-18 de 220 pages,
v. gr., fil.   5 »

> Manuscrit du xviiiᵉ siècle.

6221. RECUEIL DE ROMANCES historiques, tendres et burlesques,
tant anciennes que modernes, avec les airs notés ; par M. D. L***
(de Lusse). *Paris,* 1767, in-8, mar. rou., fil., tr. dor., anc. reliure.
Frontispice et vignette d'Eisen.   6 »

6222. RECUEIL de diverses pièces. *Londres,* 1776, in-8, bas. (*Très-
curieux.*)   3 50

> Chansons, noëls, pièces en vers et en prose relatives aux affaires du temps.

6223. SERVIÈRES (J.). Chansons nouvelles. *Paris,* 1826, in-18, br.
(83 *chansons.*)   3 »

> Le véritable nom de l'auteur est Vessière, ancien rédacteur de *l'Ami de la
> Charte*, du Puy-de-Dôme.

6224. SOUPERS DE MOMUS (les), recueil de chansons inédites. *Paris,
Eymery,* années 1816, 1817, 1818, 1819, 1823, 1825, 1826, 1828,
8 vol. in-18, rel. et br. *Figures et musique.*   5 »

6225. — LES MÊMES années 1816 et 1825, séparément.   1 50

6226. SOYE (F.-H.). Refrains pour rire ou Momus en goguette. *Paris,*
1825, in-18, br.   1 50

6227. TRÉSOR de la Chanson. *Paris,* 1850, pet. in-18. — Trésor des
Chansons joyeuses et populaires. *Paris,* 1861, in-32. Ens. 2 volumes br.   2 »

6228. VADÉ. Recueil noté de chansons. *A la Halvilavergerricomique,*
4071701 (1771), broch. in-8. *Airs notés.*   2.50

(La suite au prochain BULLETIN.)

BULLETIN

DU

Bouquiniste

Publié par Auguste AUBRY

Avec la collaboration de Bibliophiles et d'Erudits

Paraissant le 1er et le 15 de chaque mois.

21e ANNÉE. — 2e SEMESTRE.

PARIS

Un an........ 3 fr.

ÉTRANGER

Un an........ 5 fr.

PROVINCE

Un an........ 4 fr.

UN NUMÉRO

Prix........ 50 c.

PARIS

CHEZ AUG. AUBRY, ÉDITEUR

LIBRAIRE DE LA SOCIÉTÉ DES BIBLIOPHILES FRANÇOIS

18, Rue Séguier-Saint-André-des-Arts.

Et chez les principaux libraires de la France et de l'Etranger.

1877

SOUS PRESSE :

CATALOGUE de Bons Livres anciens et modernes, de littérature et d'histoire, beaux-arts, nombreux ouvrages illustrés, *Livres à vignettes du* XVIII° *siècle, ouvrages, de Rétif de la Bretonne,* Bibliographie, Histoire littéraire, etc., la plupart bien reliés, composant la Bibliothèque d'un amateur de province.

VENTE, rue des Bons-Enfants, 28.

M° **Bauhigny,** commissaire priseur.
Assisté de M. Auc. **Aubry,** libraire-expert.

CATALOGUE de Livres de Botanique, ouvrages divers de littérature et d'histoire, composant la bibliothèque de feu M. Guillaume VIGINEIX, bibliothécaire de la Société botanique et professeur rural de l'École de la ville.

VENTE, rue des Bons-Enfants, 28.

M° **Mulon,** commissaire-priseur.
Assisté de M. Aug. **Aubry,** libraire.

NOTICE de Beaux Livres modernes de Jurisprudence, Littérature et Histoire ; *Heures d'Anne de Bretagne, Jehan Foucquet et les Évangiles,* publiés par Curmer (beaux exemplaires richement reliés); Mémoires sur l'Histoire de France, publ. par Petitot et Monmerqué ; Classiques français publiés chez Hachette (Corneille, Madame de Sévigné, etc., etc.)

VENTE, rue Drouot.

M° **Appert,** commissaire-priseur.
Assisté de M. Aug. **Aubry,** libraire.

CORRESPONDANCE BIBLIOGRAPHIQUE

A Monsieur A. Aubry, Directeur du Bulletin du Bouquiniste.

Monsieur le Directeur,

Voulez-vous donner asile, dans votre estimable publication, à certaines questions qu'un étranger a l'audace de faire, pour s'éclairer ?

Au moment où votre Académie, en France, refait son Dictionnaire, ne serait-ce pas le cas d'exprimer le désir de voir cesser définitivement certaines incertitudes, et de voir trancher, par cette docte Compagnie, certaines questions qui font le désespoir de tous ceux qui ne sont pas Français et qui voudraient connaître toutes les finesses de votre langue.

Loin de moi l'idée de soulever des discussions, de « chercher le petit animal », comme vous le dites, je crois, en France. Je demande une raison, une règle enfin.

Ainsi, entre mille, voici des cas que je citerai à propos de l'H aspirée, « qui fait mal à la poitrine », disait Voltaire (1) :

A

On dit des z'habits	et on dit des hâbleurs,
z'habitations	des haches,
z'hallucinés	des hallebardes;
z'hameçons	des hannetons.

N'est-ce point Napoléon Landais qui a écrit, je crois, que *ce*

---

(1) Nous avons, chez nous, la règle de l'H muette, qui nous fait changer l'article *a* en *an*, de même que devant une voyelle; ainsi nous disons : *a man, an angel, an hour.*

Nous écrivons et nous nous servons de l'article *a* devant l'H, mais c'est lorsque cette lettre est suivie d'un U long, comme dans *a humour.*

n'était pas un crime de dire des z'haricots... et l'Académie ne l'a-t-elle pas approuvé, dans la nouvelle édition de son dictionnaire que je n'ai pas sous les yeux?

E

On dit des zhéroïnes   et on dit des héros !!
      z'herbages   des hérons.

I

On dit des z'hirondelles   et on dit des hideux (lambeaux),
      z'histoires   des hiérarchies.

O

On dit des z'honneurs   et on dit des hocquetons,
      z'hommes   des homards,
      z'hospodars   des Hottentots,
      z'homicides   des hobereaux.

U

On dit des z'humains   et on dit des hurlements,
      z'humeurs   des huguenots,
      z'huîtres   des huttes,

et bien d'autres encore que l'on peut ajouter à cette petite liste.

Je ne cite ici qu'un petit nombre de cas fréquents où ces contradictions viennent jeter le trouble dans notre esprit, à nous étrangers, quand nous voulons apprendre votre langue.

On me répondra peut-être que c'est l'usage, l'habitude.

Mais a-t-on des exemples que des *usages* soient devenus des *règles?* Il me semble, au contraire, que c'est *la règle* qui impose *l'usage.*

Il est encore une question qui me vient à l'esprit : c'est celle de la façon d'écrire un mot, par suite de son étymologie. N'est-ce point votre savant et charmant écrivain Nodier qui citait le cas : « Nous *portions*, tous deux, nos *portions*, etc., etc., et qui demandait pourquoi ces deux mots, écrits semblablement, se prononçaient différemment? Il lui fut répondu, je crois, que c'était à cause de leur étymologie, le premier venant de *portare, porto*, le second venant de *portio, portionis*. Voici, au moins, qui ressemble à une raison.

Est-ce aussi à cause de son étymologie latine *terra*, que l'on écrit à présent le mot *terrain* avec un *a*, quand on l'a écrit pendant fort longtemps, il me semble, avec un *e*, *terrein*?

Je le répète, je cherche à m'instruire et ne pose pas ces questions pour le plaisir de les poser.

Votre bien dévoué serviteur,

S^{el} Robert DUNCE.

Townbridge, 25 septembre 1877.

P.-S. — Mon nom de Dunce, qui semble être ici *pour le bien de la cause*, comme on dit en justice, est bien le mien, et est tout à fait congruant à la question.

CHRONIQUES ET RÉCITS DE LA RÉVOLUTION DANS LA CI-DEVANT BASSE-AUVERGNE

LE PUY-DE-DOME

— En 1793 —

ET LE PROCONSULAT DE COUTHON.

Par Francisque MÈGE (1)

Depuis quelques années, de nombreux travaux ont été consacrés à l'histoire de la Révolution dans nos diverses provinces et à la biographie des hommes qui prirent une part active aux événements d'alors. Parmi ces travaux, l'on a particulièrement remarqué ceux de M. Francisque Mège sur l'Auvergne, et plus

---

(1) *Paris, Aug. Aubry*, 1877. fort vol. In-8. Prix : 9 fr.

spécialement sur le Puy-de-Dôme, l'un des trois départements
formés par cette province. — Ils méritaient, en effet, cette dis-
tinction autant par la haute impartialité et l'exactitude que l'on y
trouve, que par la savante mise en œuvre de nombreux renseignements puisés aux meilleures sources, de documents inédits les plus
précieux que M. Mège a eu l'habileté et la patience de recueillir.
Rien n'était moins facile. Ce n'est pourtant pas que les documents
sur cette époque ne soient abondants : les dépôts publics en ren-
ferment des masses considérables, mais c'est peut-être en raison de
cette abondance qu'il est difficile de trier avec discernement ceux
de ces documents qui ont une véritable valeur, de les classer, de
les coordonner avec méthode. De plus ces pièces conservées dans
les archives sont des actes officiels. Ils indiquent des faits, en
donnent les dates, mais sont généralement dépourvus de toute
couleur, et seraient tout à fait insuffisants pour jeter une lumière
complète sur ces années si mouvementées, si remplies de bruit et
de discussion. Il importe surtout de connaître les correspondances,
les mémoires particuliers des acteurs de ces drames politiques.
Ce sont ces documents, et presque eux seuls, qui peuvent éclairer
d'un jour tout nouveau les sentiments réels de tous ces hommes
et nous permettre d'apprécier et de juger les divers mobiles qui
les faisaient agir. Mais ce sont précisément ces documents qui
sont les plus difficiles, je ne dis pas à découvrir, mais à consulter.
Encore entre les mains des héritiers de tous ceux qui jouèrent
alors un rôle, ils restent d'autant plus inaccessibles aux travailleurs, que leurs possesseurs s'imaginent, souvent bien à tort,
avoir un intérêt à les cacher. M. Mège a été assez heureux pour
recueillir un grand nombre de ces précieux documents et il en a
enrichi ses publications avec une libéralité des plus avantageuses
pour ses lecteurs.

Dès 1865, M. Mège, déjà connu par d'autres travaux, d'intérêt
local, entreprit une série d'études sous le titre général de *Chroniques de la Révolution dans la ci-devant Basse-Auvergne*. Il débutait
par une note sur l'origine auvergnate du *Journal des Débats*, fondé,
en 1789, par MM. Gaultier de Biauzat, Huguet et Grenier, députés
de l'Auvergne aux États-Généraux. Depuis, il n'a pas cessé d'ajouter chaque année une nouvelle étude à cette première. Ce furent

d'abord des *Notes biographiques* sur divers députés de l'Auvergne aux États-Généraux; puis vinrent un grand travail sur *l'Assemblée provinciale tenue à Clermont* de 1787 à 1790, un historique complet de la *Formation et l'organisation du département du Puy-de-Dôme*, puis enfin la *Correspondance inédite* du conventionnel Georges Couthon avec la municipalité et la société populaire de Clermont. Dans ce volume, imprimé, en 1872, à 115 exemplaires pour l'académie de Clermont, et rendu si intéressant par la multiplicité des savantes notes consignées au bas de presque chaque page, M. Mège avait annoncé la présente publication. S'il a tardé si longtemps à nous la donner, c'est que ce n'est pas une petite besogne d'écrire un gros volume de 708 pages, rempli de faits, de dates, traitant un sujet presque tout neuf, pour la composition duquel il a fallu lire et contrôler plusieurs milliers de pièces, avec ce soin un peu minutieux, peut-être, que M. Mège apporte dans toutes ces recherches : ce qui fait que si l'on peut y signaler, à la rigueur, quelques omissions ou quelques lacunes, l'on ne peut jamais y découvrir d'erreurs notables.

Analyser un tel volume, mais un numéro entier du *Bulletin du Bouquiniste* n'y pourrait suffire. Je vais donc me borner à une sorte de table sommaire de tout ce qu'il contient. C'est, je crois, la seule et bonne façon d'en faire apprécier par nos lecteurs toute l'importance et le réel mérite.

Le livre de M. Mège est divisé en trois parties, divisées elles-mêmes en plusieurs chapitres. Ces divisions ont l'avantage de donner de la clarté au récit et d'en rendre la lecture plus agréable.

Dans la première partie, qui n'est, pour ainsi dire, qu'une manière d'introduction à ce qui va suivre, M. Mège retrace d'abord la situation du Puy-de-Dôme au moment de la condamnation de Louis XVI, et la part de ce département et des départements voisins, le Cantal et la Haute-Loire, dans la réduction de la Lozère, soulevée par le parti royaliste. Il nous conduit ainsi jusqu'à l'acceptation de la constitution de 1793.

La seconde partie remonte à l'origine de l'insurrection de Lyon. M. Mège, laissant aux historiens de cette ville les généralités bien connues, se renferme dans l'étude des documents inédits où rares.

Il décrit l'arrivée à Clermont des trois commissaires de la Convention, Couthon, Châteauneuf-Randon et Maignet, envoyés pour préparer les opérations du siége, la levée en masse, son organisation, sa mise en marche sur Lyon; le départ pour cette ville de Maignet et de Châteauneuf-Randon, tandis que Couthon reste en Auvergne pour prendre et faire exécuter une série de mesures dans l'intérêt de là levée en masse, l'entréc des représentants dans Lyon, la création des tribunaux révolutionnaires, les démolitions de la citée vaincue, etc. Enfin M. Mège reconduit Couthon en Auvergneà la fin de sa mission. Nous sommes initiés à tout ec qu'il y fit relativement à la suppression des cultes, au brûlement des statues des saints, à la destruction des anciennes procédures, etc. M. Mège nous fait ensuite assister aux fêtes en l'honneur des martyrs de la liberté, il nous conduit dans les sociétés populaires; enfin après le départ de Couthon, il nous montre les comités de surveillance fonctionnant, fermant et dépouillant les églises, démolissant les clochers, etc. La troisième partie traite de la disette de 1793, du maximum, du partage des communaux, du changement de noms des lieux et des personnes. Malgré l'aridité de certains détails, cette partié est peut-être la plus instructive, et celle, qui, j'en suis certain, à coûté le plus de recherches à M. Mège.

Enfin le volume se termine par un volumineux appendice. Il ne contient pas moins de 159 documents inédits où très-rares, parmi lesquels il faut noter soixante et seize arrêtés de Couthon et de ses collègues.

Bien d'autres détails devraient entrer dans cette énumération, mais je suis assuré que, telle qu'elle est, elle suffira pour faire connaître le sérieux intérêt de la nouvelle publication de M. Mège. Elle sera consultée avec le plus grand profit par tous ceux qui s'occupent de l'histoire révolutionnaire.

PAUL LE BLANC.

LIVRES

En vente aux prix marqués

A la Librairie d'Auguste AUBRY

OUVRAGES SUR PARIS

6229. BANVILLE (Théod. de). Camées parisiens. 3ᵉ et dernière série.
Paris, Pincebourde, 1873, pet. in-12, papier vergé, br.   3 50

6230. BANVILLE (Th. de). Camées parisiens. *Paris, R. Pincebourde,*
1866, pet. in-12, br., sur pap. de Hollande. *Frontispice avec portraits
à l'eau forte* (celui de Banville au milieu). *Par Ulm.* (Rare.)   7 »
Tiré à petit nombre pour les amateurs.

6231. CARTE hydrographique du départ. de la Seine, par l'ingénieur
en chef des ponts-et-chaussées du départ. 1852. Grande feuille collée
sur toile.   4 »

6232. DELEUZE. Histoire et description du Muséum royal d'histoire
naturelle. *Paris, Royer,* 1823, 2 vol. in-8, veau violet, fil., tr. peignes.
Plans et jolies figures par Cathelineau. (Bel. ex.)   6 »

6233. DESALLIER-D'ARGENVILLE. Voyage pittor. des environs de
Paris, ou Description des maisons royales, châteaux et autres lieux
de plaisance. *Paris, De Bure,* 1778, in-12, veau. *Front. gravé.*   2 »

6234. DULAURE. Histoire de Paris. *Paris, Baudouin,* 1825, 10 vol. in-12,
cart. à la bradel. *Figures gravées par Couché fils.*   9 »
Bel ex. non rogné.

6235. ENVIRONS DE PARIS. Notices historiques, par Lefeuve. 22 livrai-
sons in-12, br., publiées à 18 fr. 90.   5 .50
Comprenant les communes de : Andilly. — Bouffémont. — Chauvry et
Bethemont. — Deuil. — Domont. — Eaubonne. — Enghien-les-Bains. —

Epinay et Montmagny. — Ermont. — Franconville. — Frépillon et Bessancourt. — Groslay. — Margency. — Montlignon. — Le Plessis-Bouchard et Pierrelaye. — Piscop. — Napoléon-Saint-Leu. — Taverny. — Sannois. — Saint-Brice. — Saint-Gratien. — Saint-Prix. — Soissy.

6236. GUILHERMY (de) et VIOLLET LE DUC. Description de Notre-Dame de Paris. *Paris, Bance, 1856, in-12, d.-rel. Plans et vues.* 2 »

6237. GUILLEBERT DE METZ. Description de la ville de Paris au xvᵉ siècle, publiée pour la première fois par Leroux de Lincy. *Paris, Aubry, 1855, petit in-8, papier vergé, d.-rel. chag. rouge, tête dorée, n. rog.* 15 »
Entièrement épuisé.

6238. LA TYNNA (J. de). Almanach du commerce de Paris. *Paris, 1811, in-8, d.-rel. Rare.* 3 »

6239. LEFEUVE. Les anciennes maisons de Paris sous Napoléon III. 70 livraisons in-12. (*Complet.*) 12 »
Publié à 1 fr. 60 la livraison.

6240. LEGRAND et LANDON. Description de Paris et de ses édifices, avec un précis histor. et des observ. sur le caractère de leur architecture, etc. *Paris, Landon, 1806, fort vol. in-8, cart. à la bradel, n. rog. Orné de 50 planches très-bien gravées.* 8 50

6241. NOUVEAU PLAN de Paris illustré, avec le système complet de ses fortifications, par Vuillemin. 1846. Grande feuille sur toile. 3 50

6242. NOUVEAU PLAN illustré de Paris, avec le système de ses fortifications, par Vuillemin. 1844. Grande feuille sur toile. 3 50

6243. NOUVEAU PLAN routier de la ville et faubourgs de Paris. *Paris, Esnaut et Rapilly, 1788, grande feuille sur toile.* 3 »

6244. OPTIQUE DU JOUR (l') ou le Foyer de Montansier, par Joseph R***y. *Paris, an VII, pet. in-18, br. Rare.* 3 »

6245. PARIS. Cahier des citoyens nobles de la ville de Paris. 10 mai 1789, 32 pag. in-8, br., non rog. 2 »

6246. PARIS en chansons, notice sur les types excentriques de la grande ville. *Paris, s. d., typogr. Arbieu, à Poissy, gr. in-8, br. Airs notés. Figures par Traviés, Staal, etc.* 5 »

6247. PARIS en proportion, avec son enceinte. 1849, grande feuille sur toile. *Colorié.* 2 50

6248. **PARIS** fortifié, dressé par Andriveau-Goujon. 1845, grande feuille sur toile. 2 50

6249. **PARIS**. L'Ombre du grand Colbert, le Louvre et la ville de Paris. Dialogue. — Réflexions sur quelques causes de l'état présent de la peinture en France et s. les beaux-arts. *S. l.*, 1752, in-12, veau marb. 2 50

Par Lafont de Saint-Yenne.

6250. **PARIS.** Maisons les plus remarquables de Paris, construites pendant les trois dernières années, relevées, mesurées et dessinées par Vacquer. *Paris, Caudrilier, s. d.*, in-4, en portefeuille. 50 *planches gravées, au lieu de* 80. 10 »

6251. **PARIS** (Notice hist. sur l'hôtel de ville de), sa juridiction, ses fêtes, etc. (1612-1839), par A. Bailly. *Paris*, 1840, in-8, dérel. 1 *plan gravé.* 2 »

6252. **PARIS**. Rapport sur la marche et les effets du choléra-morbus dans Paris et les communes rurales. *Paris, Impr. roy.*, 1834, in-4, d.-rel. bas. bl. *Nombreux plans gravés.* 5 »

6253. **PLAN** de Paris fortifié. *Paris, Marie et Bernard*, 1855, grande feuille coloriée. 1 »

6254. **PLAN** d'un port et gare projetté pour la ville de Paris, à l'embouchure de la Bièvre, en 1753, par le sieur Destouches. Feuille obl. gravée. 1 50

6255. **PLAN ITINÉRAIRE** de Paris, par Perrier et Gallet. 1824, grande feuille sur toile dans son étui. 2 50

6256. **PLAN** itinéraire de Paris, par Andriveau-Goujon. 1855, feuille coloriée sur toile. 2 »

6257. **PLAN-MIGNON.** Paris, banlieue et fortifications. *Paris, Martinon* (vers 1850). In-12, cart. 25 ff. avec onglets. 2 »

6258. **PLAN** pittoresque de Paris, par Vuillemin. 1840, grande feuille sur toile, dans un étui. 2 50

6259. **RÉVOLUTION DE 1830.** Plan des combats de Paris aux 27, 28 et 29 juillet, par deux témoins assidus, Ajasson de Grandsagne et Plaut.

Grande feuille coloriée, collée sur toile. *Figures des combats et petits plans particuliers.*   8 »

Plan très-curieux pour l'histoire des trois journées, fort bien exécuté.

6260. **TABLEAU DU VIEUX PARIS.** Les Spectacles populaires et les artistes des rues, par Victor Fournel. *Paris*, 1863, gr. in-18, br. 3 »

6261. **VERSAILLES.** Idées et vues sur l'usage que le gouvernement actuel de la France peut faire du château de Versailles; par P.-J. Luneau de Boisjermain. *Paris, rue ci-devant de Condé*, an VI; broch. in-8. 1 *vignette de J.-M. Moreau le jeune, grav. par Leveau.* (Rare). 3 »

———

6262. **ARRETS** de la Cour du Parlement portant condamnation contre Cartouche, Dántragues, Collot, Beaulieu de Montigny, P. Coquille, Cl. Jourdain, Roblot, syndic et juré de la communauté des maîtres savetiers de Paris, etc. 1721-67, 8 pièces in-4.   6 50

6263. **ARRÊTS,** édits, déclarations concernant les bois ouvrez, de chauffage, etc. 1708-19, 8 pièces in-4.   3 »

6264. **FINANCES,** impôts, loterie royale. Arrêts, édits et déclarations (1688-1737). 79 pièces in-4.   15 »

6265. **LIBRAIRES, IMPRIMEURS ET RELIEURS** de la ville de Paris (Recueil des statuts et réglements des marchands). *Paris*, 1620, 72 p. — Lettres patentes du roy pour le règlement des libraires, imprimeurs et relieurs. 1621. 22 pages. Ens. 2 pièces in-4.   7 »

Avec nombreuses notes et corrections manuscrites de Vitré, libraire de Paris.

6266. **LIBRAIRES, IMPRIMEURS** et relieurs de Paris. Arrest, sentences, requêtes pour leurs règlements et priviléges. 1640-1787, 17 pièces in-4.   15 »

Réunion intéressante.

6267. **MÉTIERS DE PARIS.** 1708-67. Arrêts, édits concernant les maîtres à danser et joueurs d'instrumens, les lapidaires, jouailliers, les maistres rostisseurs, etc. 11 pièces in-4.   6 »

6268. **PARIS.** Arrêts, édits, lettres patentes, déclarations, etc., concernant les bourgeois et habitans de Paris; Réplique pour la ville de

Paris, contre le duc de Chartres; sur les deuils de cour, etc. 1649-1792, 16 pièces in-4.	7 »

6269. **PARIS.** Lettres patentes, ordonnances, pour la continuation du rempart du quartier Saint-Germain (1715), pour l'ouverture d'une rue vis-à-vis de l'hostel Dantin (1715), pour la démolition de la chapelle des Valois (1719), pour la place de la statue équestre du Roi (1757), etc. Ens. 7 pièces in-4.	4 »

OUVRAGES DIVERS

ANCIENS ET MODERNES

6270. **ABBAYE DES CONARDS** (les triomphes de l'), avec une notice sur la fête des fous, par Marc de Montifaud. 2e édition. *Paris, Lacroix,* 1877, pet. in-8, br., papier vergé, *titre rouge et noir.*	6 »

6271. **AGRICULTURE. JARDINAGE.** 17 vol. in-8 et in-12, d.-rel. percal. viol. (*Rel. uniformes.*)	26 »

Culture des plantes fouragères et des plantes économiques, par Schwerz. — Le Livre de la ferme, par Joigneaux. — L'Agriculteur commençant. L'Éleveur de bêtes à cornes, par Villeroy. — Le bon Fermier, par Barral, et autres par Pierre, Gaucheron, de Rancy, Liebig, Borie et Dombasle.

6272. **ALBERT** (Just). Feuilles au vent, fantaisies poétiques *Paris, Gosselin,* 1845, in-8, br. (1re *édit.*)	4 »

L'auteur est J.-B. Duboul, né à Bordeaux en 1816.

6273. **L'ISRAEL DES ALPES.** Première histoire complète des Vaudois du Piémont, par Alexis Muston. *Paris,* 1851, 4 vol. in-12, d.-rel. v. bl.	8 »

6274. **ANGLADA,** Traité des eaux minérales et des établiss. thermaux du départ. des Pyrénées-Orientales. *Paris,* 1833, 2 vol. in-8, br. *Carte et vues.*	2 50

6275. **ARCHITECTURE** (Lettres sur l') des anciens et celle des modernes, par Vieil de Saint-Maux. *Paris*, 1787, in-8, d.-rel.   2 »

6276. **ARCHITECTURE** (Observ. s. l'), par l'abbé Laugier. *Paris*, 1765, in-12, veau marb. — Examen d'un essai sur l'architecture. *Paris*, 1753, *1 planche*. — Remarques sur un livre intitulé : Observations sur l'architecture, par l'abbé Laugier, par G... (Guillaumot), architecte. *Paris*, 1768, *avec une grande planche reprěs. l'Ordre françois, composé par Laugier*. In-12, veau fau., tr. dor. Ens. 2 vol.   4 »

6277. **ARETINO** (Pietro). Dubbi Amorosi, Altri Dubbi e sonetti lussuriosi. *Roma* (*Paris, Girouard*), 1792, in-12, broché, non rogné, de 68 pages.   10 »

6278. **ARNAL**. Épître en vers à Bouffé, artiste du théâtre du Gymnase. *Paris, Tresse*. 1840, in-8, d.-rel. mar, bl. 120 pages, y compris les notes.   3 »
> Exemplaire de Bouffé, avec envoi d'auteur signé.
> Dans le même vol. : Julienne, souvenir du 11 juillet 1843, par J. de Prémaray. — Épître à Rachel, par M. Samson, de la Com.-Française.

6279. **ARNAULT**, de l'Institut. Fables. *Paris, Chaumerot*, 1812, in-18, br.   2 50
> Avec une lettre autogr. signée de l'auteur à M. Félix Nogaret, et qq. notes autogr. de Nogaret et sa signature.

6280. **AUBIGNÉ** (Mémoires de la vie de Théodore-Agrippa d'); avec ceux de F.-M. de La Tour, prince de Sedan (rédigés par Aubertin); une relation de la Cour de France en 1700, par Priolo, ambass. de Venise, et l'histoire de Mme de Mucy. *Amst., Bernard*, 1731, 2 t. en 1 vol. in-12, v, gr. *Rare*.   6 »

6281. **BABOIS** (Mme Vict.). Élégies et poésies diverses. *Paris, Le Normant*, 1810, in-8, d.-rel.   2 »
> Dans le même vol. : Les Tombeaux de l'abbaye de Saint-Denis, par Treneuil. 1806. — Épître à Voltaire, par de Chénier, 1806.

6282. **BACON**. L'Artisan de Fortune, ensemble les antithèses, les sophismes et les charactères de l'Esprit, trad. par Baudouin. *Paris*, 1640, in-12, parch. Front. gr. (Piq. de vers dans le fond de la marge.)   3 »

6283. **BARTHÉLEMY** (Ed. de). Les Ducs et les duchés français avant et depuis 1789. *Paris*, 1867, in-8, br., papier vergé.   5 »

6284. **BEILHAC** (de). Instruction générale sur le service et la compta-
bilité des ordonnateurs et des receveurs de l'Administration des
douanes et des contributions indirectes. *Paris, P. Dupont*, 1867,
gr. in-8, d.-rel. (*Petit*). (Publ. à 7 fr. 50.)   5 »

6285. **BELLOY** (P. de). Moyens d'abus, entreprises et nullitez, du
Rescrit et Bulle du pape Sixte V°, contre le prince Henry de Bourbon, roy de Navarre, par un catholique... mais bon François.
Coloigne, 1586, pet. in-8, bas. (*Les 8 dern. ff. endommagés sur le bord
de la marge.*)   2 50
    Rare.

6286. **BEUGHEM** (C. A.). Bibliographia eruditorum critico-curiosa sive
apparatus ad historiam literariam novissimam. Conspectus secun-
dus et quartus. *Amstel.*, 1694, 1701, 2 vol. pet. in-12, veau et mar.
n., n. rog.   6 50

6287. **BENVENUTO CELLINI**, orfévre et sculpteur florentin. Mémoires
écrits par lui-même, trad. par Léclanché. *Paris, J. Labitté*, in-12,
d.-rel. mar. rouge, tête dor., n. rog. *Epuisé et rare.*   12 »

6288. **BERTIN** (Louise). Glanes. *Paris, René*, 1842, in-8, br.   2 50

6289. **BICHAT.** Recherches physiologiques sur la vie et la mort. *Paris,
Fortin*, 1845, in-12, d.-rel. veau ant. *Fig. d'ap. David d'Angers.*   3 »

6290. **BOILEAU.** Epistres nouvelles. Du sieur D... *A Paris, chez Denys
Thierry, rüe Saint-Jacques, devant les Mathurins, à la ville de Paris,
1698. Avec privilége du Roy*, in-4 de 15 feuillets, dérelié, grandes
marges.   7 »
    Edition originale, comprenant les Epistres X, XI et XII.

6291. **BOREL.** Lettres écrites d'Italie à quelques amis. *Paris, Dondey-
Dupré*, 1825, in-8, d.-rel. mar. vert, tête dor., n. rog.   2 »

6292. **BOSSUET** (J.-B.). Histoire des variations des Églises protestantes.
*Suivant la copie (Hollande, à la Sphère) A. Paris, chez la veuve de Sé-
bastien Mabre-Cramoisy*, 2 vol. in-12, v. gr. *Rare.*   15 »
    Première édition in-12, de la même date que l'édit. originale en 2 vol. in-4.

6293. **BOUCHER DE PERTHES.** Chants Armoricains ou Souvenirs de
Basse-Bretagne, avec notes. *Paris, Treuttel et Wurtz*, 1831, in-18, br.
Jolie impression sortie des presses de Pinard.   3 »

6294. (BOURDALOUE). Sermons pour tous les jours de Carême. *Bruxelles, Foppens,* 1693, 3 vol. in-12, v.   3 »

6295. BOURSAULT. Théâtre. *Paris, Comp. des libraires,* 1746, 3 vol. in-12, v. marb. *Ex. de Mme de Montaignac avec signat. s. les titres.*   4 »

6296. BRETAGNE. Les Coustumes des pays et duché de Bretaigne. — Les Nobles coustumes ou Guidon des marchands, qui mettent à la mer. — Traicté de la nature des marches séparantes les provinces de Poitou, Bretaigne et Anjou, par G. Hullin. *Rennes, J. Vatar,* 1651, 3 part. en 1 vol. pet. in-32, v. fau. *Rare.*   8 50

6297. BRIENNE. Mémoires inédits de Louis-Henri de Loménie, comte de Brienne, secrétaire d'Etat sous Louis XIV, publ. par F. Barrière. *Paris, Ponthieu,* 1828, 2 vol. in-8, br.   5 »

6298. BUCKLE (Th.). Histoire de la Civilisation en Angleterre, trad. par Baillot. *Paris, Lacroix,* 1865, 5 vol. in-8, d.-rel. neuve percal. verte.   7 »

6299. BUJAULT (J.), laboureur à Chalouc. Œuvres d'agriculture. *Paris,* 1845, in-8, d.-rel. perc. viol. *Portr. et fig.*   4 »

6300. BUTLER. Horæ Biblicæ ou Recherches littéraires sur la Bible, trad. de l'anglais (par Boulard). *Paris,* 1810, in-8, d.-rel.   2 »

6301. CAILLOT. Nouveau dictionnaire proverbial, satirique et burlesque, à l'usage de tout le monde. *Paris, Dauvin.* 1826, in-18 de 538 pages, br.   2 50

6302. CARACCIOLUS de Litio (Robertus). Quadragesimale Roberti de peccatis. A la fin : *Impressum per venerabilem virum Ludovicum de Venetia, anno* 1488, in-8, caract. gothiques sur 2 col., veau fau. (Ex. bien conservé).   20 »
Sermonaire très-rare.

6303. CATS (J.). L'Art du Mariage, poëme latin, avec le comment. de Lidius, trad. en français avec le texte en regard. *Paris, Barrois,* 1830, pet. in-12, d.-rel. mar. du Lev. citron, tr. peigne (*Amand*).   4 50

6304. CHANSONS. Morceaux extraits d'opéras et de vaudevilles du

xviii° siècle (paroles et musique), 63 pièces en 1 vol. in-8,
cart.   5 »

6305. **CHANTILLY.** Le Voyageur curieux et sentimental, contèn. le
voyage de Chantilly et d'Ermenonville, par Damin. *Toulouse*,
an VIII, in-8, d.-rel.   2 50

6306. **CHARENTE** Inf. Documents historiques inédits s. le départ. de
la Charente-Inférieure (Aunis et Saintonge), publ. par L. de Riche-
mond, archiviste. *Larochelle*, 1874, in-8, br. *fig. dans le texte.*   3 50
   45 documents du xiii° au xvii° s.

6307. **CHENNEVIÈRES-POINTEL** (Ph. de). Recherches sur la vie et
les ouvrages de quelques peintres provinciaux de l'ancienne France.
Paris, Dumoulin, 1847-1850, 2 vol. in-8, br. 2 *eaux-fortes* (Envoi
d'auteur).   »
   Epuisé et peu commun.

6308. **CLAUDE** (J.). Sermon sur les paroles de Jésus-Christ à Saint-
Pierre, prononcé le 20 déc. 1682. — Sermon sur la section LIII. Du
Catéchisme contre la présence charnelle, prononcé le 25 juin 1684.
Rotterdam , Leers (à la Sphère), 1684, 2 part. en 1 vol. pet.
in-8, v.   2 »

6309. **COCHIN** fils et Bellicard. Observations sur les antiquités de la
ville d'Herculanum avec qq. réflexions sur la peinture et la sculpture des anciens, etc. *Paris*, 1754, in-12, br.   3 »
   Avec 40 pl. gr. à l'eau-forte par Bellicard.

6310. **COCHIN** (Ch.-Nicol.). Projet d'une salle de spectacle pour un
théâtre de comédie. *Paris, Jombert*, 1765, in-12, br. 6 *jolies planches
gravées par Maroye.*   4 »

6311. **COQUEREL** fils (Ath.). Rembrandt et l'individualisme dans
l'art. *Paris, Cherbuliez*, 1869, in-12, br.   2 »

6312. **CORAN** (Le), traduit de l'arabe, accomp. de notes, préc. de la
vie de Mahomet, par Savary. *Paris, Dufour*, 1821, 2 vol. in-8, d.-rel.,
v. fau.   6 »

6313. **COUREUR DE NUICT** (Le) ou l'Aventurier nocturne (trad. de
l'espagnol de Quevedo Villegas, par La Geneste). *Paris, Aluzert*,
1636, in-8, reliure pleine maroq. bleu, tr. dor. *Bel exemplaire.*
Rare.   15 »
   Roman dans lequel les mœurs nationales de l'Espagne sont peintes d'une
   manière divertissante.

6314. **CREUZÉ DE LESSER.** Les romances du Cid. Odéide, imitée de l'espagnol, 3e édit. augm. d'Héloïse et des Prisons de 1794, poëmes du même genre, Paris, 1836, in-8, d.-rel. v. vert. *Bel. exempl.* 2 50

6315. **CUPPER.** Philosophie proverbiale. La philosophie en proverbes, trad. par G. Métivier. *Londres, Hatchard*, 1851, in-12, cart., non rogné.   4 »
> Jolie édition, imprimée à Londres.

6316. **DAZINCOURT** (Mémoires de). Comédien-sociétaire du théâtre français, par H. A. K. S. *Paris*, 1810, in-8, d.-rel. *Beau portrait gravé par Delaunay.*   2 50

6317. **DELAFONT** (Maxime). Les Olympiennes, poésies. *Paris, Dentu*, 1865, in-8, br.   1 »

6318. **DELANNOY** (Alph.). Psaumes du roi David cont. dans le paroissien et cantiques divers, trad. en vers français. *Paris, Didot*, 1866, gr. in-8, br.   2 »

6319. **DELAVIGNE** (Casimir). Les Enfants d'Edouard, trag. en trois actes et en vers. *Paris, Ladvocat*, 1833, in-8, d.-rel. mar. noir.   2 »

6320. **DELAVIGNE** (C.). Messéniennes et poésies diverses. *Paris, Ladvocat*, 1824, 2 tomes en 1 vol. in-18. d.-rel., mar. viol., non rogné. *Fig. de Devéria et vignettes s. bois dans le texte.*   3 50
> Bel ex. non piqué.

6321. **DESAIX** (le général). Étude historique par Martha-Beker, comte de Mons. *Paris, Didier*, 1852, in-8, d.-rel. chag. n. *Portrait.*   3 50

6322. **DOUBLE.** Rapport sur le choléra-morbus. *Paris, imp. Roy*, 1831, in-8, reliure pleine, veau ant., fil., tr. dor. (*Bauzonnet*).   4 »
> Portrait et autographe de l'auteur ajoutés.

6323. **DUMAS** fils (A.). Les Idées de Mme Aubray, comédie en 4 act. *Paris. Lévy*, 1867, in-8, d.-rel. mar. bl. tête dorée, n. rog.   3 »

6324. **DUNANT** (H.). Un Souvenir de Solférino. *Genève, Fick*, 1862, gr. in-8 de 115 pages, br. *avec un beau plan colorié* (non mis dans le commerce.   5 »

6325. **DUPREZ.** Sa vie artistique avec une biographie de Choron, par Elwart. *Paris, Magen*, 1838, in-18, br.   1 »

6326. **DU TILLIOT.** Mémoires pour servir à l'histoire de la fête des Foux. *Lausanne et Genéve*, 1751, pet. in-8, veau marb., fil. *12 figures dont quelques-unes signées N. B. de Poilly.* 10 »

Bel exemplaire.

6327. **ESMÉNARD.** La Navigation, poë. e. *Paris*, 1806, in-8, d.-rel. chag. Lavall. 2 *frontispices par Mirys et Monsiau, gravés par Couché et Thomas.* 6 50

Bel ex. de ce livre qui rentre dans la collection des vignettistes du xviii° s.

6328. **ESSAI** du nouveau conte de ma mère Loye, ou les Enluminures du jeu de la Constitution (en vers), (Par l'abbé Debonnaire, né à Ramerup-sur-Aube.) *S. l.* (1722), in-8, v. gr. *Rare.* 4 »

6329. **FROMAGET.** Le Cousin de Mahomet. *A Constantinople (Cazin).* 1781, 2 tomes en 1 vol. pet. in-18, dos et coins maroq. n. *Six vignettes.* 15 »

Bel exemplaire, non rogné.

6330. **FERRAND.** Eloge historique de Madame Elisabeth de France. *Paris, Desenne,* 1814, in-8, d.-rel. de 350 pages. 2 »

6331. **FEUILLET** (O.). Julie, drame en 3 actes, en prose. *Paris, Lévy,* 1869, in-8, br. (4 fr.). 2 50

6332. **FOUDRAS** (le marquis de). Echos de l'Ame, poésies. *Paris,* 1840, in-8, d.-rel. mar. noir. 2 »

6333. **FOURNIER-VERNEUIL.** Curiosité et indiscrétion. *Paris,* 1824, in-8, cart., n. rog. 3 »

6334. **FRANCE PACIFIÉE** (la), poëme en XXV chants, accomp. de notes histor. par N.-J.-B. Montalan, *Paris,* 1823, 2 vol. in-8, rel. pleine en veau ant. fil. *Bel exemplaire.* 4 »

6335. **GAVARNI.** Masques et visages. *Paris, Paulin,* 1857, in-12, br. *Nombr. vignettes.* 4 »

6336. **GODART D'ANCOURT.** Mémoires turcs, par un auteur turc de toutes les Académies mahométanes. *Amsterdam (Paris), par la Société,* 1776, 2 tomes en 1 vol. in-12, bas. marb. 1 *Frontispice et 4 jolies figures par Jollain, gravés par Henriquez.* 15 »

L'épitre dédicatoire est adressée à Mlle Duthé.
Bel ex. de cet ouvrage peu commun.

6337. **GONDINET.** Christiane comédie en 4 actes, en prose. *Paris, Lévy,* 1872, in-8, br. (4 fr.). 2 50

6338. **GRELOT** (Le) ou les etc., etc. Ouvrage dédié à moi (par Barel). *Ici (Paris) à présent* (1754), 2 part. en 1 vol. in-12, v. marb. 5 »

6339. **GRIGRI,** histoire véritable, traduite du Japonnois en portugais, par Didaque Hadeczuca (de Cahuzac). *A Nangazaki, l'an du monde* 59749 (1739), 2 parties en 1 vol. in-12. *Rare.* 8 »

6340. **HOMMES VOLANS** (les), ou les Aventures de Pierre Wilkins, trad. de l'anglois (par de Puisieux). *Londres et Paris,* 1763, 3 vol. in-12, v. *ornés de 6 curieuses gravures.* 5 »

6341. **HORACE.** Q. Horatii Flacci poemata Scholiis sive Annot. instar comment. illust., à J. Bond. Edit. nova. *Amsterd. Dan. Elsevier,* 1676, pet. in-12, de 234 p., y compris le titre gravé, plus 2 ff. pour la vie d'Horace et les *Testimonia,* maroq. vert, anc. reliure en trèsbon état, malheureusement très-court de marges. 9 »

6342. **HORACE.** Q. Horatius Flaccus accedunt nunc Dan Heinsii..... *Lugd. Batav. Ex officina Elzeviriana,* 1629, in-16 de 16 ff. liminaires et 239 pag. 2 titres dont 1 gravé, le 2° porte la date de 1628, rel. veau fauve, fil. tr. dor. 12 »

6343. **HUGO** (V.). Cromwel, drame. *Paris, Dupont,* 1828, in-8 de 64 et 476 pages, d. rel. *Fig. de T. Johannot et autres.* 7 »
Edit. orig., avec envoi d'auteur autogr.

6344. **HYMEN** (L') et la Naissance, poésies en l'honneur de leurs majestés impériales et royales. *Paris, Didot,* 1812, in-8, bas. de 388 pag. 2 50
Par Aignan, Arnault, Bahour-Lormian, Brifaut, Campenon, Esménard, Creuzé-de-Lesser, Etienne, Millevoye, Tissot, Delavigne, Soumet, etc.

6345. **IMPRIMERIE.** Etablissements de l'imprimerie dans le Vivarais, par H. Vaschalde. *Vienne,* 1877, in-8 *illustré de marques typographiques.* 3 »

6346. **JEU.** L'Art de bien jouer à la Roulette, par J. B. Chamois, *Paris,* 1818. *Fig.* — Trente-et-Quarante dévoilé, par Jouet de Lanciduais. *Paris,* 1859. Ens. 2 vol. in-8, cart. n. rog. 3 50

6347. **LA BODERIE** (Guy Le Fèvre de). Confusion de la secte de

Muhamed. Livre premièrement composé en langue espagnole, par
Jehan André, jadis More et Alfaqui, natif de la cité de Sciativia,
et depuis faict chrestien et prestre : et tourné d'Italien en François,
par Guy Lefèvre de la Boderie. *A Paris, chez Martin, le jeune,* 1574,
pet. in-8 de 8 ff. prélim. dont 2 blancs et 99 ff. chiffrés. 15 »

> Bel exemplaire de ce livre très-rare.

6348. LA CROIX (De). L'Art de la poésie françoise et latine avec une
idée de la musique sous une nouvelle méthode. *Lyon,* 1694, in-12,
mar. rou. *Front. et musique gravés* (armoiries de la ville de Villefranche sur les plats). 3 »

6349. LAFITAU, évêque de Sisteron. Sermons. Carême. *Lyon,* 1747,
4 vol. in-12, v. gr. *Armoiries sur les plats.* 3 »

6350. LAMARTINE (A. de). Histoire des Girondins. *Paris, Furne,* 1847,
8 vol. in-8, d.-rel. percal. verte. 16 »

6351. LAMARTINE. Le Dernier chant du 'pèlerinage d'Harold. *Paris,
Dondey-Dupré,* 1825, in-8, d.-rel., v. 2e *édition.* (La 1re édition est de
la même date). 3 50

6352. LANCELOT ET DE SACY). Jardin des racines grecques, mises
en vers françois. *Paris, Ve Thiboust,* 1682, in-12, d.-rel., dos et coins
v. fau., *titre gravé.* 5 »

> Ex. de la Biblioth. O'Reilly, du Hàvre, relié par Marlière.

6353. LARENAUDIÈRE (G. de). Les Cantilènes. *Paris, Dauvin et Fontaine,*
1842, in-12, br. *Envoi d'auteur. (Première édition).* 1 50

6354. LECONTE DE LISLE. Poëmes barbares. *Paris, Lemerre,* 1872,
in-8, br. *Édition définitive.* 3 50

6355. LESPINASSE. (Nouvelles lettres de Mlle de) et opuscules inédits
du même auteur. *Paris, Maradan,* 1820, in-8, d.-rel. 2 50

6356. LONDON. A Pilgrimage. By Gustave Doré and Blanchard Jerrold.
London, Grant, 1872, in-fol. cart. d'éditeur, en toile bruno. 40 »

> Belle publication ornée de magnifiques gravures sur bois, d'après les dessins
> de Gustave Doré.

6357. LOUVOIS. (Testament politique du marquis de), premier ministre de Louis XIV. *Cologne,* 1695, in-12, v. br. *Front. gravé.* 2 50

> L'auteur est Sandraz de Courtilz, qui fut détenu 9 ans à la Bastille.

6358. **LYTTLETON.** Preuve indépendanté de toute autre, de la vérité de la religion chrétienne, ou Consid. sur la conversion de saint Paul, trad. de l'angl. par Jean Des Champs, ministre. *Lausanne,* 1758, in-12, v. fau., fil.　　　　　　　　　　　　　　1 50

6359. **MAISON DES TYREL** (Histoire généalogique et héraldique de la). Sires, puis princes de Poix et des familles de Moyencourt et de Poix, depuis l'an 1030 jusqu'en 1869, avec tableaux généalogiques et preuves; par Cuvillier-Morel-d'Acy, archiviste paléographe. *Paris,* mai 1869, fort vol. gr. in-8 sur papier fort, broché, *orné d'un grand nombre d'écussons.*　　　　　　　　16 »

> Cet ouvrage, qui intéresse spécialement les provinces de *Picardie,* de *Berry,* de *Poitou* et de *Touraine,* n'a été tiré qu'à 50 EXEMPLAIRES et non mis dans le commerce.

6360. **MALADIE SINGULIÈRE.** Relation d'une maladie singulière arrivée à M. Blanchet, curé de Cours, près La Réole en Guyenne pour avoir gardé une continence trop parfaite écrite par lui-même, introduction par un bibliophile. *Sauveterre,* 1877, pet. in-8, br. 1 50

6361. **MARCHANGY.** La Gaule poétique, 5e *édition. Paris,* 1834, 8 vol. in-8, d.-rel. neuve percaline verte. *Portrait et figures.*　　10 »

6362. **MARIÉE,** Feudiste. Traité des Archives, dans lequel on enseigne le moyen de faire revivre les anciennes écritures. *Paris,* 1779, in-8, d.-rel. v. viol., n. rog., *rare.*　　　　　　　　　　4 »

6363. **MARTIN** (Nicolas). *Poésies. Paris, Renouard,* 1847, in-12, br., 1re *édit.*　　　　　　　　　　　　　　　　2 »

6364. **MOJON.** De l'utilité de la Douleur, trad. de l'ital. par de Trétaigne. *Paris, Dentu,* 1843, in-12, br. *Portrait de Sénèque tiré sur Chine.*　　　　　　　　　　　　　　　　2 »

6365. **MONTAIGNE.** Les Essais de Michel de Montaigne, nouvelle édition, enrichie et augmentée aux marges du nom des autheurs qui y sont citez, avec les versions des passages grecs, latins et italiens. *A Paris, chez L. Rondet, Ch. Journel, et Rob. Chevillon,* 1669, 3 vol. pet. in-12, maroq. rouge, à larges dentelles, tr. dor., 3 *frontispices gravés en taille-douce, avec le portrait de Montaigne.*　　50 »

> Bel exemplaire de cette bonne et jolie édition, reliure de la fin du xviiie s.

6366. **MONTAIGNE** (Recherches sur). Documents inédits recueillis et publiés par le D' Payen, n. 4. *Paris, Techener*, 1856, in-8 de 94 pages, papier vergé, d.-rel. chag. vert, tête dorée, n. rog. *9 figures et fac-similés.* 6 50

Tiré à très-petit nombre et rare.

6367. MOULINET (Nic. de). La vraye histoire comique de Francion. *Leyde*, 1721, 2 vol. in-12, v. fau., rel. du temps (*bon ex.*). 10 »

Roman attribué à Ch. Sorel.

Edition recherchée pour les dix jolies vignettes et les 2 frontispices dont elle est ornée.

6368. MUSSET (P. de). Christine, roi de Suède, comédie en prose, en 3 actes. *Paris, Lévy*, 1857, grand in-18, d.-rel. maroquin bl., tête dorée. 2 25

6369. (NAPOLÉON). Mémoires pour servir à l'histoire de France en 1815, in-8, d.-rel. de 336 pages *avec le plan de la bataille de Mont-Saint-Jean.* 2 50

6370. NAPOLÉON III. OEuvres. *Paris, Amyot*, 1854-56, 4 vol. — Napoléon IV, par le comte de Ludre. *Nancy*, 1869, ens. 5 vol. gr. in-8, d.-rel. neuve percal. verte. 10 »

6371. NICOLE (OEuvres du Président). Cont. diverses pièces choisies trad. en vers françois. *Paris, De Sercy*, 1693, 2 vol. in-12, v. gr. *Figures de Chauveau.* 3 »

6372. NOEL. Les Livres classiques de l'Empire de la Chine, recueillis par le père Noël. *Paris, De Bure*, 1784, 7 vol. in-18, brochés, sur papier vergé. 8 50

6373. OVIDE. L'Art d'aimer : avec les Remèdes d'amour. Nouvellement traduits en vers burlesques. *Paris, Loyson*, 1662, in-12, v. (1re édition) 5 »

6374. **PALAIS, CHATEAUX, HOTELS** et Maisons de France du XVe au XVIIIe siècle, par Claude SAUVAGEOT. *Paris, Morel*, 1867, 4 vol. pet. in-f°, d.-rel. mar. chag. rou., n. rog., tête dor, *environ 300 planches gravées.* (Publié à 300 fr.) 175 »

Bel exemplaire monté sur onglets.

6375. PANGE (F. de). Lettre à M. de La Harpe sur le Comité de recherches, 1790. — Projet d'instruction pour assurer la paix parmi les hommes (par le comte de Caraman). *Metz*, 1791, ens. 2 br. in-8. 3 »

6376. **PEINTURE.** Essai sur la peinture, la sculpture et l'architecture (par Petit de Bachaumont) S. l. (*Paris*), 1751, in-8, veau marb. *Frontispice allégorique gravé par Pasquier.*   2 50
> Ex. avec l'ex-libris de Lassus, architecte.

6377. **PETRISSÉE** (La), ou Voyage de Sire Pierre en Dunois (par Rambouillet, Chartres, Bonneval, Châteaudun et Courtalin, pays où naquit l'auteur) ; badinage en vers (par de Bullionde). *La Haye*, 1763, in-12, v. n., fil. *Curieux front. allégorique, gravé.*   6 »
> Tiré à petit nombre pour les amis de l'auteur.

6378. **PHÆDRI.** Fabularum Æsopicarum libri quinque. *Parisiis*, P. Didot, 1798, in-18, papier vélin, cart., n. rog.   2 »
> Jolie édit. imprimée s. pap. vélin.

6379. **PHILIDOR.** Analyse du jeu des échecs. *Paris*, 1803, in-18, br. Portrait et nombr. planches en couleur.   4 »
> Jolie édit. de ce traité célèbre.

6380. **PICHOT** (Léon). Maximes et poésies. *Paris et Chateauroux*, 1851, in-8, br. avec le post-scriptum.   2 50

6381. **PONSARD.** Galilée, drame en vers, en 3 actes. *Paris, Lévy*, 1867, in-8, br. (4 fr.).   2 50

6382. **PORCHAT** (J.-J.). Glanures d'Ésope, recueil de fables. *Paris, Bélin-Mandar*, 1840, in-8, cart.   2 50

6383. **PORÉE** (l'abbé). Description du vitrail de Saint-Léger, évêque d'Autun, à N.-D. d'Andely. *Tours*, 1877, br. in-8.   1 »

6384. **RECUEIL DE SERMONS** sur les Evangiles du carême, et sur plusieurs autres sujets (par le P. de La Rue). *Suiv. la copie de Bruxelles*, 1706, 2 vol. in-12. v.   2 50

6385. **REYNAUD** (L.). Traité d'Architecture. *Paris, Dunod*, 1860-63, 2 vol. in-4 de texte br. et 2 vol. in-fol. de 172 *planches dans des portef.*   38 »
> Deuxième édition.

6386. **SAINT AUGUSTIN.** Les Soliloques, les Méditations et le Manuel de Saint Augustin. Trad. nouvelle sur l'édition latine des PP. BB. de la Congr. de Saint-Maur, avec des notes. *Paris, Desaint*, 1752, in-12, maroq. vert, Jans., tr. dor. (*bonne reliure ancienne*).   5 50

6387. **SAINT FRANÇOIS DE SALES.** L'Introduction à la vie: dévote.
« *Paris, S. Bénard,* 1696, in-12, veau gran. (*Bel exemplaire*).   6 »

·6388. **SAINT VICTOR** (J. B. de). Le Voyage du poëte, poëme suivi de
notes. *Paris, imp. de Didot l'aîné, Collin,* 1806; in-18, cart.   1 50

6389. **SANCTUM** Domini nostri Jesu-Christi Hebraicum Evangelium
secundum Matthæum. *Parisiis, apud Martinum juvenem,* 1551, in-16,
v. rac. *Rare.* (Texte hébreu).   2 50

6390. **SANTO-DOMINGO.** Apologucs politiques et poésies diverses.
Bruxelles, 1827, in-18, d.-rel., maroq. rou., tête dor., non rog.
Vignette.·   3 50

6391. **SATYRE** menippée de la vertu du catholicon d'Espagne et de la
tenue des Estats de Paris (par le P. Le Roy, Gillot, Passerat, Rapin,
Florent-Chrétien et P. Pithou). *A Ratisbonne, chez Math. Kerner,* 1677
(à la Sphère), pet. in-12, v. 3 *figures.*   8 »

> Cette édit., qui s'annexe à la collection des Elsévier, est plus correcte que
> que celle de 1664.
> Reliure fatiguée et mouillures.

6392. **SATYRE** menippée de la vertu du catholicon d'Espaigne et de
la tenue des Estats de Paris. Dernière édition, augmentée outre, les
précédentes impressions, tant de l'interprétation du mot *Higuiero
d'inferno,* qui en est l'autheur, que du supplément ou suite du catholicon. — Avec les pourtraits des deux charlatans et du seigneur
Agnoste. — Plus le regret sur la mort de l'asne Ligueur d'une
damoyselle qui mourut devant le siége de Paris. *S. l.* M.D.XCIX,
pet. in-12, parch. (reliure du temps).   20 »

> EDITION TRÈS-RARE, composée de 12 feuill. prélim.; 120 feuill. dont 1 blanc,
> et 90 feuill. dont 2 blancs pour le supplément.

6393. **SCHMIDT.** Histoire et doctrine de la secte des Cathares ou
Albigeois. *Paris, Cherbuliez,* 1849, 2 tomes en 1 vol. in-8, d.-rel. v.
fau.   4 »

6394. **SHEPPARD** (M. N.). Enfermé dans Paris. Journal du siége, du
2 septembre 1870 au 28 janvier 1871, trad. de l'anglais par M. C. B.
Dijon, 1877, in-18 de 412 pages.   3 50

6395. **SOUVENIR DES MÉNESTRELS** (Le). Cont. une collection de
Romances inédites, dédié à M. Marsollier des Vivetières. *Paris,* 1817,

/ pet. in-18, rel. pleine en maroq. rou., dent., tr. dor., 9 *jolies vignettes* dess. par *Garnerey, Chasselat, Hor. Vernet, etc., et les airs notés.* 7 »

6396. SOUVESTRE (E.). Blanche Milesi-Moson. Notice biographique. *Angers, 1854, in-18, br.* 2 »

6397. STRASBOURG (Cathédrale de). Réparation générale des dégats causés par le bombardement (1870), rapports de M. Klotz, architecte. *Strasbourg, 1871-1872, 2 broch. in-8 avec 5 photographies et 4 planches de bois.* 3 »

6398. TABLETTES, anecdotes et historiques des rois de France jusqu'à Louis XV, (par Dréux du Radier). *Paris, 1759, 3 volumes petit in-12,* bas. 3 »

6399. TIMON. Entretiens de village. *Paris, Pagnerre, 1846.* — Le Livre des villageois (par de Félice, pasteur de l'Église réformée). *Paris, Delay, 1842, en 1 vol. in-32, d.-rel.* 2 »

6400. TOULOUSAINES (Les) ou Lettres historiques et apologétiques en faveur de la religion réformée et de divers protestans condamnés dans ces derniers temps par le parlement de Toulouse, ou dans le Haut Languedoc (par Court). *A Edimbourg (France), 1763, in-12, d.-rel. v. ant., n. rog. Rare.* 6 50

6401. TRAITTÉ D'ÉDUCATION (Nouveau). Cont. le devoir des parens et le devoir des enfans, enrichi des fables des divers autheurs qu ont rapport aux vertus et aux vices dont on traitte. *Amsterdam, Est. Roger, 1716, 2 vol. in-12, v. gr. Orné dans le texte de 124 jolies vignettes, à mi-pages, en taille-douce, par G. Quineau.* 8 50

6402. TRENEUIL (J.). Poëmes élégiaques. *Paris, F. Didot, 1824, in-8, d.-rel. chag. Lavall., tête d., non rogné. Portrait.* : 3 50
Cont. les Tombeaux de Saint-Denis, l'Orpheline du Temple, la Captivité de Pie VI, le Martyre de Louis XVI, etc., etc., avec notes historiques.

6403. TRUDON, directeur du collége de Provins. Le Nouvel écolier vertueux, ou Éloge de Fr.-Al. Dalbanne, élève du même collége. *Provins, imprimerie de Lebeau, 1809, in-12, bas. gr. sur papier de Hollande.* 2 50

6404. VIGORII (Apologia Simonis) in magno consilio regis, consiliarii de suprema Ecclesiæ autoritate, adversus M. Andræam Duval, doctorem et professorem theologiæ. *Augustæ Tricass., apud Petrum Che-*

villot, typogr. *Regium*, 1615, in-8 de 8 ff. prélim. dont un blanc,
274 pag. et 1 f. pour l'errata.

Ce vol., d'une conservation parfaite, est dans sa première reliure en vélin à
filets d'or, tr. dor.
Exemplaire de P. Scarron, dont il porte la signature sur le titre, avec cette
mention : *Pauli Scarronis ex dono autoris* (autographe). Il a fait partie
ensuite de la bibliothèque des PP. Récollets de Paris.
Ce qui le rend encore plus précieux, c'est le lieu où il a été imprimé :
Augustæ Tricassinorum (*Saint-Paul-Trois-Châteaux*, petit bourg du départ.
de la Drôme, où Pierre Chevillot exerçait l'imprimerie dès 1615, et dont il fut
probablement le premier imprimeur.

6405. VILLOT. Notice des tableaux exposés dans les galeries du musée
du Louvre. *Paris*, 1853, in-8 papier de Hollande   4 »

Ecoles d'Italie et d'Espagne.

6406. VOYAIGE D'OULTREMER en Jhérusalem, par le seigneur de
Caumont, l'an 1418, publié pour la première fois d'ap. le manuscrit
du Musée Britannique, par le marquis de La Grange, membre de
l'Institut. *Paris, A. Aubry,* 1858, in-8, d. rel, dos et coins de maroq.
viol. 1 *fac-simile du ms.*   6 50

Envoi d'auteur autogr., signé,

6407. VUES de différentes habitations de J. J. Rousseau. *Paris,* 1819,
petit in-4, cartonné. *Portrait, 12 vues et 1 fac-simile lithographiés, avec
texte.*   6 »

6408. WINSLOW, Dissertation sur l'incertitude des signes de la Mort et
l'abus des enterremens précipités, trad. et commentée par J. Bruhier.
Paris, 1742, 2 vol. in-12, v. gr., *curieux. (Bel exempl.)*   3 »

CHOIX DE CHANSONNIERS

6409. CHANSONNIER de Société, ou choix de rondes. *Paris,* 1812,
in-18, br. *Vignette* (300 pages.)   2 50
Complément à tous les savans de société.

6410. CHANSONNIER (le) des amis du Roi et des Bourbons. *Paris,*
1815, 2 vol. in-18, br.   2 »

6410 *bis.* —— Le même. 1re partie. in-18, br.   1 »

6411. **CHANSONNIER DES GRACES** (le) pour 1821. *Paris*, 1821, in-18, br. *Vignettes et airs notés.*　　1 50

6412. **CHANSONNIER DES JOYEUX**, rédigé par Armand-Séville. 1re année. *Paris*, 1814, in-18, br. *Figure.*　　2 50

6413. **CHANSONS** par trois royalistes non fanatiques. *Paris, Sétier*, 1823, in-18. br.　　2 »

6414. **CHANSONS ET SALUTS D'AMOUR** de Guillaume de Ferrières, dit le *vidame de Chartres*, poëte du xiiie siècle. La plupart inédits et réunis pour la première fois avec des variantes de tous les manuscrits, précédés d'une notice sur l'auteur, par L. Lacour. *Paris, Aubry*, 1856, pet. in-8, papier vergé.　　3 50

6415. **CHANSONS PATRIOTIQUES** et autres. 10 pièces in-8.　　1 25

    La Marseillaise, le Réveil des Patriotes, Hymne pour la Fête de la Raison, Le Voyage de la Liberté, la Lorraine, etc.

6416. **CHANTS HISTORIQUES** et populaires du temps de Charles VII et Louis XI, publiées *pour la première fois* d'après le manuscrit original, avec des notices et une introduction par M. Leroux de Lincy. *Paris, Aubry*, 1857. pet. in-8, br., papier vergé.　　»

6417. **DÉSAUGIERS.** Cadet Buteux Législateur, ou la constitution en vaudevilles. *Paris*, 1815, broch. in-8, br.　　1 »

6418. **DIX-SEPT BELLES CHANSONS** anciennes. Petit in-8 imprimé en gothique sur pap. vergé. (1re *partie.*)　　3 50

    Publié par M. A. Percheron, avec préface et notes.

6419. —— 2e *partie.*　　3 50

6420. **ENFANS DU CAVEAU** (les). *Paris.* 1837, in-18, br. *Vignette.* 1 50

6421. **ÉTRENNES DE POLYMNIE**, recueil de chansons, romances, vaudevilles, etc. *Paris*, 1785, in-18, v. marb.　　2 »

    Texte et musique entièrement gravés.

6422. **FESTEAU** (L.). Les Roturières, chansons et poésies inédites. *Paris, Vieillot*, 1859, In-18, br.　　1 25

6423. **FLORE LITTÉRAIRE** (la), ou recueil de bouquets, compliments et madrigaux. *Paris*, 1811, in-18, br. *Vignette.*　　2 50

6424. **FOURNIER** (Ch.). Chansons et poésies diverses par Charles F....

(Fournier). *Paris, impr. Guyot et Scribe,* 1857, in-18, br. *Envoi d'auteur.* 2 »

6424 *bis.* —— LES MÊMES, auxquelles on a ajouté deux pièces, *la Retraite* et LA CANNE, *avec envois d'auteur.* 2 »

6425. LE PREVOST D'IRAY. Poésies fugitives. *Paris,* 1826, in-18, br. 1 50

6426. MALO (Ch.). Etrennes lyriques dédiées à Mme la duchesse d'Angoulême. *Paris, Janet,* 1816, in-18, br. *Portrait.* 1 50

6427. MANGENOT (l'abbé). Poésies. *Maestricht,* 1776, in-8, dem.-rel. v. br. *Musique gravée.* 2 »
Fables, contes, chansons, épigrammes, etc.

6428. MORALE DU VAUDEVILLE, chansonnier à l'usage des enfants et jeunes gens, pub. par Ourry. *Paris,* 1822, in-18, br., *titre gravé.* 2 »

6429. OURRY. Soirées dramatiques de Jérôme le Porteur d'Eau. Les Danaïdes et la Clochette. *Paris,* 1817. — Et nous aussi nous chantons les Vêpres, ou Fanfan Laqueue aux Vêpres Siciliennes. *Paris,* 1820. Ens. 2 broch. in-8. 2 »

6430. RECUEIL de tous les couplets et cantates patriotiques chantées depuis 1789. *Paris,* 1830, broch. in-8. 1 »

6431. ROMANCERO DE CHAMPAGNE, publié avec préface et notes, par P. Tarbé. *Reims,* 1863-64, 5 vol.
Volumes séparés. 1° Tome III. Chants légendaires et historiques (1420-1550). In-8, br. 6 »
2° Tome IV. Chants historiques (1550-1750). 1 vol. in-8, br. 6 »
3° Tome V. Chants historiques (1750-1829). 1 vol. in-8, br. 6 »

6432. RONDES à danser, anciennes et nouvelles. *Paris,* 1820, in-18, br. *Vignette gravée par Nargeot.* (248 pages.) 2 50

6433. ROSES DU VAUDEVILLE, ou le Chansonnier du jour. *Paris,* 1805, in-18, br. 1 *vignette en taille douce.* 2 »

6434. SCOLIES MILITAIRES, chants du Régiment, par Merson. *Paris,* s. d., in-18, br. 2 »

6435. SÉGUR (le comte de). Romances et chansons. *Paris, Eymery,* 1820, in-18, br. *Figures et musique.* 1 50

6436. SIMONNIN. Sacrées et profanes. Chants et chansons d'époques depuis 1793. *Paris,* 1856, gr. in-18 jésus, br. 2 »

BULLETIN
DU
Bouquiniste

PUBLIÉ PAR AUGUSTE AUBRY

Avec la collaboration de Bibliophiles et d'Érudits

Paraissant le 1ᵉʳ et le 15 de chaque mois.

21ᵉ ANNÉE. — 2ᵉ SEMESTRE.

<table>
<tr><td>PARIS
Un an......... 3 fr.</td><td></td><td>PROVINCE
Un an......... 4 fr.</td></tr>
<tr><td>ÉTRANGER
Un an......... 5 fr.</td><td></td><td>UN NUMÉRO
Prix......... 50 c.</td></tr>
</table>

PARIS

CHEZ AUG. AUBRY, ÉDITEUR

LIBRAIRE DE LA SOCIÉTÉ DES BIBLIOPHILES FRANÇOIS

18, Rue Séguier-Saint-André-des-Arts.

Et chez les principaux libraires de la France et de l'Etranger.

1877

Ce Numéro contient :

**Ouvrages sur la Normandie. — Ouvrages sur Paris.
Livres anciens avec armoiries. — Ouvrages divers
anciens et modernes.**

VENTES PROCHAINES.

CATALOGUE de Bons Livres anciens et modernes, de littérature et d'histoire, beaux-arts, nombreux ouvrages illustrés, *Livres à vignettes du* xviiie *siècle, ouvrages de Rétif de la Bretonne*, Bibliographie, Histoire littéraire, etc., la plupart bien reliés, composant la Bibliothèque d'un amateur de province.

VENTE, rue des Bons-Enfants, 28.

Les 19, 20 et 21 novembre, 7 h. du soir.

Me **Bauhigny**, commissaire priseur. Assisté de M. Aug. **Aubry**, libraire-expert.

VENTE, après décès de M. Laferrière, artiste dramatique, *rue Drouot, salle n° 6*, le Lundi 19 novembre, à 2 heures, de son Mobilier, Tableaux, Objets d'art, et **environ 600 volumes** de Littérature et d'Histoire, Théâtre, *nombreux manuscrits* (pièces de théâtre).

Me J. **Bonnin**, commissaire-priseur. MM. **George** et A. **Aubry**, experts.

VENTE, rue Drouot, salle n° 5, après décès de M. B..., le Jeudi 15 novembre, à deux heures, d'Objets d'art, Bronze, Mobilier courant, Meubles anciens, Argenterie, **400 volumes reliés**, *Classiques français, Ouvrages modernes, Musée de Versailles, Romans, Brochures,* etc.

M^e Ch. **Pillet**, commissaire-priseur. MM. Ch. **Manheim** et A. **Aubry**, experts.

SOUS PRESSE :

CATALOGUE de Livres de Botanique, ouvrages divers de littérature et d'histoire, composant la bibliothèque de feu M. Guillaume VIGINEIX, bibliothécaire de la Société botanique et professeur rural de l'École de la ville.

VENTE, rue des Bons-Enfants, 28.

Me **Mulon**, commissaire-priseur. Assisté de M. Aug. **Aubry**, libraire.

NOTICE de Beaux Livres modernes de Jurisprudence, Littérature et Histoire ; *Heures d'Anne de Bretagne, Jehan Foucquet et les Évangiles*, publiés par Curmer (beaux exemplaires richement reliés); Mémoires sur l'Histoire de France, publ. par Petitot et Monmerqué; Classiques français publiés chez Hachette, etc., etc.

VENTE, rue Drouot, le 23 novembre, à deux heures.

Me **Appert**, commissaire-priseur. Assisté de M. Aug. **Aubry**, libraire.

NÉCROLOGIE

—

M. Raymond BORDEAUX

———

Le *Bulletin du Bouquiniste* est dans l'usage de consacrer quelques lignes de souvenir à ceux de ses collaborateurs qu'il a la douleur de perdre. Il ne saurait manquer à ce pieux devoir envers M. Raymond Bordeaux, un de ses amis dévoués, — un ouvrier de la première heure, — dont tous les articles étaient attendus avec impatience et lus avec intérêt.

Trop souvent nous vivons à côté les uns des autres sans autrement nous connaître que par nos œuvres journalières, qu'il nous soit permis d'évoquer ici quelques dates, tous nous n'avons pas l'avantage — comme M. Raymond Bordeaux — de figurer dans le *Dictionnaire des Contemporains*.

Né à Lisieux le 21 novembre 1821, M. Raymond Bordeaux fit son droit à Caen et s'y fit recevoir docteur en 1846. C'est dans cette ville — la seconde capitale de la Normandie — dans ce foyer intellectuel qui présente tant de moyens et de sujets d'études aux jeunes intelligences avides de s'instruire, que M. Raymond Bordeaux, sans négliger ses études de droit, contracta le goût si vif pour les vieux monuments, pour les bons *livres viels et nouveaux*, les anciennes gravures, les vieilles médailles et, en général, pour tout ce qui parlait à sa nature investigatrice et curieuse.

C'était, d'ailleurs, une époque bien préparée pour ce genre d'études : aux agitations de la guerre qui avait bouleversé l'Europe dans les premières années du siècle, avait succédé la paix nécessaire à la culture des arts et des lettres. Les romans de Walter Scott et les œuvres de Chateaubriand, *le Génie du*

Christianisme et *les Martyrs* avaient attiré l'attention vers ce moyen âge si calomnié et si peu connu, et provoqué des études sérieuses de la part d'esprits curieux.

A ce moment apparut l'œuvre puissante, si riche de descriptions archéologiques, de *Notre-Dame de Paris*, de Victor Hugo, en même temps que les écrits de Montalembert, les travaux historiques de Guizot, les comités historiques qu'il fondait auprès du Ministère, la publication des *Annales archéologiques*, avaient une influence décisive sur la direction des esprits et provoquait en province la création de sociétés savantes et de leurs mémoires. La Normandie, dont le sol est si riche en monuments de tous genres, n'avait pas été la dernière à s'associer à ce mouvement intellectuel et national. Elle fut électrisée par la voix chaleureuse, les écrits instructifs, les nobles encouragements des de Gerville, des Auguste Le Prévost, des François Rever, des Emmanuel Gaillard, des Antoine Passy, et surtout par les savantes leçons de M. de Caumont.

Notre jeune étudiant ressentit, comme tant d'autres, l'influence des nouvelles idées qui allaient faire revivre cette vieille France du moyen âge jusqu'alors si méconnue. La lecture assidue des écrits remarquables qui se publiaient alors et surtout les savantes leçons de M. de Caumont dont il suivit assidûment les cours d'archéologie, professés à Caen, achevèrent de le conquérir à la science nouvelle. Fervent disciple de cet illustre maître, il devint son ami, son secrétaire dans les congrès et les excursions archéologiques provoquées par l'éminent professeur dans l'intérêt de la science. M. Raymond Bordeaux eut encore la bonne fortune, outre ses relations avec les antiquaires que la ville de Caen possédait, de se lier d'amitié avec un jeune dessinateur de beaucoup de talent, dont M. de Caumont s'aidait pour ses nombreuses publications, M. Georges Bouet. Par les conseils et les leçons de cet artiste, M. Raymond Bordeaux se rendit habile dans le maniement du crayon et dans la pratique du dessin ; art précieux, sinon indispensable, et toujours d'une incontestable utilité dans les mains d'un archéologue : grâce à son talent, il put recueillir de nombreux dessins d'après nature, éléments pour ses futurs travaux, et même exécuter des eaux-fortes d'un cachet archaïque, qui ne sont pas le moindre mérite de ses publications archéologiques.

Il est temps de parler des ouvrages de M. Raymond Bordeaux; nous n'avons pas à écrire sa biographie complète ni la prétention de donner sur ses travaux une notice détaillée, comme il savait si bien les faire, nous laissons ce soin à une plume plus autorisée. Nous espérons que M. Chassant, qui a déjà donné deux articles dans un journal d'Évreux, les complétera un jour par une notice plus étendue. D'ailleurs l'espace nous manquerait dans le *Bulletin du Bouquiniste*. Nous devons surtout envisager notre collaborateur, jurisconsulte et archéologue, au point de vue bibliographique. Comme jurisconsulte, M. Raymond Bordeaux a donné la *Législation des cours d'eau* (1849), couronnée par la Faculté de droit de Caen; la *Philosophie de la procédure civile* (1857), couronnée par l'Académie des sciences morales et politiques; sa collaboration à la rédaction du *Code sarde* le fit décorer de l'ordre des SS. Maurice et Lazare.

Tout en satisfaisant aux devoirs de sa profession, M. Raymond Bordeaux trouvait le moyen de mener de front les questions de droit et les questions d'archéologie, les tables du *Bulletin du Bouquiniste* et les annuaires de l'*Association de Normandie* et de la *Société française pour la conservation des monuments* l'attestent surabondamment. Pour toutes les productions de sa plume que nous ne saurions mentionner ici, nous renvoyons au manuel du *Bibliographe normand* de Frère. Mais si nous sommes obligé de passer sous silence un grand nombre de plaquettes d'intérêt local, nous ne pouvons omettre un livre des plus curieux et des plus instructifs, la *Serrurerie au moyen âge* (1859) aujourd'hui épuisé, imprimé et édité avec luxe d'après ses dessins, à Oxford par Parker, l'intelligent libraire archéologue; son excellent *Traité de la réparation des églises* (1861) dont nous avons donné l'analyse dans le *Bulletin du Bouquiniste*; l'auteur y a fait preuve de connaissances spéciales dont s'honorerait plus d'un doyen de canton vieilli dans la pratique de l'administration des paroisses, les nom-

breuses figures avaient été dessinées et gravées par l'auteur qui
a dû en donner une seconde édition.

La *Note sur les méreaux inédits du chapitre d'Évreux;* la
Démolition de l'étage supérieur du cloître de la cathédrale;
la *Conservation du cloître de la cathédrale;* les *Armoiries des
corporations d'arts et métiers d'Évreux et des villes et pays
d'alentour;* une lithographie de la *Maison à tourelle de
Sainte-Anne,* dite du bonhomme Évreux, aujourd'hui démo-
lie, sont des témoignages de l'affection de l'auteur pour sa ville
d'adoption; comme sa *Notice sur le logis abbatial de l'évêque
de Castres à Caen;* ses *Études héraldiques sur les anciens monuments de Caen (1845); Lisieux, Bernay, Évreux, statistique routière (1848); Excursion faite dans la vallée d'Orbec*
(1850; 2° édit., 1851); le *Département de l'Eure,* description
pittoresque (1854, 2 vol. in-fol.), dans la *Normandie illustrée;*
sa collaboration à l'*Histoire de la faïence de Rouen,* au *Cartulaire de Louviers,* lui assurent un rang distingué parmi les
archéologues normands. Il fut un des membres fondateurs de la
Société des Bibliophiles normands.

Dans ses excursions — nous l'avons vu en particulier pendant
le congrès de Cherbourg — il embrassait d'un coup d'œil général le monument, mais il savait découvrir ce qu'il renfermait
de particulier ou de curieux, une statue déplacée, une dalle
relevée, une inscription incomplète, là une peinture, ici une
peinture ou une ferrure attiraient son attention, il les rele-
vait et savait en tirer des déductions sur l'âge du monument,
sa construction, ses origines, ses vicissitudes.

Toutes les notes de M. Raymond Bordeaux n'ont pas été
utilisées par lui, tous ses portefeuilles sont loin d'avoir été publiés, il a dû y pourvoir, sans aller chercher bien loin; son pa-
rent, son ami et son élève, M. Ch. Vasseur, saura les mettre en
œuvre.

Le dernier article de M. Raymond Bordeaux, qui a paru
dans le *Bulletin du Bouquiniste* le 1er février 1877, était un
compte rendu d'un article de M. Forgeais sur les *Plombs historiés trouvés dans la Seine.*

Depuis quelque temps, la santé de notre collaborateur était

ébranlée, sans que rien fît présager une catastrophe, qu'un voyage dans le Midi semblait devoir éloigner, mais qui était inévitable; là, il acheva une carrière bien remplie, quoique terminée trop tôt pour la science, son pays, sa famille et ses amis. Ses œuvres préserveront son nom de l'oubli; après ceux qui l'ont connu et apprécié, et nous nous honorons d'être du nombre, ses œuvres seront là pour protéger sa mémoire.

L'abbé V. DUFOUR.

VARIÉTÉS HISTORIQUES ET ARCHÉOLOGIQUES

SUR

LE CHALONNAIS ET LE RÉMOIS

Par Édouard de BARTHÉLEMY

QUATRIÈME SÉRIE (1)

M. de Barthélemy continue avec un zèle louable sa collection de curiosités sur la Champagne. Nous n'avons pas à en faire autrement l'éloge qu'en constatant que les trois premières séries sont complétement épuisées. Ce nouveau volume contient notamment : le Rôle des nobles de l'élection de Châlon en 1779 ; — l'Affaire du prieur de Saint-Remy de Reims à l'occasion du sacre de Louis XV ; — Notes diverses du chanoine La Cour sur la destruction des châteaux du Rémois au xive siècle, sur les capitaines royaux de Reims ; — les écoles rurales du diocèse de Châlon avant 1789 ; — Règlement de la maison de Mgr de Vialard, évêque de Châlon ; — Procès verbal de l'incendie de la flèche de la cathédrale de Châlon en 1680 ; — le Festin du sacre de Philippe-de-Valois, etc.   A.

---

(1) In-8. *Paris, Aubry*, 1877. — Prix : 1 fr. 50 c.

LIVRES

En vente aux prix marqués

A la Librairie d'Auguste AUBRY

CHOIX DE BROCHURES SUR LA NORMANDIE

6437. **BERNAY.** Réponse à M. Raoul-Rochette, par M. Carnot, pour examiner la conduite de M. R. Rochette dans l'acquisition des vases de Bernay. 1850, br. in-8 de 40 pages. 1 «

6438. *COQUATRIX (E.).* Rachel à Rouen. *Rouen,* 1840. *Envoi d'auteur.* — Géricault, prose et vers. *Rouen,* 1846, pap. vergé. Ens. 2 broch. in-8 et in-12. 2 »

6439. **CHÊNE DE SAINT-VIGOR** (Légendes hist. de la quenesse ou de la forêt de Cerisy) (Calvados), par Héricart de Thury. 1839, broch. in-8. 1 »

6440. **CHERBOURG** (Notice sur), par Frissard. *Saint-Germain-en-Laye,* 1853, in-8. 1 »

6441. **DIEPPE.** Du camp de César ou cité de Limes, monument voisin de la ville de Dieppe, par Feret. *Dieppe,* 1825, in-8, 2 *plans.* 1 25

6442. **DIEPPE.** Société archéolog. de l'arrondissement de Dieppe. *Rouen,* 1828. *Plan.* — Souscription pour la recherche des antiquités dans l'arrondissement de Dieppe. *Rouen,* 1826. — Du camp de César, ou cité de Limes, par Feret. *Dieppe,* 1825. *Plans.* Ens. 3 broch. in-8. 2 50

6443. **ÉDOM.** Voyage à Solesme.—Traditions de la Normandie, par Vieillard (de la Biblioth. de l'Arsenal). (1840, in-8. (*Extraits.*) 1 25

6444. **ESBRAN.** (P.-A.). Essais poétiques. *Rouen,* 1826, broch. in-8, *figure lithographiée.* 2 »

6445. **FALLUE (L.).** Mémoire sur les travaux militaires antiques des bords de la Seine. *Caen, Hardel,* 1835, in-8 br., de 150 pages. 2 50

6446. **FALUE** (Léon). De l'armement des Romains et des Celtes à l'époque de la guerre des Gaules. *Havre,* 1866, broch. in-8. 1 »

6447. **FLOQUET (A.).** Essai sur les hymnes de Santeul. *Rouen, Baudry,* 1829, in-8. Sur *le titre, une petite vignette gravée par Brevière.* (Envoi autog. sig. à M. Deville). 1 50

6448. **FRAPPAZ** (l'abbé). Abbaye de l'ordre de Citeaux, dite la Trappe de Briquebec. *Paris,* 1851, broch. in-8. 1 25

6449. **FROEHNER.** Sur une amulette basilidienne inédite du musée Napoléon III. *Caen,* 1867, broch. in-8. 1 »

6450. **GERMAIN** (Henri). Origine du Langage, ou réfutation des erreurs du Philosophisme. *Andelys. Imp. Montou.* 1836. Pet. in-8., br. 2 »

6451. **HAVRE.** Un nouveau chapitre aux Etudes sur les ouvriers employés aux travaux du port du Havre, par Lecadre. 1857. — Rapport sur les affections épidémiques qui ont régné au

Havre et dans ses environs, par le même. 1860. Ens. 2 br. in-8, 1 50

6452. **JOLIMONT** (T. de). Notice historique sur la vie et les œuvres de Jacques Le Lieur, poëte normand du xvie siècle, en son temps conseiller de la ville de Rouen. *Moulins*, 1847, broch. in-8, *avec 4 planches au bistre.* 3 50

6453. **LA FERRIÈRE-PERCY.** Journal de la comtesse de Sanzay. Intérieur d'un château normand au xvie siècle. *Paris*, 1855, in-8, br., 1re édition. Rare. 2 »

6454. **LAIR.** Discours sur l'exposition publique des productions des arts du département du Calvados en 1806. *Caen, Poisson*, br. in-8. (*Imprimé sur pap. paille.*) 1 25

6455. **LAIR** (P.-A). Notices historiques lues à Caen, 1830. — Rapports sur les expositions publiques des produits des arts du départ. du Calvados en l'an XI et 1806. — Discours sur l'Exposition de 1806. — Rapport sur les travaux de la Société d'agriculture de Caen, 1809. Ens. 2 »

6456. **LAIR.** Notice sur M. Le Berriays, collaborateur de Duhamel Dumonceau. *Caen*, 1808, broch. in-8. 1 »

6457. **LAIR** (P.-A.). Notice par M. de Jauville. *Caen*, 1809, br. in-8. 1 »

6458. **LAIR.** Notice histor. sur Moisson-Devaux. *Caen*, 1803, in-12, br. 1 25

6459. **LAMBERT** (Ed.). Notice sur Michel Beziers, historien de Bayeux. *Bayeux*, 1853. — Biblioth. publique de Bayeux, 1856, ens. 2 br. in-8. 1 25

6460. **LANGLOIS** (E. H.). Essai historique et descriptif sur l'abbaye de Saint-Vandrille et sur plusieurs autres monuments des environs, avec un grand nombre de figures et de plans inédits, dessinés et gravés par l'auteur et par Mlle E. Langlois. *Paris, Tastu.* 1827, in-8, br. (*Manque la Pl. XI.*) Rare. 10 »
Envoi autogr. signé E.-H. Langlois à M. Hte Bellangé (peintre), son ami.

6461. **LANGLOIS** (E.-H.). Recueil de quelques vues, de sites et monuments de France, spécial. de Normandie, et des divers costumes des habitants de cette province, dess. d'apr. nature, et gravés à l'eau-forte, avec la notice de chaque planche. *Rouen*, 1817, in-4, de 20 p. de texte et 8 pl. dont 2 color. Rare. 10 »
Première livraison seule publiée. (Voir le Bibliographe normand pour la description des planches.)

6462. **LA QUÉRIÈRE** (E. de). Notice sur diverses antiquités de la ville de Rouen. *Rouen, Baudry.* 1825, in-8. *Figure gravée par E.-H. Langlois.* 2 »

6463. **LA QUÉRIÈRE.** Notice sur les vues de Rouen, dess. et gr. par J. Bacheley. *Rouen*, 1827, br. in-8. 1 50

6464. **LA QUÉRIÈRE** (E. de). Notice sur un ancien manuscrit relatif au Cours des fontaines de la ville de Rouen. *Rouen, Périaux*, 1834, in-8. *Figure dessinée et gravée par André Pottier.* 1 50
Rare.

6465. **LA QUÉRIÈRE.** Petit traité de Prosodie normande. *Rouen*, 1826. in-8. 1 »

6466. **LA RUE** (l'abbé de). Mémoire historique sur le Palinod de Caen, œuvre posthume. *Caen, Hardel*, 1841, in-8. 1 25

6467. **LA RUE** (l'abbé de). Recherches sur les ouvrages des Bardes de la Bretagne armoricaine dans le moyen âge. *Caen*, 1815, in-8. 1 »

6468. **LE BOUCHER.** Notice biographique sur M. Hersan, médecin des hospices de la ville de Caen. *Caen*, 1810, in-8. 1 »

6469. **LEBRETON** (Ch.). Le Château de Saint-Jean-le-Thomas, son histoire et sa légende. *Avranches*, 1864, in-8, br. 2 »

6470. **LE FLAGUAIS.** Le Rétablissement de la statue de Louis XIV, suivi d'une Visite à Versailles, à Caen, ode. *Caen, s. d.*, br. in-8. 1 25

6471. **LE HÉRICHER** (Ed.). Expéditions des Français contre les Îles normandes. *Avranches, s. d.,* b. in-8 de 27 p. (*Envoi d'auteur*). 1 »

6472. **LE HÉRICHER.** Avranchin histor. et descriptif, ou Guide de Granville à Saint-Malo. *Avranches, s. d.,* in-12, br. 1.50

6473. **LE PRÉVOST** (Aug.). Anciennes divisions territoriales de la Normandie. *Caen, Hardel,* 1840, in-4. 3 »

Avec une lettre autogr. de l'auteur au général Pelet.

6474. **LE VAVASSEUR** (Gust.). Notice sur les trois frères Mézeray, avec une généalogie de la famille Éudes. *Argentan,* 1855, in-8, *fig. et tabl. généalogique,* br. 2 »

6475. **L'HUILLIER,** menuisier à Amfreville-la-Campagne. Chevilles du xixe siècle, poésies patriotiques. *Rouen,* 1830. — A nos jeunes soldats partant pour la guerre d'Orient, par Defosse, typographe. *Rouen,* 1854. Ens. 2 br. in-8. 3 »

6476. **MARGRY** (Pierre). Origines transatlantiques. Belain D'Esnambuc et les Normands aux Antilles, d'après des documents nouv. retrouvés. *Paris,* 1863. gr. in-8, br. *Armoiries gravées et Tableau généalog.* (102 p.) 4 »

Envoi d'auteur, autogr. sig.

6477. **MICHEL LASNE,** de Caen, graveur en taille-douce, par Arnauldet et Duplessis. *Caen, Mancel,* 1856, br. in-8, pap. vergé. 2 »

Envoi d'aut. (tiré à 100 ex.).

6478. **MORARD** (Alex. de), de Grenoble. Le Rétablissement de la pyramide de Henri IV, dans la plaine d'Ivry (Eure), par les ordres du premier consul, le 7 brumaire an XI. *Évreux,* de l'impr. *J.-J.-L. Ancelle,* 1810, in-8, d.-rel., dos et coins de maroq. vert, n. rog., t. dor., 1 *Planche gravée.* 5 »

Très-joli ex. de cette pièce rare.

6479. **NORMANDIE.** Catalogue des chartes, documents historiques, titres nobiliaires, etc., composant les archives du Collége héraldique et historique de France. 1866, in-8, br. (2027 *articles tous relatifs à la Normandie*). 3 »

6480. **POÉSIES** par des Normands. 6 broch. in-8. 4 »

Par Delérue, 1837. — Mme Bailleul, 1841. — Decorde, 1842. — De Fodon, 1854. — Bénéche, 1859. — Joly.

6481. **SAUVAGE.** Légendes recueillies dans l'arrond. de Mortain. *Mortain,* 1858, in-18, br. (1re partie.) 1 »

6482. **TOUTAIN-MAZEVILLE.** Le Duc de Normandie, poëme lyrique. *Paris, Didot,* 1854, in-18, br. 1 »

5483. **VIEILLARD** Boismartin (Ant.), maire de Saint-Lô. Blanchard ou le Siége de Rouen, tragédie en cinq actes. *Saint-Lô, Gomont,* 1793, in-8, bas. rac. *Rare.* 3 50

Précédé d'une Épître aux citoyens de Rouen, et d'un précis historique du siége de Rouen.

6484. **VIGNÉ,** médecin à Rouen. Le Rocher et les Oiseaux de passage, allégories. *Rouen,* 1814. — Elégies. *Rouen,* 1822. Ens. 2 br. in-8. 3 »

OUVRAGES SUR PARIS

6485. **BASTILLE.** Plan général de la Bastille, de l'arsenal, des Célestins, des Dames de la Visitation de sainte Marie et des environs, avec les

opérations trigonométriques; par Matthieu, ingénieur. Gr. feuille
in-fol.   . 2 »

6486. **BONNASSIES (J.).** La Comédie-Française. Notice historique sur
les anciens bâtiments, n° 14 de l'Ancienne-Comédie (rue des Fossés-
Saint-Germain-des-Prés) et n°ˢ 17 et 19 de la rue Grégoire-de-Tours
(rue des Mauvais-Garçons). *Paris, Aubry,* br. in-8.   2 »
>Tiré à petit nombre.

6487. **BOUCHERS DE PARIS.** Statuts et règlemens de la communauté
des maîtres et marchands bouchers de la ville et des fauxbourgs de
Paris. *Paris, Vᵉ Delatour,* 1744, in-8, maroq. rouge, filets, fleurs de
lys aux coins de la reliure, tr. dor. (*Bel ex. bien conservé.*)   7 »

6488. **FERRY (Jules).** Comptes fantastiques d'Haussmann. *Paris,* 1868,
in-8 de 96 pag., *devenu rare.*   3 »
>Envoi d'auteur.

6489. **FORGEAIS (A.).** Numismatique des corporations parisiennes,
métiers, etc., d'après les plombs historiés trouvés dans la Seine.
Paris, 1874, gr. in-8, br. *Figures.*   15 »

6490. **FOURNIER (Edouard).** Corneille à la butte Saint-Roch, comédie
en un acte en vers, repr. au Théâtre-Français, le 6 juin 1862, préc.
de notes sur la vie de Corneille. *Paris,* 1862, in-12, br. *1 jolie vignette
gravée et un plan de la butte Saint-Roch du temps de Corneille, plus
une eau-forte ajoutée.*   13 »
>Sur le faux-titre l'envoi autogr. suivant : A Monsieur Sainte-Beuve, notre
>maître à tous, un très-humble disciple qui ne vaut quelque chose que parce
>qu'il l'admire. *Edouard Fournier.*

6491. **FRANKLIN (Alfred).** Ameline Du Bourg. *Paris,* 1875. 1 vol. in-18
jésus de 297 pages sur papier teinté.   3 50
>Chronique parisienne du xvɪᵉ siècle.
>*Ouvrage couronné par l'Académie française dans sa séance du 8 août 1876.*

6492. —— La Sorbonne, ses origines, sa bibliothèque, les débuts de
l'imprimerie à Paris et la succession de Richelieu. 2ᵉ édition, corrigée et augmentée, d'après des documents inédits. *Paris,* 1875, 1 vol.
in-8 de xɪv et de 280 pages, *avec plans et figures dans le texte.*   8 »

6493. —— Précis de l'histoire de la Bibliothèque du roi, aujourd'hui
Bibliothèque Nationale. *Paris,* L. Willem, éditeur. In-8 écu, *illustré
de 40 fac-simile des reliures aux armes, des écritures des souverains,*

etc., qui ornent les livres et manuscrits précieux conservés à la Bibliothèque Nationale.   8 »

6494. **FRANKLIN.** Journal du siége de Paris en 1590, rédigé par un des assiégés, publié d'après le manuscrit de la Bibliothèque Mazarine, et précédé d'une Etude sur les mœurs et coutumes des Parisiens au xvi° siècle. In-8 de xvi et de 325 pages, pap. vergé de Hollande, *orné d'une grande planche gravée* (Entrée du roi).   12 »

6495. **JANIN (J.).** Paris et Versailles, il y a cent ans. *Paris, F. Didot,* 1874, in-8, br. *Portr. Envoi de Mme Janin à M. l'amiral Darricau.* 7 »

> Ce livre, dernière œuvre littéraire de J. Janin, a été écrit en collaboration avec M. Albert de La Fizelière.

6495 (*bis*). —— Le même, in-8, br. *Portr.*   5 »

6496. **LA HODDE (Lucien de).** La Naissance de la République en février 1848. *Paris,* 1850, in-12, d.-rel.   1 50

6497. **LASALLE (A. de).** L'Hôtel des Haricots, maison d'arrêt de la garde nationale de Paris. *Paris, Dentu,* in-8, br. 70 *dessins par E. Morin. Epuisé.*   5 50

6498. **LEDRU-ROLLIN.** Le 13 juin. *Paris, au bureau du Nouveau-Monde.* 1849. — Le 24 février. Les Elections, par le même. *Paris, Amic,* 1850, gr. in-18, d.-rel. maroq. chag. rou. *Rare.*   3 50

> Dans le même vol. : Les Socialistes et le travail en commun, par le maréchal Bugeaud. *Paris,* 1848.

6499. **LE PREVOST** (Trois lettres de M.) sur la découverte du cœur de saint Louis dans la Sainte-Chapelle. 1843, 3 broch. in-8. *Envoi d'auteur.*   2 »

6500. **MODES** (les) ou la Soirée d'été, poëme en trois chants, avec des notes et des anecdotes particulières à la bonne compagnie. *Paris, Maret,* 1797, pet. in-18, d.-rel., non rogné. *Rare.*   4 »

> Curieux pour l'histoire de Paris.

6501. **SAINT-LOUIS-EN-L'ISLE** (Offices propres de l'église paroissiale) latin-françois; dressé selon le bréviaire et le missel de Paris. *Paris,* 1742, in-12.   6 »

> Bel ex. relié en maroq. rouge, tr. dor., ancienne reliure bien conservée.

6502. **SIÉGE DE PARIS** (Journal des Deux-Mondes pendant le), par

G. Mitchell. *Paris, Lacroix,* 1871, in-8, d.-rel. veau fauve, n. r. -4 »
Historique des événements arrivés en France et à l'étranger du 1er septembre 1870 au 3 mars 1871.

6503. **PARIS.** Le Courrier burlesque de la guerre de Paris, envoyé à Mgr le prince de [Condé pour divertir Son Altesse durant sa prison. Ensemble tout ce qui se passa jusques au retour de Leurs Majestez. *Jouxte la copie imp. à Anvers et se vend à Paris,* 1650, in-4, br.; non rog. de 32 pp. à 2 colonnes. 5 »
Bel ex. de cette pièce rare.

6504. **PARIS.** HISTOIRE GÉNÉRALE DE PARIS, publiée sous la direction du Conseil de l'Hôtel-de-Ville. *Paris,* 1866-76, 18 vol. in-4, cart., n. rog. *Ornés de planches gravées et en couleur.* 735 »
Introduction. 1 vol., 15 fr. — Topographie du Louvre et des Tuileries. 2 vol., 110 fr. — Topographie du Bourg Ssint-Germain. 1 vol., 50 fr. — Les anciennes bibliothèques de Paris. 3 vol. 100 fr. — Paris et ses historiens. 1 vol., 100 fr. — Paris en 1380. 1 vol., 30 fr. — Le Cabinet des manuscrits. 2 vol., 80 fr. — Le Bassin parisien aux âges ante-historiques. 3 vol., 100 fr. — Etienne Marcel. 1 vol., 30 fr. — Les Armoiries de la ville de Paris. 2 vol., 100 fr. — La première bibliothèque de la ville. 1 vol., 20 fr.
N.-B. — Chaque ouvrage ou chaque volume se vend séparément.

6505. —— La même collection sur papier vergé. 980 »

EXEMPLAIRES D'OCCASION

6506. **BERTY ET LEGRAND.** Topographie historique du vieux Paris (*Région du Louvre et des Tuileries.*) *Paris, Imp. Imp.* 1866-68, 2 vol. in-4, cart., avec 61 *planches sur acier,* 21 *bois gravés,* 2 *lithogr. et* 2 *ff. d'un plan général de restitution.* (*Au lieu de* 110 fr.] *Net.* 85 »

6507. **DELISLE** (Léopold). Le Cabinet des manuscrits de la Bibliothèque impériale. *Etude sur la formation de ce dépôt,* comprenant les éléments d'une histoire de la calligraphie, de la miniature, de la reliure et du commerce des livres à Paris, avant la découverte de l'imprimerie. *Paris, Imp. Imp.,* 1868, in-4, cart. (*Tom. 1er*). (*Au lieu de* 40 fr.) *Net.* 30 »

6508. **FRANKLIN.** Les Anciennes bibliothèques de Paris. (*Églises, monastéres, colléges,* etc.), *avec planches sur acier et gravures dans le texte. Paris, Imp. Nat.,* 1867-73, 3 v. in-4, c. (*Au lieu de* 100 fr.) *Net.* 75 »

6509. **PARIS.** Introduction à l'Histoire générale de Paris, publ. par la Ville de Paris. *Paris, I. I.,* 1866, un vol. in-4, cart. (*Au lieu de* 15 fr.) *Net.* 10 »

6510. **PARIS** et ses historiens aux xiv° et xv° siècles. *Documents et écrits originaux* recueillis et commentés par MM. Le Roux de Lincy et L. Tisserand. *Paris, Imp. Imp.*, 1867, 1 très-fort volume in-4, cart., *avec 38 planches, dont 13 en or et en couleur, et 50 gravures sur bois dans le texte.* (*Au lieu de* 100 *fr.*) Net.   80 »

6511. **PARIS** en 1380 (*Plan de restitution*), par H. Legrand, continuateur de la *Topographie historique du vieux Paris*, une feuille grand aigle, accompagnée d'un *Plan de renvoi* en tracé linéaire et d'un fascicule contenant une *notice historique* et une *légende explicative*. Le tout placé dans une reliure-boîte in-4. (*Au lieu de* 30 *fr.*) Net.   20 »

6512. **LA SEINE.** Le bassin parisien aux âges anté-historiques (géologie et paléontologie), par M. A. Belgrand. *Paris, I. I.*, 1863, 3 vol. in-4, cart., *avec de nombreuses planches sur bois, en chromolithographie et en photolithographie.* (*Epuisé.*) (*Au lieu de* 100 *fr. Net.*   90 »

6513. **PERRENS** (F.-T.). Etienne Marcel, prévôt des marchands (1354-1358). *Paris, I. N.*, 1874, in-4, cart. (*Au lieu de* 30 *fr.*) Net.   25 »

LIVRES ARMORIÉS

OUVRAGES RELIÉS EN MAROQUIN OU EN VEAU PLEIN

AVEC ARMOIRIES DE ROIS, PRINCES, PERSONNAGES HISTORIQUES

ET BIBLIOPHILES CÉLÈBRES

6514. **BACHET** (Cl.-Gaspar), sieur de Méziriac. Problemes plaisans et delectables, qui se font par les nombres. Partie recueillis de divers autheurs, partie inventez de nouveau avec leur demonstration. *Lyon, P. Rigaud*, 1624, in-8, veau fauve.   10 »

Ouvrage curieux et rare.
el exemplaire AUX ARMES DE TOURVILLE.

6515. **BALBANI** (jésuite). Appel à la raison des Ecrits et Libelles publ.

par la passion contre les jésuites de France. *Bruxelles,* 1762, in-8,
veau marb.   4 »

Sur les plats, les armes de Jean de Boullongne, comte de Nogent.

6516. **BOSSUET** (J.-B.). L'Apocalypse avec une explication. *Paris, Seb.
Mabre-Cramoisy,* 1689, in-8, maroquin rouge, fil., tr. dor. *Une petite
vignette.*   30 »

Édition originale.
Très-bel exemplaire aux armes du chancelier Boucherat.

6517. **CHABRIT** (P.). De la Monarchie françoise, ou de ses Loix. *Bouil-
lon, Soc. typographique,* 1783, 2 vol. in-8, v. fauve, fil., tr. dor. 10 »

Aux armes de Condé.

6518. **DU-PIN** (Ellies). Traité de la doctrine chrétienne et orthodoxe.
Paris, Pralard, 1703, in-8, v. gr.   5 »

Aux armes de l'abbaye de Morimond (Haute-Marne).

6519. **DU PUY** (P.). Traité de la majorité de nos rois et des régences du
du royaume, avec les preuves tirées tant du Trésor des chartes du
Roy que des registres du Parlement et autres lieux (recueilli par
P. du Puy et donné au public par J. du Puy, son frère). *Amst.,* 1722,
2 vol. in-8, veau fau.   8 »

Aux armes de Bernard de Rieux.

6520. **ENTRETIENS AVEC JÉSUS-CHRIST** dans le très-saint sacre-
ment de l'autel, par le P. du Sault. *Paris, Vincent,* 1749, in-12, mar.
rouge, fil., tr. dor.   10 »

Bel exemplaire de Madame Adélaïde de France, à ses armes.

6521. **GIRY** (le P. Fr.). La Vie de saint François de Paule, fondateur
de l'ordre des Minimes. *Paris, Muguet,* 1682, in-12, maroq. olive,
fil., tr. dor.   60 »

Très-bel exemplaire de dédicace, aux armes de Marie-Anne-Christine-Vic-
toire de France, épouse de Louis Dauphin, dit Montpensier.

6522. **GRANDAT** (le R. P. F.), observantin. Portrait spirituel du prince
des roys, raccourcy dans S. François, son favory. *Lyon,* 1650, in-8
vél. *Jolie front. allégorique gravé.*   9 »

Aux armes de Savoie. — Volume rare.

6523. **HOLSTENII** (Lucæ) annotationes in geographiam sacram Caroli a
S. Paulo; Italiam antiquam Cluverii et thesaurum geographicum

Ortelii. *Romæ*, 1666, 3 part. en 1 vol. in-8, maroq. citron., fil., tr°
dor. *Planche.* 10 »

Aux armes de Madame Sophie de France, fille de Louis XV.

6524. LA BEAUMELLE. Mes pensées, ou Qu'en-dira-t'on? *A Copenhague*,
1751, in-12, v. marb., fil. *Bel exemplaire.* 6 »

Aux armes de Anne-Léon, baron de Montmorency, duc et pair de France.

6525. LA FAYE (De). Recherches et mémoire sur la préparation que les
Romains donnoient à la chaux. *Paris, Imp. roy.*, 1777, 2 part. en
1 vol. in-8, maroq. rouge, fil., tr. dor. 10 »

Bel exemplaire aux armes royales de Prusse.

6526. MACHIAVEL. Histoire de Florence nouvellement traduicte d'italien en françois, par le seigneur de Brinon. *Paris, J. Borel*, 1577,
in-8, v. fauve, fil., rel. anc. 6 50

Armoiries du marquis d'Aix a La Serraz.

6527. MIRABAL (de). Voyage d'Italie et de Grèce avec une dissert. sur
la bizarrerie des opinions des hommes. *Paris*, 1698, in-12, v. gr.
Carte. 5 »

Exemplaire de Joséphine de Beauharnais, première femme de Napoléon,
avec son chiffre au dos du vol. et la mention *Malmaison* sur le plat.

6528. OFFICE de la quinzaine de Pasque, pour la maison de Mgr le duc
d'Orléans. *Paris, D'Houry*, 1753, in-12, maroq. rouge, fil. dent., tr.
dor., rel. anc. *Frontisp. gravé.* 10 »

Aux armes du duc d'Orléans.

6529. OFFICE DE LA SEMAINE SAINTE en latin et en françois à l'usage
de Rome et de Paris. Imprimé par ordre de Madame. *Paris, Desprez*,
1757, in-8, maroq. rouge, fil. à larges dentelles, tr. dor. 22 »

Belle reliure très-fraîche, aux armes de Madame Marie-Adélaïde de France,
fille de Louis XV.

6530. PHILIPPE V, roi d'Espagne. Nouvelle traduction de deux ouvrages de Corneille Tacite. (Les Mœurs des Germains et la vie d'Agri-
cola). *Lyon, Anisson*, 1706, in-8, v. gr. *Cartes et pet. vignettes.* 10 »

Exemplaire de Philippe V, roi d'Espagne, à ses armes sur les plats.

6531. RACINE. Abrégé de l'histoire de Port-Royal. *Imprimé à Vienne et
Paris, Lottin*, 1767, in-12, v. marb. 4 »

Aux armes de Bauffremont.

6532. RAVANNE (Mémoires du chevalier de), page de S. A. le duc régent, et mousquetaire. *Londres (Paris)*, 1751, 3 vol. in-12, v. fau. 7 50

Ouvrage attribué à de Varenne.
Aux armes du Président Roujault.

6533. RELIGION (la), poëme. Avec un discours pour disposer les déistes à l'examen de la vérité. Et quelques autres ouvrages de poësie, par l'abbé Asselin. *Paris, L'Hermitte*, 1725, in-8, maroq. rouge, fil., tr. dor. (*Bel ex.*) 30 »

Aux armes de Marie Leczinska, reine de France.
Sur la garde du vol., on lit ces mots manusc, : *Donné à Mlle de La Mésangère, aujourd'hui ma femme, par très-grande princesse Marie Leczinski, reine de France. Signé.: Parmentier.*

6534. RICHARDSON. Nouvelles lettres angloises ou Histoire du chevalier Grandisson, trad. par l'abbé Prévost, *Amsterdam (Paris)*, 1755, 8 part. en 4 vol. in-12, v. marb. 20 »

Aux armes de Mirabeau sur les plats et le dos de chaque volume.

6535. RIGOLEY DE JUVIGNY. De la décadence des lettres et des mœurs depuis les Grecs et les Romains. *Paris, Mérigot*, 1787, in-8, v. gr., fil. 6 »

Aux armes de Chastellux, duc de Rauzan.

6536. THÉAULON ET CHOQUART. M. Jovial, ou l'Huissier chansonnier, comédie-vaudeville. *Paris, Barba*, 1827, in-8, cart. bleu. 3 »

Aux armes de la duchesse de Berry sur les plats.

6537. VOITURE. Les Œuvres de Monsieur de Voiture. Quatrième édition, reveüe, corrigée et augmentée. *Paris, Aug. Courbé*, 1654, in-4, maroq. rouge, fil., tr.dor., dos à petits fers. 45 »

Belle édition ornée d'un frontispice gravé par Cl. Mellan et d'un beau portrait de Voiture gravé par Nanteuil.
Exemplaire en grand papier, recouvert d'une belle reliure du temps aux coins de laquelle se trouvent les chiffres couronnés de la famille de Savoie Carignan.

6538. WETSTENII, Pro græca et genuina linguæ græcæ pronunciatione contra novam pronunciandi rationem orationes apologeticæ. *Amstel.*, 1681, in-8, veau fauve. 12 »

Bel exemplaire de P. Daniel Huet, évêque d'Avranches, avec ses armes sur les plats et l'*ex-libris* à l'intérieur de la reliure. — Ce vol. a aussi appartenu à Chardon de La Rochette.

OUVRAGES DIVERS

ANCIENS ET MODERNES

6539. **ALEMAN.** La Vie de Guzman d'Alfarache, trad. par G. Bremond. *Paris, Pierre Ferrand,* 1696, 3 vol. in-12, v., rel. fatiguée, non unif. *Front. et figures reproduits par Scotin dans la traduction de Lesage de* 1732. 22 »

6540. **ALGÉRIE** (Atlas de l') dressé d'ap. les travaux de MM. Renou, Carette et Warnier, par L. Bouffard. Augm. d'une carte de la grande Kabylie. *Paris,* 1848, in-4, d.-rel. (*11 cartes coloriées.*) 3 »

6541. **ALSACE** (Curiosités d'). *Colmar, E. Barth,* 1re année 1861, 3 liv. gr. in-8 br., *avec 2 planches lithogr. et photogr.* 8 »

6542. **ANTIQUAIRES DE FRANCE** (Mémoires et discert. sur les anti-quités nationales et étrangères publiés par la Soc. des). *Paris,* 1850, in-8, d.-rel. maroq. rou du Levant, doré en tête, n. rog. *Planches.* 9 »
   Ce vol. contient : Notices sur qq. monumens de l'ancienne province de Bre-tagne, par Deschamps de Pas. — La Sainte-Chapelle de Bourges, par de Girar-dot. — Notice généalogique sur Jean de Barres, par Eug. Grésy, etc.

6543. **ARCHITECTURE** (l') rurale, par H. Duvinage, ingénieur civil. *Mézières,* 1856, fort vol. grand in-8, reliure de Behrends en percaline pleine, non rogné. 76 *planches.* 15 »
   Ex. état de neuf, non coupé.

6544. **AUBER** (l'abbé). Chatillon-sur-Indre. La ville et l'église Notre-Dame. *Tours,* 1876, br. in-8. 3 *planches.* 1 50

6545. **AUBER** (l'abbé). Saint Victorin, autrement dit saint Nectaire, évêque de Poitiers au iiie siècle et ses écrits. *Poitiers,* 1876, broch. in-8 de 32 pag. 1 50

6546. **AUTOURSERIE** (de l') et de ce qui appartient au vol des oiseaux, par P. de Gommer, seigneur de Lusancy et Fr. de Gommer, seigneur de Breuil, son frère. Nouvelle édit., revue et annotée par H. Chevreul.

Paris, Aubry, 1877, pet. in-8, papier vergé, titre rouge et noir.
Figures. 5 »

Réimpression textuelle d'après l'édition de *Paris, Houzé,* 1608.

6547. **AUVERGNE.** Notice sur l'ancien royaume des Auvergnats et sur
la ville de Clermont, par Ant. Delarbre. *Clermont, Landriot,* 1805,
in-8, d.-rel. v. fau. *Bel ex.* 3 »

6548. **BAUCHER.** Œuvres complètes. Méthode d'équitation basée sur
de nouveaux principes suivie des Passe-temps équestres. Dictionnaire d'équitation, etc. *Parts,* 1859, in-8, br. *Portrait et planches.*
(20 fr.) 9 »

6549. **BERWICK ET D'ALBE** (collection de S. A. le duc de). Tableaux
par Velasquez, Murillo, Rubens. — 75 tapisseries de premier ordre
en partie tissées d'or et d'argent. 4,000 gravures des diff. écoles.
(Vente avril 1877), rédigé par Haro, Clément et Bloche, avec préface
par Ch. Blanc, gr. in-8, broché. *8 Eaux-fortes et gravures d'après les
tableaux de Murillo, Velasquez et Rubens, et 24 pl. à la photo-gravure,
par Goupil, représentant les plus belles tapisséries de la collection.* 25 »

Exemplaire d'amateur tiré sur GRAND PAPIER DE HOLLANDE. *Rare.*

6550. **BERWICK ET D'ALBE.** Le même sur pap. vélin sans les pl. 4 »
6551. **BOURGES.** De l'Enseignement du Droit dans l'ancienne université de Bourges, par L. Raynal, avocat général. *Bourges,* 1839,
broch. in-8. 1 »

6552. **BOUVENNE** (A.). Légende de sainte Wilgeforte. *Paris,* 1866,
broch. in-8. *avec 3 eaux-fortes d'ap. les mss. orig.* (Tiré à 50 ex. *Rare.*)

6553. **BRETAGNE.** Broceliande, ses chevaliers et quelques légendes;
recherches publiées par l'éditeur de plusieurs opuscules bretons
(le baron Du Taya). *Rennes,* 1839, in-8, br. *Exempl. sur grand papier
de Hollande.* 7 50

6554. **BULLET** (J.-B.). Du Festin du Roi-Boit, avec des notes et additions, par C.-N. Amanton. Nouv. édit., augmentée. *Paris, J. Renouard, et V. Lagier,* 1827, br. in-12. 4 50

Tiré à 100 ex. seulement. *Très-rare.*

6555. **CATHERINE DE MÉDICIS.** Debtes et créanciers de la royne
mère Catherine de Médicis, 1589-1606, documents publiés pour la
première fois d'après les archives de Chenonceaux, avec une intro-

duction par M. l'abbé C. Chevalier, 1862. In-8 de LXIX-136 pages.
Tiré à petit nombre sur papier vergé. 8 fr. Net.   4 »

On sait que la reine Catherine de Médicis, après avoir vécu avec une ma-
gnificence inouïe, laissa des dettes considérables qu'on ne peut évaluer à
moins de dix millions de notre monnaie, et dont la liquidation difficile exigea
plus de dix-sept années de procédure. Ce sont les principales pièces de cette
liquidation que M. l'abbé Chevalier publie d'après les originaux conservés
dans les archives du château de Chenonceaux. On y trouve beaucoup de notions
curieuses sur la vie intime de Catherine de Médicis et sur les mœurs d'une
époque qu'on aime à connaître jusque dans les plus petits détails. Quelques-
uns des créanciers de la reine-mère sont intéressants à connaître. A côté des
financiers spéculant sur sa détresse, il y a les artistes qui travaillaient pour
elle sans être payés, notamment Germain Pilon, puis la foule de ses fournis-
seurs, ses domestiques, et le contrôleur de sa maison, Hélie d'Odeau, qui s'était
rendu caution de la reine pour une somme importante. Parmi les documents
publiés ici, il y en a un certain nombre qu'on aurait pu élaguer, comme le
contrat de mariage, déjà imprimé, de la reine Catherine, et plusieurs lettres
de provision ou actes de vente sans valeur historique. On lira avec plus
d'intérêt l'introduction, où M. l'abbé Chevalier a placé un tableau, quelque
peu assombri peut-être, mais fort curieux, des finances de la France au XVIe
siècle, tel que nous l'ont transmis les mémoires et les pamphlets du temps.

6556. **CHABOUILLET** (A.). Dissert. sur un statère d'or du Roi inconnu
Acès ou Acas. *Paris*, 1860, broch. in-8 sur papier vergé. 1 *pl. gravée
avec 6 fig. (Envoi d'auteur).*   2 »

6557. **CHAMPOLLION** fils. Notice sur les manuscrits autographes de
Pierre de Lestoile et ceux du cardinal de Retz. *Paris*, 1837, broch.
in-12 de 76 p.   1 50

6558. **CHARRON** (Pierre) de la Sagesse. *A Leide, chez Jean Elsevier. S. d.*,
pet. in-12, cuir de Russie, tr. dor. *Titre gravé. (Simier.)*   80 »
Edition estimée et rare. — Exemplaire grand de marges, en parfait état.

6559. **CHÉNIER** (M. de). Épitre à Voltaire. *Paris, Didot*, 1806, in-8,
d.-rel. perc., pap. vélin.   1 »

6560. **COHEN.** Guide de l'amateur de livres à vignettes du XVIIIe siècle.
Paris, Rouquette, 1870, in-8, br., pap. vergé.   5 »

6561. **LE MÊME.** 2e édition augmentée. *Paris, Rouquette*, 1873, in-8,
pap. vergé, br. *Front. à l'eau-forte par Chauvet.* (Notes et corrections
sur les marges.)   10 »

6562. **COLUMBARIUS** (J.). Expostulatio spongiæ a P. Turriano Ramiïa
nuper evulgatæ, Pro Lupo a Vega Carpio, pœtarum Hispaniæ principe. *Tricassibus, sumptibus Petri Chevillot*, 1618, pet. in-4, maroq.
viol. 3 *fig. sur bois dans le texte. (Aux armes de Morante, sur les
plats.)*   8 »
Volume rare imprimé à Troyes.

6363. **COMTAT VENAISSIN.** Monumens de sculpture, peinture, architecture, etc. de l'ancien comtat Venaissin et des villes circonvoi-
sines, dess. par Frary, avec texte explicatif. *Paris*, 1835, in-4., br.
11 *planches lithogr.* 3 50

6364. **CORTAMBERT** (Rich.). Essai sur la chevelure des différents
peuples. *Paris*, 1861, in-8, br. 64 pp. 1 25

6365. **CRESSON,** avocat. Éloge historique de Michel de Lhospital. *Paris*, déc. 1849, broch. in-8. 1 »

6366. **CURMER** (Léon), ancien libraire-éditeur. Dresde. — Paris. —
Montpellier. *Paris*, 1863, in-8, broché, *sur papier Bristol*. 15 »

> Recueil de poésies de L. Curmer, orné de 23 phothographies représ. les
> principaux tableaux des musées de Dresde, Paris et Montpellier, et d'une jolie
> vignette gravée, *la Victoire*, dess. par d'Aligny.
> Envoi autogr. sig. : « *A vous, mon cher Janin, affectueuse et constante
> amitié.* »
> Ce livré, tiré pour les amis de l'auteur, n'a pas été vendu.

6367. **CURMER.** Le même livre. *Paris, Aug. Aubry. Imprimé par L. Perrin, à Lyon,* 1863, in 8 sur papier de Hollânde. 3ᵉ édit. tirée à 109 ex.
numérotés (nᵒ 3). 20 »

> Cet ex. provient également de J. Janin, avec envoi autogr. sig.
> En tête la vignette gravée : *la Victoire* et 21 photographies.

6368. **DECAISNE ET NAUDIN.** Manuel de l'amateur des jardins. Traité
général d'horticulture; ouvrage accomp. de nombreuses figures.
dessinées par A. Riocreux. *Paris, Didot,* 1868, 3 forts vol. in-8, br.
(22 fr. 50). 16 »

6369. **DELCAMBRE** (Madame Maria). Les Craintives. Poésies. *Paris*,
1854, gr. in-8 br. *Figures.* 2 »

> Envoi d'auteur, autogr. sig.

6370. **DELVAU** (Alfred). Dictionnaire de la langue verte, argots parisiens comparés. *Paris, Dentu,* 1866, in-12, broché, non coupé. 18 »

> Curieux, devenu rare.

6371. **DESPAZE** (Joseph) de Bordeaux. Les Quatre Satires ou la Fin du
xviiiᵉ siècle. *Paris,* an VIII. in-8, d.-rel. perc., n. rog. 2 »

6372. **DEZEIMERIS** (R.) Leçons nouvelles et remarques sur le texte de
divers auteurs. *Bordeaux,* 1876, in-8, br. 2 50

> Mathurin Régnier. — A. Chénier. — Ausone,

6573. **DIDOT** (Ambr.-F.). Essai typogr. et bibliogr. sur l'histoire de la
gravure sur bois. *Paris*, 1863, in-8, br., titre gravé.   5 »
 Envoi d'auteur, autogr. sig. : A M. Poret.

6574. **DREVET** (Les). Pierre, Pierre-Imbert et Claude. Catalogue raisonné de leur œuvre, préc. d'une introd. par A.-F. Didot. *Paris,
Didot*, 1876, gr. in-8, br. sur papier de Hollande, *orné du portrait inédit de P. Drevet à l'eau-forte*. (10 fr.)   7 »

6575. **ÉLOGE DE L'ASNE**, par un docteur de Montmartre (Dom Joseph-
Cajot). *Londres et Paris*, 1869, pet in-12, d.-rel. percal., non rog.
(*Bel. ex.*)   3 50

6576. **ENVIRONS DE PARIS**. Histoire de Saint-Maur-des-Fossés, de son
abbaye, de sa péninsule et des communes des cantons de Vincennes,
Charenton et Boissy-Saint-Léger, avec le plan détaillé des lieux, des
dessins des monuments celtiques, gallo-romains, etc., un glossaire, etc., etc., par Z.-J. Pierrart. 2 vol. in-8 grand jésus, d.-reliure
maroq. chag. violet, tête dorée, non rog., neuve, *orné de 2 grandes
cartes color. et de nombreuses vues grav.*, publié à 20 fr., broché. 16 »

6577. **ETRENNES** des Honnêtes gens; ou Recueil amusant de romances, chansons, vaudevilles, des meilleures opéras joués sur les
diff. théâtres de Paris, dans l'année 1797, on y a joint quelques rap-
sodies du jour, etc. *Paris, chez les marchands de nouveautés*. 1797, pet.
in-12, d.-rel. veau. 1 *figure*.   5 »
 Ex. non coupé. *Rare*.

6578. **FLEURY** (Hector). Les Échos, fantaisies et souvenirs (49 pièces
de poésies). *Lyon. impr. de L. Perrin*, 1861, fort vol. in-8, imprimé
sur papier à l'antique, broché.   10 »
 Edition tirée à un petit nombre d'exemplaires et non mise en vente.
 Exemplaire de J. Janin, suivi d'un Sonnet manuscrit autogr. de l'auteur
 daté de Ternay (Isère), mars 1861, et d'un nouvel envoi autogr. signé de J.
 Janin : A François Salambier, un ex-malade reconnaissant. *J. Janin.*
 Alais, 1870.

6579. **FOUCHER** (Victor). Sur la réforme des prisons. *Rennes*, 1838,
in-8, br.   1 50

6580. **FRANÇOIS DE NEUFCHATEAU**. Anthologie morale, ou Choix de
quatrains et de distiques pour exercer la mémoire. *Paris, Cailleau*,
1784, in-18 carré, bas. rac.   2 »

6581. **GAVARNI**. Études par Georges Duplessis. *Paris*, 1876, in-8, br.
**14 *dessins inédits*.   3 »

6582. **GAVARNI.** L'Homme et l'œuvre, par Ed. et J. de Goncourt. Ouvrage enrichi du portrait de Gavarni, gravé à l'eau-forte, par Flameng, et d'un fac-simile autogr. *Paris, Plon,* 1873, fort vol. in-8, br. (8 fr.)   6 50

6583. **GIRARD (O).** France et Chine. Vie privée et publique des Chinois anciens et modernes. *Paris, Hachette,* 1869, 2 vol. in-8, br. *Envoi d'auteur à M. l'amiral Darricau.* (15 fr.)   7 50

6584. **GONCOURT** (Edm. et J. de). L'Art du xviiie siècle. *Paris, Rapilly,* 1874, 2 vol. in-8, br. (30 fr.)   22 »

> EXEMPLAIRE SUR PAPIER VERGÉ. Etudes sur Watteau, Chardin, Boucher, Latour, Greuze, les Saint-Aubin, Gravelot, Cochin, Eisen, Moreau, Debucourt, Fragonard, Prudhon.

6585. **GONCOURT** (E. de). Catalogue raisonné de l'œuvre peint, dessiné et gravé d'Antoine Watteau. *Paris, Rapilly,* 1875, in-8, br. *Portrait à l'eau-forte.* (24 fr.)   16 »

> Exemplaire sur papier vergé.

6586. **GOUVERNEMENS DES PROVINCES** et États-Majors des places du royaume. In-12 de 209 pag. cart., tr. dor., titre gravé.   15 »

> JOLI MANUSCRIT d'une belle écriture en rouge et noir, avec filets d'encadrement rouges.
> Année 1771, dans laquelle se trouve les noms des principaux membres de la noblesse française.

6587. **GREGOIRE** (le C.). Essai historique sur l'état de l'agriculture en Europe au xvie siècle. *Paris, Huzard,* an XII, in-4, veau marb. (*Don autogr. de l'auteur*).   4 »

6588. **HÉDELIN** (Franç.), abbé d'Aubignac. Voyage au royaume de coquetterie. Nouv. édit. *Paris, Claude Mercier,* 1793, pet. in-18, d.-rel., non rog.   3 50

> Petit volume peu commun.

6589. **HERBIER DES DEMOISELLES** (Atlas de), par Edmond Audouit, revu par le Dr Hœfer, *Paris, Didier, s. d.,* in-4 oblong, d.-rel. maroq. vert.   10 »

> Divisé en quinze classes et orné de 107 pl., avec 380 figures.

6590. **HÉRICART DE THURY.** Histoire d'un Vieux Chêne et de ses quatorze enfants (*Villers-Cotterets*). *Paris,* 1839, broch. in-8. *Planche.*   1 »

6591. HEURES (Offices, Psaumes, Hymnes et Prières) en françois et en latin. In-8, rel. anc.   10 »

> Prières manuscrites en françois au comm. et à la fin du vol. — 17 jolies vignettes finement gravées.
> Ces Heures ont appartenu à Marie de Chabannay, dont les armoiries se trouvent en tête du vol. (1649).

6592. HORACE. OEuvres, trad. nouvelle par J. Janin. *Paris, Hachette,*. 1871, in-12, br. *Envoi autogr. à mon camarade et grand ami, l'amiral Darricau, son matelot J. Janin.*   10 »

> Portrait d'Horace, par Saint-Aubin, tiré sur chine volant, ajouté.

6593. HUGO (V.). Les Orientales, suivi de onze pièces nouvelles. *Bruxelles, Laurent,* 1838, in-32, rel. pleine en maroq. chagr. rou., tr. dor. (*Corfmat.*)   5 »

> · En parfait état.

6594. IMPRIMERIE. Recherches histor. et bibliogr. sur l'imprimerie et la librairie et sur les arts qui s'y rattachent dans le départ. de la Somme avec divers fac-simile. Par F. Pouy. *Paris,* 1863, gr. in-8, br. (1re part. de 148 pag. avec table des noms, des lieux et des personnes.   3 50

6595. JACOBINS (Le Souper des). Comédie en 1 acte, en vers, représ. pour la 1re fois à Reims, au bénéfice de l'ami Delloye; suivi du cahier de cantiques à l'honneur et gloire des Jacobins père et fils. A *Reims, chez le cit. Lebégue.* In-8, cart., non rog. *Rare.*   3 »

6596. JANIN (J.). L'abbé Guillon, évêque de Maroc. *Paris, Plon,* 1857, broch. gr. in-8, à 2 col.   2 »

6597. JANIN (J.). La Dame à l'œillet rouge. *Paris, s. d.,* gr. in-8, papier teinté, br. *Beau portrait de J. Janin, gravé,* (*tiré à 300 ex.*). 3 50

6598. JANIN (J.). La Fin d'un monde et du neveu de Rameau. *Paris, Dentu,* 1873, in-12, br. *Envoi autogr. signé. A son grand ami, l'amiral Darricau.*   5 »

6599. JANIN (J.). L'Ane mort et la Femme guillotinée. *Paris, Dupont,* 1838, in-8, d.-rel.   8 50

> Envoi d'auteur signé : A M. l'amiral Darricau.

6600. JEANNE D'ARC. L'Histoire tragique de la Pucelle d'Orléans, par le P. Fronton du Duc. Représentée à Pont-à-Mousson, le 7 septembre 1580, devant Charles III, duc de Lorraine, et publiée en 1581, par

J. Barnet. *Pont-à-Mousson, Impr. de P. Toussaint,* 1859, pet. in-8,
br.   18 »

> Cette réimpression, faite aux frais d'un bibliophile (Durand de Lançon)
> tirée à 105 exemplaires sur beau pap. vergé façon Hollande, numérotés, est
> devenue très-rare.

6601. **JEANNE DARC.** (Notes sur deux médailles de plomb relat. à) et
sur qq. autres enseignes politiques et religieuses, par Vallet de Viriville. *Paris,* 1861, broch. in-8, 15 *bois gravés dans le texte.* — Fête de
Jeanne d'Arc à Orléans les 6, 7, 8, 9 et 10 mai 1855, par Vergnaud-
Romagnesi, in-8. Ens. 2 brochures.   3 »

6602. **JEANNE DARC.** (Recherches iconographiques sur), dite la Pucelle
d'Orléans, par Vallet de Viriville. *Paris,* 1855, broch. in-8. 2 *planches gravées.*   3 50

6603. **JEANNE DARC.** Charles du Lys. Opuscules historiques relatifs à
Jeanne Darc, dite la Pucelle d'Orléans, accomp. de notes et tableaux
généalogiques avec blasons; par Vallet de Viriville, professeur à
l'École des chartes. *Paris, Aubry,* 1856, pet. in-8, br. *Epuisé.*   7 »

6604. **JONQUIÈRES** (E. de). Horace. Art poétique, trad. en vers. *Paris,
Didot,* 1872, broch. in-8. *Envoi à M. l'amiral Darricau.*   1 50

6605. **LAFONTAINE.** Fables. Edition illustrée par J. David, accomp.
d'une notice par le baron de Walckenaër. *Paris, A. Aubrée,* 1839,
2 vol. grand in-8, sur beau papier vélin, brochés.   25 »

> Jolie édition, ornée d'un grand nombre de vignettes sur bois, gravées par
> Thompson, de grandes fig. hors texte, un portrait tiré s. chine et deux doubles
> titres en or et en couleur.
> Ex. sans taches ni mouillures, épreuves de premier tirage.

6606. **LA LANDELLE** (de). Poëmes et chants marins. *Paris, Dentu,*
1861, gr. in-18 jésus, br. *Musique notée. Epuisé.*   — 3 »

6607. **LANGLOIS** (E. H.). Essai sur la calligraphie des manuscrits du
moyen âge et sur les ornements des premiers livres d'Heures imprimés. *Rouen,* 1841, gr. in-f°, br. *Orné de 17 belles planches dessinées et
gravées par E. H. et Polyclès Langlois*   15 »

6608. **LA QUÉRIÈRE** (E. de). Essai sur les girouettes, épis, crêtes et
autres décorations des anciens combles et pignons, pour faire suite
à l'histoire des habitations au moyen âge. *Paris et Rouen,* 1846, in-8,
br. *Planches gravées.*   10 »

> Epuisé et peu commun.

Cet ouvrage est terminé par une table indiquant les villes et lieux où se
trouvent les objets décrits.

6609. LA VARENNE (Ch. de). Les Rouges peints par eux-mêmes. Bio
graphies intimes. (Ex-gouvernants.— Les représentants. — Les grotesques.) *Paris, Allouard*, 1850, gr. in-12, d.-rel. maroq. viol. (*Curieux
et devenu rare.*)   3 50

6610. LECOMTE (Jules). Le Perron de Tortoni. Indiscrétions biographiques. *Paris, Dentu*, 1863, gr. in-18 jésus, d.-rel., dos et coins de
maroq. rou. *Avec envoi autogr. de l'auteur à la marquise de Boissy.* 5 50

6611. LECOMTE (Jules). Le Luxe, comédie en quatre actes et en prose,
représ. au Th.-Français. *Paris*, 1859, gr. in-12, d.-rel., dos et coins
de maroq. rou. *Envoi autogr. signé à la marquise de Boissy.* 3 50

6612. LECOMTE (Jules). Le Poignard de cristal. *Paris, Lévy*, 1856, gr.
in-18 jésus, d.-rel., dos et coins maroq. rou. *Avec envoi d'auteur autogr. signé à Mme la marquise de Boissy.* 3 »

6613. LETTRES D'AMOUR d'une religieuse portugaise, escrites au chevalier de C., officier françois en Portugal. Dern. édit., augm. de sept
lettres avec leurs réponses. *A Lahaye (A la Sphère), chez Corneille de
Grae*, 1690, pet. in-12, jolie reliure en maroq. plein du Levant,
tr. dor.   15 »

: Très-joli exemplaire.

6614. LIOTARD (Ch.). Du néologisme et de quelques néologismes.
Nîmes, 1877, broch. in-8, tirée à petit nombre.   1 50

6615. LONGUS. Daphnis et Chloé (en grec), suivi de nombreuses notes
en français par le docteur Piccolos, préc. d'une préface par E. Egger,
pet. in-18, br. de xvi et 287 pag. *Rare.*   7 »

Charmante édition imprimée par Lainé et Havard, en 1865, avec encadre-
ments de filets rouges, ornée de 4 vignettes sur bois.

6616. LOUISE LABÉ, Lionnoise, surnommée la Belle cordière. Œuvres.
A Brest, de l'imprimerie de Michel, 1815, pet. in-8 sur carré vélin, rel.
pleine en cuir de Russie, fil. et compart., tr. dor. *Rare.*   22 »

Cette édition estimée n'a été tirée qu'à 116 exemplaires.

6617. LYON. Notice hist. s. la Soc. littéraire de Lyon, par Bellin. *Lyon,
Vingtrinier*, 1859, br. in-8 de 70 pp.   2 »

Envoi d'auteur, autogr. au maréchal Vaillant.

6618. MÉLANGES de littérature et d'histoire, recueillis et publiés par la Société des bibliophiles françois. *Paris, imp. Lahure*, 1856. (*Ex. tiré sur grand papier de Hollande, à très-petit nombre.*)   12 »

> Contenant : Notice sur Mme la vicomtesse de Noailles. — Mémoire sur Pierre de Craon. — Conversation de la marquise de Pompadour et du président Meinières.—Notice sur un Evangéliaire byzantin. — Sur Germain Pilon. — Lettres de l'abbé Viguier. — Mémoires de Pajou et de Drouais pour Mme Duharry. — Lettres du duc de Choiseul à Sénac de Meilhan.

6619. METZ (Dossier de). Notes manuscrites relatives à l'histoire de la ville de Metz; par Emm. Michel, membre de l'Acad. de Metz, ancien conseiller à la Cour.   5 »

> Louis XV et Marie Leczinska à Metz. — Parlement de Metz. — Mairie de Metz. — Les Soldoyeurs (avec leurs armoiries coloriées).

6620. MOLLARD (Mme Clara-Francia). Grains de sable (poésies). *Paris, Delloye*, 1840, in-8, d.-rel. veau vert.   2 »

> Envoi d'auteur à M. Carmouche.

6621. MONTAIGLON (An. de). Dépenses des menus plaisirs de la chambre du Roi, pendant l'année 1677 (analyse d'un ms. de la biblioth. de Rouen). *Paris*, 1857, broch. in-8. (*Tiré à 100 ex.*)   2 »

6622. MONTAIGNE (Documents inédits sur), publiés par le Dr Payen. N° 3. Éphémérides, lettres et pièces autogr. inédites. *Paris, Jannet*, 1855, in-8, pap. de Holl., br. (*Tiré à 100 ex. Rare.*)   5 »

6623. MURGER (Henry). Le Pays latin. *Paris, Lévy*, 1856, gr. in-18 jésus, d.-rel. maroq. bleu.   2 50

6624. NAPOLÉON BUONAPARTE (Pièces histor. sur). Jugement porté sur ce fameux personnage, d'ap. ce qu'il a dit, ce qu'il a fait. *Paris*, 1816, in-12, br. *Rare.*   2 »

> Cet ouvrage est de Ch. Doris, de Bourges.

6625. NOMS FÉODAUX (Les), ou Noms de ceux qui ont tenu fiefs en France depuis le xiie siècle jusque vers le milieu du xviiie, par M. l'abbé P.-L.-J. De Bétencourt. Réimpression *fac-similé* de l'édition rarissime publiée à Paris en 1826, et contenant plus de vingt mille noms nobles. Cet ouvrage intéresse plus particulièrement les anciennes provinces de l'Anjou, de l'Aunis, de l'Auvergne, du Beaujolais, du Berry, du Bourbonnais, du Forez, du Lyonnais, du Maine, de la Marche, du Nivernais, de la Saintonge, de la Touraine, de l'Angoumois et du Poitou. Cette réimpression a été faite avec soin sur beau papier vergé et forme 4 vol. in-8. (Au lieu de 40 fr.) 22 »

> Cette nouvelle édition était vivement désirée par la noblesse, par les savants,

par les archéologues, car, depuis quelques années, c'est-à-dire depuis que les recherches sur l'histoire de France, sur les origines des familles nobles, sur les anciennes terres féodales du pays sont devenues à l'ordre du jour et ont pris rang parmi les questions les plus importantes de l'époque, tout le monde a reconnu la nécessité de posséder l'œuvre du bénédictin Bétencourt.

On trouve en effet, dans les *Noms féodaux*, comme on vient de le dire, la mention de plus de *vingt mille familles françaises*, par rapport aux terres ou seigneuries qu'elles possédèrent depuis le xii° siècle jusqu'au xviii°. A cela sont joints les prénoms des nobles cités, leurs qualités et la date de leur existence ; ce qui, pour les familles nobles et les généalogistes, est d'une incontestable utilité, afin de renouer, s'il est permis de s'exprimer ainsi, la chaîne brisée des filiations.

6626. ORLÉANAIS. Catalogue des chartes, documents histor., titres nobiliaires compos. les archives du collége héraldique et histor. de France, 1866, in-8, br. (1828 *art. tous relatifs à l'Orléanais, la Beauce et pays chartrain*).   2 50

6627. PERDIGUIER (Agricol). Le Livre du Compagnonnage. *Paris, Pagnerre*, 1841, 2 tomes en 1 vol. pet. in-18, d.-rel. v. viol.   2 50

6628. PICARDIE. Catalogue de chartes, documents historiques, titres nobiliaires, etc., comp. les archives du collége héraldique et historique de France, 1866, in-8, br. 652 *articles tous rel. à la Picardie.*   2 »

6629. PICHON (Le baron J.). Mémoires de Pajou et de Drouais pour Mme du Barry (pendant le cours des années 1770 à 1774), broch. pet. in-8, pap. vergé.   2 50

6630. PLAIDOYER sur la question : Si la maladie vénérienne communiquée par le mari est une cause de séparation de corps. M. de Vergès, avocat général. M° Linguet, avocat. *Paris*, 1771, in-4 de 16 pp., br.   3 »

6631. PONSARD, de l'Acad. franç. Le Lion amoureux, comédie en cinq actes, en vers. *Paris, Lévy*, 1866, édit. in-8, publ. à 4 f., broch.   3 »

Envoi d'auteur autogr. signé, à son cher confrère Carmouche.

6632. PORT-ROYAL. Manuel des pèlerins de Port-Royal-Des-Champs (par l'abbé Gazaigne). *Au Désert*, 1767, in-12, dos et coins chag. n. tête dor., non rogné.   6 »

Précédé d'une Histoire de Port-Royal et d'une liste nécrologique des principales abbesses, prieures et religieuses qui l'ont habité, et le catalogue des principaux ouvrages composés par MM. de Port-Royal.

6633. **RAPHAEL et MARGARITA.** Nouvelle par Edmond Lores. *Paris,*
s, d. (1870), in-8, br. 3 »

> Vol. imprimé avec grand soin, sur papier fort, caractère elzév., chez Gouverneur, à Nogent-le-Rotrou.

6634. **RATTAZZI** (Mme). Cara Patria, échos italiens. *Paris,* Jouaust,
1873, gr. in-8, br. *Joli portrait à l'eau-forte par L. Flameng.* 7 »

> Envoi d'auteur autogr. signé à M. l'amiral Darricau.

6635. **RAY.** L'Existence et la sagesse de Dieu manifestées dans les
œuvres de la création. *Utrecht,* 1714, pet. in-8, v. 1 50

6636. **RECUEIL DE CHIFFRES** à deux lettres dessinées et gravées par
Nic. Berthault, graveur pont Saint-Michel à Paris. S. d. (vers 1800).
Pet. in-8 cart. de 21 ff. et 1 titre gravé. 3 50

6637. **RECUEIL DE FIGURES** historiques, symboliques ét tragiques
pour servir à l'histoire du xviiie siècle, par de Montalais, 1762,
20 *planches gravées, plus le titre.* 35 »

> Contre les Jésuites. (Collection peu connue.)

6638. **RENAULT.** L'Antiquité et la perpétuité de la religion protestante.
— Le Vray et le faux jubilé. *Genève,* 1737, 1 vol. in-12, v. 2 »

6639. **REVUE BIBLIOGRAPHIQUE** de l'année 1846, par Ch. P. (Poisson,
sous-préfet de Vouziers). *Vouziers,* 1846, in-12, br. de 220 pp. 2 »

6640. **SALIN** (Patrice). L'Église de Saint-Sulpice de Favières. Notice
accompagnée de huit planches gravées à l'eau-forte, dess. et grav.
par Fichot et de six reproductions lithogr. des inscriptions des
pierres tombales. *Paris, Impr. Ad. Leclere,* 1865, grand in-8, titre
rouge et noir, caract. elzéviriens, br.

> Tiré à petit nombre. *Epuisé.*
> Saint-Sulpice-de-Favières est un petit village du départ. de Seine-et-Oise,
> entre Dourdan et Etampes. Nous ne possédons plus que :

6641. —— Un ex. sur papier vélin. 10 »

6642. —— » » » occasion avec envoi d'auteur. 8 »

6643. —— Sur pap. vergé de Hollande. 15 »

6644. **SALM** (La comtesse de). Poésies. *Paris, Didot,* 1811, in-8, br.
1re *édit.* 2 »

6645. **TASCHEREAU.** Revue rétrospective ou Archives secrètes du dernier gouvernement. *Paris, Paulin,* 1848, gr. in-8, br. (31 numéros).   2' »

6646. —— N°ˢ 1 à 31 à vendre séparément.

6647. **TOURAINE.** Notes histor. sur le château de Bury par Naudin. *Blois,* 1836, broch. in-8, *avec une grande vue du château au xvıᵉ siècle, dess. par Ch. Pensée.*   3 »

    Très-rare, tiré à 48 exempl.

6648. **TRÉLAT** (E.). Le Théâtre et l'architecte. *Paris, Morel,* 1860, in-8 carré, br.   1 50

6649. **VAUZELLES** (L. de). Histoire du Prieuré de la Magdeleine-lez-Orléans, de l'ordre de Fontevraud, avec pièces justificatives. *Orléans,* 1873, in-8 de 344 pages, papier vergé teinté, titre rouge et noir, *orné de 5 planc. gravées sur cuivre.*   12 »

6650. **VIOLLET-LE-DUC.** Lettres sur la Sicile à propos des événements de juin et de juillet 1860. *Paris, Chamerot,* 1860, in-8, br., *fig. dess. par l'auteur et 1 carte.*   3 »

6651. **VISSAC** (Marc de). Allégories et symboles. — Enigmes, oracles, fables, apologues, paraboles, devises, hiéroglyphes, talismans, chiffres, monogrammes, emblèmes, armoiries. *Paris,* 1872, in-8, br., papier vergé.   5 »

6652. **VISSAC** (Marc de). Le Monde héraldique. Aperçus historiques sur le moyen âge. *Clermont-Ferrand,* 1870, in-8, broché, papier vergé.   5 »

6653. **VOYAGE D'ULM** par Mer (en prose mêlée de couplets) suivi de chansons et autres pièces de poésies. Petit in-8, veau fauve, filets, tr. dor.   15 »

    Le titre de ce petit livret rare ne se compose que de ce qui suit :

        Pourquoi chercher si loin la gloire ?
        Le plaisir est si près de nous.
                       (BERNIS.)
    Au bas 1789.

    L'Epître dédicatoire « *A ma femme* » est signée : Jacques de la Badaudière.

6654. **YONNE** (Répertoire archéologique du départ. de l') rédigé par Max. Quantin. *Paris, Impr. imp.,* 1868, in-4, br.   3 50

479e Numéro.   1er Décembre 1877.

BULLETIN
DU
Bouquiniste

PUBLIÉ PAR AUGUSTE AUBRY

Avec la collaboration de Bibliophiles et d'Erudits

Paraissant le 1er et le 15 de chaque mois.

21e ANNÉE. — 2e SEMESTRE.

PARIS		PROVINCE	
Un an........	3 fr.	Un an..........	4 fr.
ÉTRANGER		UN NUMÉRO	
Un an........	5 fr.	Prix..........	50 c.

PARIS
CHEZ AUG. AUBRY, ÉDITEUR

LIBRAIRE DE LA SOCIÉTÉ DES BIBLIOPHILES FRANÇOIS
18, Rue Séguier-Saint-André-des-Arts.
Et chez les principaux libraires de la France et de l'Etranger.

1877

Ce Numéro contient :

Livres anciens avec armoiries. — Brochures sur la Normandie. — Ouvrages divers anciens et modernes.

DE L'AUTOURSERIE

ET DE

CE QUI APPARTIENT AU VOL DES OISEAUX

PAR

P. DE GOMMER, Seigneur de Lusancy

ET

F. DE GOMMER, Seigneur de Brueil, son frère

Nouvelle édition, revue et annotée,

PAR HENRI CHEVREUL (1)

M. Henri Chevreul est grand amateur de belles et bonnes choses en matière de chasse, et ce qui est mieux encore, il met avec une générosité sans égale, les richesses de sa bibliothèque au profit d'un public éclairé. Déja ses réimpressions de la *Chasse du cerf par le Roy Charles IX*, du traité de *Vénerie de Budé* et du poëme de *Jean Passerat* sur le *Chien courant* ont prouvé combien M. Chevreul avait à cœur de raviver les raretés cynégétiques. Aujourd'hui il tire de son écrin une perle nouvelle qui à tous les points de vue se recommande aux bibliophiles. C'est l'*Autourserie* par les frères Gommer, seigneurs de Lusancy et de Brueil, charmant petit volume imprimé avec un luxe et une élégance qui font le plus grand honneur aux presses de l'imprimerie dijonnaise Darmantière d'où il est sorti. Voilà pour la forme ; quand au fond, ce nouveau livre est des plus intéressants. Il nous remet, en effet, sous les yeux une des phases les plus émouvantes de la chasse au moyen âge, l'*autourserie*, c'est-à-dire « *l'art et la manière d'afféter et dresser toutes sortes d'oyseaux de poing.* »

Il y a quelques années, si j'ai bonne mémoire, quelques fervents disciples de saint Hubert ont fait de généreux efforts pour remettre à la mode ce genre de chasse ; les événements qui ont

---

(1) *Paris, Aug. Aubry*, un vol. pet. in-8. Prix : 5 fr.

assailli la France ont probablement mis obstacle à cette régénéra-
tion, mais en attendant des temps plus calmes, il n'est pas sans intérêt de voir comment nos ancêtres s'y prenaient pour conduire
à bien cette poursuite du gibier à l'aide de l'*Autour*, et comment
ils trouvaient dans cette manière de dresser les oiseaux « aussi
rare qu'admirable, le moyen de se divertir de toutes « mauvaises
cogitations et pensées, » et comment l'*autoursier* avait le privilége, si énorme alors, d'entrer librement « *dedans la maison du
Roy pour y reprendre son oyseau s'il y étoit cheu sur son gibier
ou autrement.* »

Le petit traité des frères de Gommer, publié en 1594, puis réimprimé en 1605 et 1608, est aujourd'hui de toute rareté. Déjà de
son temps Le Verrier de la Conterie, l'illustre auteur de *La Chasse
aux chiens courants*, déclarait qu'il n'avait pu le trouver. Baudril-
lard tient le même langage dans son *Dictionnaire des chasses*, et
un exemplaire sorti de la bibliothèque du baron Pichon atteignit
en 1869 le prix énorme de 300 francs.

C'est donc une véritable curiosité cynégétique que fait revivre à
nos yeux M. Henri Chevreul, curiosité qui, pour les amateurs
de livres de chasse, aura un mérite de plus, c'est de contenir sur
Pierre de Gommer et sur son frère François une notice biographique qui place M. Chevreul au-dessus de Le Verrier de La Conterie, puisque ce dernier avouait lui-même qu'il ne savait aucune
anecdote ni historique ni littéraire qui pût faire connaître MM. de
Gommer. Grâce à M. Chevreul, nous savons désormais que ces
deux seigneurs habitaient au xvie siècle le manoir de Lusancy
qui a apparteau de nos jours à M. Larabit, sénateur du second
empire, et que Pierre de Gommer a profité des rares loisirs que lui
laissaient les malheurs de son temps, pour « *interrompre le bruit
des trompettes et tambours* » et « *se rafraîchir la mémoire des
plaisirs qu'il avait accoustumé de prendre en sa liberté des
champs.* »

La nouvelle édition de l'*Autourserie* sera donc accueillie comme
elle mérite de l'être, et le monde des bibliophiles et des chasseurs
saura certainement gré à M. Henri Chevreul de l'avoir donnée.

ALEXANDRE SOREL.

CAZIN

Sa vie et ses éditions,

Par un Cazinophile.

Petit in-8, *Reims*, chez *Paul Giret*. 1877 (1).

Quelle. est la bibliothèque la moins coordonnée, sur les rayons de laquelle ne s'alignent pas ces charmants petits volumes, si bien reliés en veau pâle ou en maroquin plein, dont les dos s'agrémentent de gracieux petits fers ? Quel est le bibliophile qui ne tienne à honneur de posséder Lafontaine, Voltaire et Rousseau, Bernis et Lafare, Labruyère et Larochefoucauld dans ce format si mignard et si commode. Les *desiderata* les plus chers d'un amateur de livres tendent souvent à compléter une *collection* Cazin sans cesse ébauchée ; mais l'œuvre de l'éditeur rémois est si vaste, si confuse, si contrefaite, qu'elle arrive à former un dédale où le bibliographe.le plus savant risquerait de s'égarer.

C'est donc avec un réel plaisir que nous signalons aux *Cazino-philes* la réimpression d'une *Bibliographie cazinienne* dont la première édition remonte à 1863 et la seconde à 1876. — Cet ouvrage, dû aux patientes recherches de Brissart-Binet, libraire à Reims, n'a pas été tiré à plus de 150 exemplaires, dans un format petit in-8. L'exécution de ce volume, sur vergé de Hollande, est, en quelque sorte, une merveille de fidélité typographique. La justification, le caractère, rappellent à s'y méprendre les plus correctes éditions de Cazin.

Outre une étude, du plus vif intérêt, sur la vie et les ouvrages de Hubert-Martin Cazin, M. Brissart-Binet nous présente le cata-logue général de ses éditions, la liste des.imitations et des con-trefaçons, et une table alphabétique des ouvrages anonymes et des noms d'auteur.

Certes, pour un érudit rigoriste, cet ouvrage laisse encore bien des lacunes à compléter ; mais après avoir songé au colossal tra-vail auquel il eût fallu se livrer pour donner en deux ou plusieurs volumes une *Bibliographie cazinienne* au grand complet, les

(1) Se trouve à la librairie *A. Aubry*. — Prix : 10 fr.

bibliophiles et les chercheurs ne manqueront pas de voter des
actions de grâce au studieux catalogographe qui a su nous présen-
ter, dans un format restreint, tous les renseignements utiles que
des recherches sans nombre lui ont permis de colliger.

OCTAVE UZANNE.

HISTOIRE DES POËTES DU VIVARAIS
— D'après des documents inédits —
Par Henry VASCHALDE
3e fascicule.
In-8. *Paris, Aug. Aubry,* 1877. Prix de l'ouvrage complet : 6 francs.

Voilà le travail de M. H. Vaschalde sur les *Poëtes du Vivarais*
arrivé à son troisième et dernier fascicule.

Dès son début, cette importante étude a été signalée par nous
dans ce *Bulletin*, et, sans répéter maintenant ce que nous avons
dit alors, surtout au sujet des précieux fragments du manuscrit
brûlé de G. Colletet, nous venons aujourd'hui annoncer l'apparition de la livraison qui termine le volume.

Cette troisième livraison contient *les Poëtes vivants*. Le nombre en est proportionnellement restreint; il ne s'élève pas au
delà de cinq. Nous pensons, avec l'auteur, qu'il doit en exister
d'autres; mais il ne les a point encore découverts. Seulement
tout nous fait penser qu'il continue ses recherches et s'enrichit
de documents nouveaux.

C'est, selon nous, rendre un grand service à son pays que d'en
grouper ainsi les célébrités; c'est aussi rendre un grand service
à la littérature.

On ne parvient pas à ce résultat sans soins et sans peines; il
faut se mettre en campagne à travers livres, manuscrits et par-
chemins, et, tout en fouillant partout, faire encore appel à bien
des notes, à bien des renseignements.

Il est vrai qu'au courant de ces labeurs, le patient chercheur
a presque toujours la joie de recevoir les communications qu'il
demande; il est l'architecte auquel chacun s'empresse d'envoyer
son grain de sable. Sans lui, le monument n'existerait pas...
Il a voulu, et le monument a surgi sous sa plume. Sa province

d'abord, les biographiés ensuite, lui doivent leurs sincères remerciements.

Ce que, par cette publication, M. Vaschalde a fait pour le Vivarais est méritoire : il a donné à cette localité la biographie littéraire de vingt-huit poëtes, et là où est le mérite, surtout, c'est que, parmi ces vingt-huit, il lui a fallu exhumer, raviver la notoriété, ou établir le mérite d'un certain nombre, qu'il présente pour la première fois aux curieux et aux lettrés.

Ne pouvant songer à vous transcrire tous ces noms, peut-être un peu parce que la nomenclature nous touche de très-près, nous laissons au lecteur le plaisir des surprises... Poëte ou érudit, on est forcé d'avoir ce livre, qui devient une annexe à tout recueil biographique.

Ce volume qui, en ses trois fascicules, n'a pas moins de 278 pages, est en même temps une anthologie variée et piquante; car, de chaque poëte, M. Vaschalde à cité plusieurs pièces et fragments choisis. Son œuvre a, dans ces citations, un puissant attrait de curiosité. Nous ne serions pas étonné qu'il se rééditât bientôt.

Avant de quitter M. Vaschalde, nous ne pouvons omettre d'indiquer ses trois dernières brochures.

Priviléges d'Aubenas, publiés pour la première fois;
Une Inscription en langue d'Oc, du XV° siècle;
Et *Établissement de l'Imprimerie dans le Vivarais.*

Au point de vue local, les deux premières méritent toute attention. La troisième est d'un intérêt général.

L'auteur y fait une étude approfondie de son sujet, qu'il traite *ex professo* et au grand complet. Il passe successivement en revue toutes les villes de l'Ardèche où l'art lumineux s'est établi, et indique les productions qui en ont rendu les presses plus ou moins célèbres.

Pour que ce travail soit encore plus attrayant, le bénédictin de Vals l'a enrichi de 14 vignettes reproduisant les marques des imprimeurs. C'est à M. F. Didot que M. Vaschalde doit d'avoir pu nous offrir ces précieuses illustrations.

Ce n'est pas tout, l'infatigable travailleur prépare, en ce moment, *le Panthéon du Vivarais* en cinq volumes in-4°.

F. FERTIAULT.

Acquisitions nouvelles de la librairie A. Aubry.

OUVRAGES EN PETIT NOMBRE

PROVENANT DU FONDS DE LA

LIBRAIRIE BACHELIN-DEFLORENNE

ARMORIAL DE BRETAGNE

Par A. Guérin de La Grasserie

Contenant les noms et prénoms des familles bretonnes qui ont obtenu des arrêts de la Chambre de réformation, établie à Rennes, de 1668 à 1671; la date des anciennes réformations et l'origine connue de ces familles, ou le nombre de leurs générations jusqu'en 1789; des familles anoblies sous l'Empire et la Restauration, jusqu'en 1830; des familles nobles qui, quoique d'une autre province, sont venues habiter la Bretagne et y contracter des alliances; les noms de terres érigées en dignité; les devises de quelques familles, avec les écussons lithographiés en couleur. *Rennes*, 1845-1848. 2 vol. in-fol. cart. à la Bradel, non rognés; 100 *fr.*, net   90 fr.

   1 exemplaire seulement (*entièrement épuisé*).

ARMORIAL DE FRANCE, ANGLETERRE

Écosse, Allemagne, Italie et autres puissances.

Composé vers 1450, par Gilles Le Bouvier, dit Berry, premier roi d'armes de Charles VII, roi de France. Texte complet, publié pour la première fois d'après le manuscrit original, précédé d'une notice sur la vie et les ouvrages de l'auteur, et accompagné de figures héraldiques dessinées d'après les originaux, par feu M. VALLET (de Viriville), auteur de l'*Histoire de Charles VII*, ancien professeur de l'École des Chartes, membre de la Société des antiquaires de France, lauréat de l'Institut., *Paris*, 1866. Beau vol. gr. in-8 de xii et 232 pag.; *au lieu de* 10 *fr.*, net,   6 fr.

   Tiré à petit nombre.

ARMORIAL DU BEAUJOLAIS

Par le baron de La Roche La Carelle. Lyon, imprimerie de Louis Perrin, 1853. Grand in-8 br., avec nombreux blasons gravés sur bois; *au lieu de* 20 *fr.*, net,   8 fr.

   Quelques exemplaires seulement.

LÉGENDAIRE DE LA NOBLESSE DE FRANCE

Devises, cris de guerre, dictons, etc., des provinces, des villes et des familles nobles de la France, au nombre de plus de six mille, recueillis, mis en ordre et précédés d'une introduction par le comte O. de Bessas de La Mégie. Paris, 1865. Magnifique vol. grand in-8 de 560 p., imprim. avec luxe, papier ordinaire; *au lieu de* 15 *fr.*, net,   8 fr

   Quelques exemplaires seulement.

NOBILIAIRE DU PONTHIEU ET DU VIMEU

Par M. le marquis DE BELLEVAL. 2e édit. revue, corrigée et augment. Paris, 1876. 1 gros vol. in-4 de près de 509 pages, à 2 col., format de La Chenaye des Bois et papier vergé; *au lieu de* 30 *fr.,*   8 »

LES NOMS FÉODAUX
Ou noms de ceux qui ont tenu fiefs en France.

Depuis le xiie siècle jusque vers le milieu du xviiie, par M. L. DE BÉTENCOURT, membre de l'Académie des inscriptions et belles-lettres. Réimpression *fac-simile* de l'édit. rarissime publiée à Paris en 1826, et contenant plus de vingt mille noms nobles. Cet ouvrage intéresse plus particulièrement les anciennes provinces de l'Anjou, de l'Aunis, de l'Auvergne, du Beaujolais, du Berry, du Bourbonnais, du Forez, du Lyonnais, du Maine, de la Marche, du Nivernais, de la Saintonge, de la Touraine, de l'Angoumois et du Poitou. Paris, 1867-1868. Cette réimpression, faite avec soin, sur pap. vergé, forme 4 vol. in-8; *au lieu de* 40 *fr.,*   22 fr.
   Presque épuisé.

CHEVALIERS DE MALTE
Ou Saint-Jean de Jérusalem.

Organisation contemporaine, liste générale, par Élizé DE MONTAGNAC. Paris, 1874. 1 vol. in-18 *avec figures; au lieu de* 3 *fr.* 50.   1 50

STATUTS DE L'ORDRE DU SAINT-ESPRIT
Au droit Désir ou du Nœud.

Institué à Naples en 1352, par LOUIS D'ANJOU, premier du nom, roi de Jérusalem, de Naples et de Sicile. Manuscrit du xive siècle, conservé au Louvre, dans le musée des Souverains français, avec une notice sur la peinture des miniatures et la description du manuscrit par M. le comte Horace DE VIEIL-CASTEL. Paris, 1853. 1 vol. in-fol. de 43 pages de texte et xvii *miniatures; au lieu de* 100 *fr.,* net,   60 fr.
   Quelques exemplaires seulement.

INDICATEUR DU MERCURE DE FRANCE

Contenant la liste alphabétique des personnages sur lesquels on trouve, dans l'immense collection du *Mercure de France,* des renseignements généalogiques, biographiques et nécrologiques, avec renvoi aux années, tomes et pages, par Joannis GUIGARD, auteur de la *Bibliothèque héraldique de la France.* Paris, 1869. Cette importante publication, qui a demandé de longues années de patientes lectures, forme un volume in-8. Elle est imprimée à deux colonnes, sur beau papier vergé; *au lieu de* 10 *fr.,* net,   4 fr.

HISTOIRE DU BEAUJOLAIS
Et les sires de Beaujeu.

Suivie de l'armorial de la province; par le baron Ferdinand DE LA ROCHE LA CARELLE. Lyon, imprimerie de Louis PERRIN, 1853. 2 vol. gr. in-8; *au lieu de* 40 *fr.,* net,   24 fr.
   Epuisé. Quelques exemplaires seulement.

LIVRES

En vénte aux prix marqués

A la Librairie d'Auguste AUBRY

LIVRES ARMORIÉS

OUVRAGES RELIÉS EN MAROQUIN OU VEAU PLEIN

AVEC ARMOIRIES DE ROIS, PRINCES, PERSONNAGES HISTORIQUES

ET BIBLIOPHILES CÉLÈBRES

6655. ALAMANNI (Luigi). Gyrone il cortese. *Stampato in Parigi da Rinaldo Calderio et Claudio suo figliolo.* (A la fin) : *Stampato in Parigi l'anno 1548,* pet. in-4 de 8 et 180 ff. à 2 col., lettres ital. Le dernier contient l'errata ; rel. en veau marb.   25 »

> La meilleure édition de ces poésies qui furent imprimées sous les yeux de l'auteur. Bel ex. de ce livre rare vendu 99 fr. Libri.
> Aux armes du marquis D'AIX A LA SERRAZ.

6656. ALGAROTTI. Le Newtonianisme pour les dames, ou Entretiens sur la lumière, sur les couleurs et sur l'attraction, trad. par Duperron de Castera. *Paris,* 1738 ; 2 vol. in-12, veau fauve. *(Bel ex.)*   8 »

> Aux armes de la duchesse de MONTMORENCY-LUXEMBOURG, née COLBERT de Seignelay.

6657. ALPHONSE (J.). Essai sur l'esprit de l'éducation du genre humain. *Paris, Doublet,* 1814, in-8, veau rac., dent.   8 »

> Aux ARMES DE CONDÉ, sur le dos et les plats, bel ex. sur papier vélin.

6658. ANTHOLOGIA Epigrammatum Græcorum, ab omni obscænitate vindicata. *Flexiæ (La Flèche), apud Lud. Hebert,* 1624, in-8, bas. fau., fil., tr. dor.   10 »

> Exemplaire donné pour prix de discours grec à un nommé PHILIPPE DES CARTES, au Collège des Jésuites de Rennes en 1655. La mention est signée Georges DE LAUNAY, dont les armes se trouvent sur les plats du vol.

6659. BELON (P.), du Mans. Plurimarum singularium et memorabilium rerum in Græcia, Asia, Ægÿpto, Judæa, Observationes. *Antverpiæ, ex off. Plantini*, 1589, in-8, bas. gr. *Figures de costumes, plans, hist. naturelle, botanique, gravées sur bois dans le texte.* 10

> Aux armes du savant Louis-Ferdinand COMTE DE MARSIGLI.

6660. **BILLIÙS** (D.-Jac.). Prunæus. Locutionum Græcarum in communes locos per alphabeti ordinem digestarum volumen. *Parisiis, apud J. Bene Natum*, 1578, in-8, vélin blanc, fil., tr. dor. 10 »

> Bel exemplaire dans sa reliure du XVIe siècle, aux armes de BECEREL DE LA BASTIE, en Bresse.

6661. **BODIN** (J.), angevin. De la Démonomanie des sorciers. *A Paris, chez Jacques du Puys*, 1580, pet. in-4, veau gr. 22 »

> Bel exemplaire AUX ARMES DE MONTCHAL.

6662. **CANTIQUE** spirituel sur la naissance de l'Enfant Jésus. Dédié à S. A. S. Mademoiselle d'Enghien. *Paris, Ve Adam*, 1682, in-8 de 16 p., avec *musique*, mar. br., fil. 10 »

> Aux armes de Henri-Jules, DUC DE BOURBON, fils du GRAND CONDÉ.

6663. **(CAZOTTE.)** Ollivier, poëme. *S. l. (Paris)*, 1763, 2 tomes en 1 vol. pet. in-8, v. gr., fil. 10 »

> EDITION ORIGINALE.
> Bel exemplaire relié par Pasdéloup aux armes du DUC DE JOYEUSE.

6664. **COLLECTION OF ANTHEMS** (a) used in His Majesty's chapel royal, and most cathedral churches in England and Ireland. *London*, 1769, in-8, mar. rou., fil., dent., tr. dor. 4 50

> Jolie reliure anglaise à l'écusson de la Chapelle royale de Saint-James, frappé en or sur les plats.

6665. **CORDEMOY** (de). Le Discernement du corps et de l'âme. *Paris, Lambert*, 1666, in-12, maroquin rouge, fil., comp., tr. dor. 6 50

> Reliure ancienne bien conservée aux armes de LE MOINE, de la Chambre des Comptes (?)

6666. **CUPER** (Gisbert). Lettres de critique, d'histoire, de littérature, etc., écrites à divers savants de l'Europe, publ. sur les originaux par M. de B*** (de Beyer). *Amsterdam*, 1742, in-4, *planches.* 18 »

> BEL EXEMPLAIRE, rel. de Pàsdelóup en maroq. citron, fil., tr. dor.
> Aux armes de GONDI DE RETZ.

6667. **DELEYRE.** Analyse de la philosophie de Bacon. *Amsterdam* et *Paris*, 1755, 2 vol. in-12, v. marb. 12 »

> Aux armes de MADAME d'EPINAY.

6668. DUHAMEL DU MONCEAU. Supplément au traité de la conservation des grains, avec plusieurs mémoires d'agriculture adressés
à l'auteur. *Paris,* 1765, in-12, maroquin rouge, fil., tr. dor.
Planches.   10 »

BEL EXEMPLAIRE aux armes du duc de CHOISEUL-STAINVILLE, avec les ex-libris
de Mᵐᵉ de *La Borde* et du baron *Grandjean d'Alteville.*

6669. EXCERPTA è scriptoribus græcis. *Parisiis, Brunet-Labbé.* 1815,
in-12, parch. blanc, fil., dent., tr. dor. (*Bel exemplaire.*)   6 »

Aux armes du DUC D'ORLÉANS, plus tard LOUIS-PHILIPPE Iᵉʳ, avec le cachet de
la Biblioth. de Neuilly.

6670. FEMMES FIDELLES (l'Art de rendre les); ouvrage imprimé en
1717, remis au jour et commenté avec des anecdotes; édition augmentée. *Genéve* et *Paris,* 1779, 2 parties en 1 vol. in-12, v. gr. (*Bel
exempl.*)   10 »

Aux armes de CHALANDRAY.

6671. FEYDEAU (Mat.). Méditations des principales obligations du
chrestien. Tirées de l'Escriture sainte, des Conciles et des Pères.
Paris, Le Mire, 1670, pet. in-12, maroq. rouge, fil., tr. dor., dos
orné.   15 »

BEL EXEMPLAIRE d'Armand-Charles de LA PORTE, duc de LA MEILLERAYE et de
MAZARIN, avec son chiffre couronné à chaque coin de la reliure.

6672. FONTENELLE (l'Esprit de), par Leguay de Prémontval. *La
Haye, Gosse,* 1753, in-12, parch., fil. (*Bel ex. de la Biblioth. Hebbe-
linck.*)   8 50

Aux armes de Victor-AMÉDÉE III, ROI DE SARDAIGNE.
Voir sur ce livre la longue et intéressante note de Beauzée (Quérard, Dict.
des Anonymes, édit. de 1873.

6673. GOMEZ (Mᵐᵉ de). Crementine, reine de Sanga, histoire indienne.
Paris, Le Clerc, 1727, 2 vol. in-12, veau fauve. *Jolies vignettes de
Bonnart, gravées par Scotin.*   8 »

Aux armes de BERNARD DE RIEUX.
Bel exemplaire.

6674. INFORTUNÉE HOLLANDOISE (l'), ou les Mémoires de Mᵐᵉ de
Belfont. *La Haye,* 1739, 2 tomes en 1 vol. pet. in-12. v. marb.   6 50

Aux armes de la DUCHESSE DE BOUFFLERS.

6675. INSCRIPTIONES BONONIENSES, infimi ævi Romæ extantes collectæ P. Aloysio Gallétthio, monacho casinensi in bibliot. vaticana. *Romæ*, 1759, in-4, vélin blanc, dent., tr. dor. 10 »

Aux armes du pape CLÉMENT XIII.
Belle reliure italienne.

6676. **JÉSUITES.** Remarques sur un écrit intitulé : Compte rendu des Constitutions des Jésuites, par de La Chalotais. *S. l. n. d.*, in-12, v. marb. 5 »

Aux armes de F.-M.-C. de LA TOUR, PRINCE DE TURENNE, grand chambellan.

6677. **LETTRES MOSCOVITES.** *A Konisberg*, 1736, in-12, v. fau. *Bel exemplaire.* 8 »

Aux armes de la duchesse de MONTMORENCY-LUXEMBOURG, née COLBERT de SEIGNELAY.

6678. **MAIMBOURG** (le P. L.). Histoire de la Ligue. *Paris, Mabre-Cramoisy*, 1686, in-4, v. marb., fil. *Beau titre gravé et vignette de Séb. Leclerc.* 8 50

Aux armes de PRONDRE DE GUERMANTE, receveur général des finances à Lyon.

6679. **MALLET.** Monumens de la mythologogie et de la poésie des Celtes et particulièrement des anciens Scandinaves. *Copenhague*, 1756, in-4, v. fauve, fil. 8 »

Aux armes de BERNARD DE RIBUX. (Grand écusson avec la devise : *Bellicæ virtutis præmium.*)

6680. **MARSI** in tres libros Ciceronis De Officiis Commentarii. — De Senectute comment. *Parisiis*, 1693, 2 part. en un vol. in-12, veau éc., fil., dent., tr. dor., *semé de fleurs de lis et de clés* sur les plats et le dos du vol. 6 50

Aux armes de Fr. de CLERMONT-TONNERRE, évêque et comte de Noyon, et avec l'ex-libris gravé et colorié du comte de Valory.

6681. **MASCARDI** (Augustini) Silvarum libri IV. *Antverpiæ, ex off. Plantiniana*, 1622, in-4, v. f., fil., tr. dor. *Bel exempl..* 10 »

Aux armes de Philippe de CROY, prince de CHIMAY. Le frontispice, dessiné par Rubens, est gravé par Th. Galle.

6682. **MERCURE SUISSE** (le) (par Spanheim). *S. l.*, 1634, pet. in-8, parch. 7 50

OUVRAGE RARE aux armes de Denis FRYDEAU DE BROU, intendant de Montauban en 1686, et avec l'ex-libris gravé de J.-Fr. Rondé.
Ces armes sont frappées en noir avec coquilles aux coins et sur le dos.

6683. **MOLLERI** (J.). Discursus de Cornutis et Hermaphroditis eorum-

que jure. *Berolini*, 1708, in-4, veau marb., tr. dor. *Rare, bel exemplaire.* 9 »

Aux armes frappées sur les plats et avec l'ex-libris de LEFEBVRE DE CAUMAR-
TIN SAINT-ANGE.

6684. MONTEREUL (Bernardin de). La Vie du Sauveur du monde
Jesus-Christ. Tirée du texte des quatre évangélistes, réduits en un
corps d'histoire divisé en iv parties. *Paris, veuve J. Camusat,* 1651,
4 vol. in-12, reliure du temps très-fraîche en maroquin rouge, fil.,
tr. dor., dos orné. 50 »

BEL EXEMPAIRE au chiffre couronné d'Armand-Charles de LA PORTE, duc de
LA MEILLERAYE et de MAZARIN. Le chiffre se trouve huit fois répété à chaque
volume.

6685. MORUS. Tableau du meilleur gouvernement possible, ou l'Uto-
pie de Thomas Morus. *Paris,* 1780, in-12, v. marb., fil, tr. dor. 7 50

Aux armes de LA ROCHEFOUCAULD, cardinal de Lorraine.

6686. MURAD (Mgr). Notice historique sur l'origine de la nation ma-
ronite et sur ses rapports avec la France. *Paris,* 1844, in-8, cart.,
dent. 3 50

Au chiffre couronné de LOUIS-PHILIPPE Ier, roi des Français.

6687. NOUVEAU GÉNIE du Christianisme, ou Leçons sur sa doctrine
et ses avantages. *Paris,* 1810, in-12, v. marb., fil. (*Ex. en parfait
état.*) 7 50

Aux armes de NAPOLÉON Ier (armes impériales sur les plats et les N couronnés au dos du vol.).

6688. PACIUS A BERIGA. Isagogicorum libri, in omnes titulos Institu-
tionum, Digestorum, Codicis et Decretalium, ed. nova cum addi-
mentis G. à Wassenaer. *Trajecti ad Rhenum,* 1662, in-8; *front. gravé,*
maroquin rouge, fil. 25 »

Aux armes de COLBERT, avec ses chiffres sur le dos du livre et sa signature
sur le titre.
Très-bel exempl. — Reliure d'une conservation parfaite.

6689. PASCAL (Bl.). Pensées de M. Pascal sur la religion et sur quelques autres sujets. Nouvelle édition augmentée. *Paris, G. Desprez,*
1683, in-12, veau fauve, fil. *Bel exemplaire.* 15 »

Aux armes de DOM PIERRE DE SAINT-BASILE MAIGROT, feuillant.
Exempl. d'une conservation parfaite.

6690. PICHENOT (l'abbé). Poésies sacrées, dédiées à Madame Adelaïde

de France. *Paris, Pierres*, 1787, in-8, maroquin rouge, fil., tr. dor.,
rel. anc. très-fraîche.   18 »

> Exemplaire sur papier de Hollande, aux armes de Charles-Ferdinand d'Ar
> tois, duc de Berry.
> Ce livre est dédié à Madame Adelaïde de France.

6691. QUEQUET (C.-F.), avocat général. Études de poésie latine appli-
quées à Racine; par C. F. Q. A. G. *Paris, Impr. roy.*, 1823, gr. in-8,
papier vélin, veau fauve, fil., tr. dor. Aux armes royales.   10 »

> Exemplaire de l'auteur, qui y a ajouté plusieurs pièces manuscrites en vue
> d'une autre édition.
> Traduction en vers latins de divers morceaux de Racine; le texte français
> est en regard.

6692. RECUEIL de huit pièces littéraires, en 1 vol. in-12, v. marb.
(*Aux armes du* duc de Joyeuse.)   10 »

> Petites lettres sur de grands philosophes (par Palissot). 1757. — La
> Pr...ade ou l'Apothéose du docteur Pr...pe. *Londres*, 1754. — Pensées philo-
> sophiques d'un citoyen de Montmartre (par le P. Sennemaud). 1756. — L'Alé-
> thophile (par La Harpe). 1758. *Satire violente contre Fréron.* — L'Ami des
> Arts, ou Lettre critique d'un vieux comédien sur les tragédies modernes.
> — Sermons du rabbin Akib (par Voltaire). 1761.

6693. RICCOBONI. Histoire du Théâtre italien depuis la décadence de
la Comédie latine; avec un catalogue des tragédies et comédics
italiennes imprimées depuis l'an 1500 jusqu'à l'an 1660. *Paris,
Chaubert*, 1728, gr. in-8, veau gr. *Titre et 18 belles planches de costumes
gravés à l'eau-forte par Poullain*, d'après Watteau.   35 »

> Exemplaire avec envoi autographe de l'auteur à M. de Gangé, et portant
> sur les plats les armes du duc de Richelieu.

6694. RUARI (Martini), nec non H. Grotii, M. Mersenni, etc., ad ipsum
Epistolarum selectarum centuria. *Amstelod., D. Ruarus*, 1677, petit in-8, v. br.   4 50

> Aux armes de l'abbé Bignon de l'Isle-Belle sur les plats et chiffre sur le dos.

6695. SCHOTT. L'Explication nouvelle de l'Apothéose d'Homère, représ. sur un marbre ancien; de l'usage du trépied de Delphes et de
l'emploi des engastrimythes. *Amst., J. Boom*, 1714, pet. in-4, veau
fauve. *Médailles gravées.*   6 50

> Bel exempl., aux armes de Rohan-Soubise sur le dos du vol.

6696. SERAN DE LA TOUR. Histoire de Scipion l'Africain, pour faire
suite aux Hommes illustres de Plutarque. *Paris, Didot*, 1752, in-12,
v. m. *Une carte et un plan de la bataille de Zama.*   4 »

> Aux armes du marquis Lancelot de Turpin de Crissé.

6697. **THOU** (Jac.-Aug. de). Historiarum sui temporis pars I. *Parisiis,* 1604, in-8 de 1106 pages, vélin, tr. dor. (tome Ier), sur grand papier. 25 »

Exemplaire du ROI.HENRI IV, auquel l'ouvrage est dédié, à ses armes frappées en or sur les plats de la reliure.
Ce précieux volume est orné d'un beau frontispice gravé, dans lequel se trouvent un joli portrait du roi en médaiilon et ses armoiries.

6698. **TURENNE**. Panégyrique de très-haut et très-puissant prince monseigneur Henry de La Tour-d'Auvergne, vicomte de Turenne (par le s^r de Faveroles, dit l'abbé Du Plessis). *Paris, Cl. Barbin,* 1676, pet. in-8, v. gr. 6 »

Aux petites armes de Lefèvre de CAUMARTIN SAINT-ANGE.

6699. **VEGETII** de re Militari libri quatuor; post omnes omnium editiones ope veterum librorum correcti a Stewechio. *Antverpiæ, apud Christ. Plantinum,* 1585, 2 parties en 1 vol. pet. in-4, maroq. fauve, fil., dent., semé de fleurs de lis, tr. dor. *Nombreuses figures sur bois.* 20 »

Belle reliure ancienne, parfaitement conservée, aux armes et au chiffre de WIGNEROT DU PLESSIS, MARQUIS DE RICHELIEU.
Au verso du titre des Commentaires se trouve un beau portrait de Stewechius, par Goltzius.

(*La suite au prochain* BULLETIN.)

CHOIX DE BROCHURES SUR LA NORMANDIE

6700. **ALLÉAUME**. Notice biographique et littéraire sur les deux Porée. *Caen,* 1854, in-8 de 90 pag., couronné par l'Acad. de Caen. 2 »

6701. **ANDELYS**. Eloge de Scipion de Dreux, marquis de Brézé (né aux Andelys), par le duc de Noailles. *Paris,* 1846, in-8 de 83 p. 1 50

6702. **ANDRIEU** (B.). Où donc est le bonheur! (Poëme). *Havre, chez Morlent,* 1836, in-8. 1 »

6703. **ARQUES**. Arrest concernant les délits commis dans les forests dépendants de la maistrise d'Arques. 1726, in-4. 1 50

6704. **ARQUES** (Notice sur le chateau d'). *Rouen, A. Peron,* 1849, broch. in-8, avec une *belle planche s. bois par Catenacci.* 1 »

6705. **ARQUES** (les Bernardines d'), par A.-H. Taillandier. *Paris,* 1865, in-8. *Figure.* (Tiré à 50 ex.) 2 »

6706. **ARREST** du parlement de Normandie du 18 juillet 1752 entre M. le maréchal de Bello-Isle, duc de Gisors, et les seigneurs opposans à l'enregistrement de ses lettres. In-4 de 64 pages. 2 »

6707. **ASSOCIATION NORMANDE** pour la conservation et la description des monuments historiques. *Caen,* 1833, in-8. » 50

6708. **CAEN**. Traduction des vers présentés à M. Feydeau, marquis de

Brou., intendant de la généralité de Caen, à son arrivée en cette ville par les écoliers du collége du Mont. *Caen*, 1784, in-8. (Texte en regard.) 1 50

6709. CAEN. Académie de Caen. Extrait de la séance du 17 avril 1820. In-8. (Le deuil de la ville de Caen au sujet de la mort de S. A. R. le duc de Berry. 1 50

6710. CAEN. Annuaire de la Société d'agriculture et de commerce de Caen. 1812. 1 »

6711. CARAULT (E.). Notice hist. et bibliogr. sur M. Marquis. *Rouen, Baudry*, 1829, in-8. *Envoi d'auteur.* 1 »

6712. CAUMONT (A. de). Rapport sur les antiquités de Trèves et de Mayence. *Caen*, 1843, in-8. 22 *planches gravées dans le texte.* 2 50

6713. CAUVET (J.). Le droit de Colombier sous la coutume de Normandie. *Caen*, 1861, in-8. 1 25

6714. CHAIGNE. Voyage sur la Seine, en vers et en prose, de Rouen au Havre-de-Grâce. *Rouen, Baudry*, 1821, in-8 de 60 pag. *Rare.* 2 50

6715. CHERBOURG (Journal de Saint-Cloud à), ou Récit de ce qui s'est passé à la suite du roi Charles X, par Th. Anne. *Paris*, 1830, in-8. 1 »

6716. CHERBOURG (Détails historiques sur l'ancien port de), par A. Asselin. *Cherbourg*, 1826, in-8, non coupé. 2 »

6717. CHERBOURG. Mémoire sur le temple gaulois de Kerkeville, près Cherbourg, par Asselin. *Cherbourg*, 1833, in-8. *Figure coloriée.* 1 50

6718. (COUSIN-DESPRÉAUX.) Adresse au roi, de France, Louis XVIII, par un vieillard de Normandie. *Dieppe*, 1814, in-8. 1 »

6719. ELLIS. Description du Mangostan et du fruit à pain, trad. de l'anglais. *Rouen, Machuel*, 1779, in-8. 2 planches gravées. 1 50

6720. ÉMERIC-DAVID. Mémoire sur la dénomination et sur les règles de l'Architecture dite gothique. *Caen, Hardel*, 1839, in-8. 1 »

6721. EURE. Tableau sommaire des archives de l'Eure, par Lebeurier. *Evreux*, 1860, broch. in-8. 1 25

6722. EVREUX. Arrest du Conseil d'Estat... qui ordonne que le sieur du Vaucel de Vaucardet aura la préséance dans les processions, offrandes... et autres honneurs de l'église de Saint-Gilles d'Evreux. 1724. In-4. 2 »

6723. FRANCK (Mlle Elisa). N.-D.-de-Bon-Secours. *Rouen*, 1846, broch. in-8. 2 *planches* et 2 pages de vers de Mmes Franck et Lebreton sur la catastrophe de Monville. 1 »

6724. LE CARPENTIER. Essai histor. sur Jouvenet, peintre, né à Rouen en 1644. *Rouen, F. Baudry*, an XII, in-8. 1 »

6725. LE CERF DE LA VIÉVILLE. Eloge des Normands, ou Histoire abrégée des grands hommes de cette province. *Paris*, 1748, in-12, non rogné. 3 »

2e partie seulement, comprenant 132 pages; elle est terminée par une Histoire du royaume d'Yvetot.

6726. MANCHE (Canaux de la), indiqués pour ouvrir à Paris deux débouchés à la mer (par Dupin-Triel). *Paris*, au IX, in-8, 17 pag. » 75

6727. MORTAIN (les Stalles de l'église de), par H. Sauvage. *Mortain*, 1864, in-8. (*Tiré à 50 ex. seulement numérotés.*) 2 »

6728. (PLUQUET.) Curiosités littéraires concernant la province de Normandie. *Caen, Chalopin*, 1827, in-8 de 52 p. *Rare.* 2 50

6729. PONT-AUDEMER. Arrest du Conseil d'Estat pour la liquidation des dettes de la ville de Pont-Audemer. 1682, in-4 de 8 p. 2 »

En marge se trouve un reçu autogr. relatif à cet Arrêt, daté de 1682 et signé : Boissel.

6730. PONT-AUDEMER. Une lettre inédite du maréchal d'Ancre, datée de Pont-Audemer, par V. Adviélle. 1869, in-8. *Envoi d'auteur.* » 75

6731. ROUEN. Arrest du Conseil d'Etat du Roy, en forme de règlement, concernant le service des compagnies de la Cinquantaine et Arquebusiers de la ville de Rouen. 1739, in-8 de 8 p.—Adresse des citoyens de Rouen, à l'Ass. nat. (1792); ens. 2 broch. 1 50

6732. ROUEN. Arrest qui permet aux maire, échevins et autres officiers municipaux de Rouen, de prendre de l'argent à rentes viagères pour la construction d'un nouvel Hôtel de Ville. 1756, in-fol. de 4 p., avec une lettre d'envoi imprimée, signée : *Mullot, receveur.* 2 »

6733. ROUEN. Coppie d'une lettre escrite par Edmond de Panygrolles à un seigneur du pays de Bourgongne : en laquelle est contenu le discours de ce qui s'est passé aux Estats provinciaux de Normandie, tenus à Rouen. *Paris*, 1578, in-8. (*Réimpression.*) 1 50

6734. ROUEN. Esquisse d'un projet pour améliorer la navigation de la Seine entre Rouen et la mer. *Caen*, 1822, in-4 de 8 p. » 50

6735. ROUEN. Saint-Gervais de Rouen. Eglise et paroisse, par J. Thieury. *Rouen*, 1859, in-8 de 180 pages. *4 planches.* 3 »

6736. THÉRY (A.), recteur de l'Académie de Caen. 7 broch. in-8. 4 »

Pierre Patris. 1862. — Excursion à travers un manuscrit normand de 1720. 1865. — Discours de rentrée des facultés de droit, des sciences et des lettres de Caen. 1866. — Souvenirs littéraires. 1866. — Une étude de mœurs au xii° siècle. 1866. — Recherches sur la vie et les œuvres d'une précieuse. 1866. — Etude sur Jean Petit de Salisbury (xii° siècle). 1867.

6737. THIEURY (J.). Bibliographie italico-normande, contenant : 1° Un Essai historique sur les relations entre l'Italie et la Normandie; 2° une biothèque des ouvrages relatifs à l'Italie, composés par des auteurs normands. *Paris*, 1864, in-8, br. 1 50

6738. THOMMEREL. Recherches sur la fusion du franco-normand et de l'anglo-saxon. *Paris*, 1841, in-8 de 116 p. *Rare.* 4 »

6739. TRAVERS (J.). Addition à la vie

et aux œuvres de Nic. Vauquelin des Yveteaux. *Caen*, 1856, in-8. 1 50

6740. TRAVERS (J.). Biographie de M. Louis Du Bois. *Caen, Hardel,* in-8. » 50

6741. TRAVERS (Julien). La Pitié sous la Terreur. *Caen*, 1869, gr. in-8, br., titre rouge et noir. *Avec musique notée, par J. Carlez.* 3 »

Drame en 4 actes, en vers, avec préface et nombr. notes historiques.

6742. TRAVERS (J.). M. le comte de Guernon-Ranville et le Journal manuscrit de son ministère. *Caen*, 1866, in-8. » 75

6743. TRAVERS (Gilles-Julien). Recueil de 22 opuscules in-8. (Collection difficile à réunir.) 12 »

Les distiques de Muret, imités en quatrains français. 1834. — Dyonisii Catonis Disticha de moribus ad filium, in gallicos versus translata. *Falesiæ*, 1837 (Thèse pour le doctorat). — Excursion dans le nord du Passais normand. 1838. — Rapport sur les travaux de l'Académie. *Caen*, 1843.— — Notice sur Narcisse Vieillard. 1857. — Notice sur Fr. Boisard. 1852. — Notice sur P.-B. Durand. 1854. — Biographie de Ch.-G. Porée. 1854. — Rapport sur les travaux de l'Académie. *Caen*, 1854.— Note sur quelques manuscrits. 1855. — Première olympique de Pindare. 1855. — Addition à la vie et aux œuvres de Vauquelin des Yveteaux. 1856. — Biographie de L. Du Bois. 1856. — Le Bréviaire de P.-D. Huet. 1858. — Notice sur V.-E. Pillet. 1858.— Notice sur J.-A. Delaporte. 1858. — Le comte de Guernon-Ranville et le Journal de son ministère. 1866. — Olivier Basselin et les Compagnons du Vau-de-Vire. 1867.—Prix de l'Empereur. Rapport. 1869.—Léon Fallue, sa vie et ses œuvres. 1869. — Sur une édition des Foresteries. 1869.

6744. TRAVERS (J.). Sur une édition des Foresteries de J. Vauquelin de La Frésnaie. *Caen*, 1869, in-8. » 50

6745. TRÉPORT (Eglise du). *Abbeville*, 1847, in-12. 1 *planche dessinée et gravée par M*lle *Espérance Langlois.* 1 »

6746. **TRIPES** (les), par deux normands (Levavasseur). *En Normandie* (*Alençon*), 1873, in-8. 1 50

6747. **VERNEUIL** (Notice sur) et son église, monument historique, par l'abbé Amaury. *Paris, Didot,* 1863, gr. in-8. 2 *planches.* 1 50

6748. **VIEILLARD** (P.-A.). Epître à L.-B. Picard sur son roman intitulé : Les Aventures d'Eugène de Senneville... par un Normand, suivie d'Herminie, scène lyrique. *Paris,* 1813, in-8. 1 »

6749. **VILADE** (L. de). Les Coutumes de Normandie, mises au courant de la jurisprudence actuelle. *Paris, Durand,* 1864, in-12. 2 »

6750. **WAINS-DESFONTAINES.** Dithyrambe sur la statue de P. Corneille. *Rouen,* 1834, in-8. » 75

6751. **WIMPFFEN** (F. de), député du Calvados. Rapport du Comité militaire fait à l'Assemblée nationale. 1790. In-8. 1 25

OUVRAGES DIVERS

ANCIENS ET MODERNES

6752. **ŒUVRE DE JEHAN FOUCQUET.** Heures de maistre Estienne Chevalier, trésorier général de France sous les rois Charles VII et Louis XI. *Paris, Curmer,* 1866, 2 vol. in-4, belle reliure en maroquin rouge, avec incrustations de maroquin noir, genre Grolier, tr. dor., dans des étuis. (Publié à 360 fr. en feuilles et la reliure des 2 vol. Environ 300 fr.) 340 »

Bel ouvrage enrichi d'un nombre considérable de miniatures, chefs-d'œuvre de l'art au temps de la Renaissance, et de bordures en chromolithographie d'une grande beauté. C'est la reproduction des miniatures appartenant à **M. L. Brentano**, à M. Feuillet de Conches et à M. A.-F. Didot, avec un texte composé de *l'Office de la Vierge, de l'Office de la Passion, de Prières aux Saints et aux Saintes, de Lectures et Méditations,* restitué par M. l'abbé Delaunay.

En dehors des peintures de Foucquet, ce livre est enrichi de bordures et d'ornements à toutes les pages.

6753. **ABBEVILLE.** Géographie historique et populaire des communes de l'arrond. d'Abbeville, par F. Lefils. *Abbeville, J. Gamain,* 1868, in-8, br. (8 fr.) 5 »

6754. **AMOURS DE HENRI IV** (les), roi de France, suivies de sa correspondance avec ses maîtresses, d'un récit du premier accouchement de Marie de Médicis. *Paris, Collin,* 1807, 3 tom. en 1 vol. pet. in-18, d.-rel. neuve, maroq. rou. 5 »

6755. **ANCELOT.** Fiesque, tragédie, 1824.—Marie de Brabant, poëme.

1825. — L'Important, comédie. 1827. — Elisabeth d'Angleterre, tragédie. 1829. — Les Familières, épîtres en vers. 1842. 5 pièces in-8, déreliées. 6 50

> Toutes ces pièces, moins les Familières, portent un envoi d'auteur signé, à M. Jules Lefèvre.

6756. **ASSELINEAU** (Ch.). Notice sur Théodore Desorgues (poëte de la Révolution, né à Aix, mort à l'hospice de Charenton en 1808). *Caen*, 1862, broch. in-8. 1 50

6757. **BALE.** Livre de la Bourgeoisie de Bâle, ou Notices généalogiques des familles bourgeoises de cette ville, avec la biographie des personnages marquants. *Bâle*, 1819, in-8, d.-rel. 250 *armoiries gravées*. 5 »

> Texte allemand.

6758. **BARTHÉLEMY.** Ma Justification. *Paris, Perrotin*, 1832, broch. in-8, en vers, avec prologue. (*Sur le titre un curieux bois gravé, représ. une scène de la Révolutiou de 1830 sur la place de la Bourse.*) 2 »

6759. **BARTHÉLEMY** (Edouard de). Madame la comtesse de Maure, sa vie et sa correspondance, suivies des Maximes de Mme de Sablé et d'une Étude sur la vie de Mlle de Vandy. *Paris, Gay*, 1863, in-12, br. 5 »

> Sur pap. de Hollande, tiré à 80 ex. numérotés.

6759 *bis*. —— Le même, pap. ord., tiré à 400 ex. 2 50

6760. **BOILEAU.** Œuvres, avec un nouveau commentaire par Amar. *Paris, Lefèvre, impr. de J. Didot*, 1824, 4 vol. in-8, dem.-reliure, dos et coins maroquin vert du levant, tête dorée, n. rog. *Portrait gravé par Sisco (Dumergue.)* 28 »

> Exemplaire sur papier cavalier vélin dans lequel on a ajouté le *portrait de Boileau gravé par Savart.* (Remargé.)
> De la collection des Classiques français.

6761. **BOURGOGNE, DAUPHINÉ**, Provence, Lorraine, etc. Recueil d'environ 50 pièces publiées en 1788. 1 vol. in-8, dérelié. 10 »

> Procès-verbaux, arrêts, protestations, remontrances, des parlements, des baillages, de la noblesse, du clergé, etc. de Besançon, Toulouse, Gray, Villefranche, Riom, Mâcon, Metz, Nancy, Dijon, Nuits, Gex, Châtillou-sur-Seine, Ornaus, Saulieu, Semur, Avalon, Bourg-en-Bresse, Montbrison, etc.

6762. **BRETON** (Athènes décrite et dessinée par E.), suivie d'un voyage dans le Péloponèse. 2e édit. *Paris, Guérin*, 1868, gr. in-8, d.-rel., dos et coins de maroq. rouge, tr. dor. *Nombreuses planches et figures dans le texte.* 9 »

6763. **BRETON.** Pompéia, décrite et dessinée par Ernest Breton, suivie d'une notice sur Herculanum. *Paris, L. Guérin,* 1870, gr. in-8, d.-rel., dos et coins de maroq. vert, non rogné, tête dorée (reliure neuve). 14 »

Ouvrage orné d'un grand nombre de planches et figures dans le texte, et du plan des fouilles (3e *édit. consid. augmentee*).

6764.. **CAMPARDON** (Em.). Marie-Antoinette à la Conciergerie (du 1er août au 16 octobre 1793), pièces originales conservées aux archives de l'empire, suivi de notes histor. et du procès de la reine. *Paris, Gay,* 1864, in-12, br. 2 50

6765. **CARESME PRENANT** (Procès et amples examinations sur la vie de), dans lesquelles sont amplement descrites toutes les tromperies, astuces, caprices, bizarreries, fantaisies, inventions, débordemens, etc., qu'il a commises et fait practiquer en la présente année, avec la sentence, etc., trad. d'italien en françois, *et se vend ruë Sainct-Jacques, à l'enseigne Sainct-Nicolas.* 1609. 3 50

Réimpression faite à petit nombre chez Crapelet, sur papier de Hollande, avec un bois gravé.

6766. **CELLER** (Lud.). Contes. *Paris,* 1875, in-18 jésus, br., papier vergé. .3 »

La visite du docteur Méplat. — Une vengeance photographique. — L'homme de bronze.

6767. **CELLER** (Lud.). Etudes dramatiques. La Galanterie au théâtre. *Paris,* 1875, in-18 jésus, br., papier vergé. 3 »

6768. **CHRISTOPHLE** (A.), député de l'Orne. Une Election municipale en 1738. Etude sur le droit municipal au XVIIIe siècle. *Paris,* 1874, pet. in-8, papier vergé, titre rouge et noir. 5 »

6769. **COLLECTION DES CLASSIQUES.** *Paris, Leroi, impr. de Jules Didot l'aîné,* 1833, 2 forts vol. in-8, d.-rel., dos et coins maroq. rouge. *Portraits (Muller). Bel exempl.* 28 »

Edition compacte contenant les œuvres choisies de Voltaire, J.-B. Rousseau, La Fontaine, Molière, Boileau, J. Racine, Corneille, Malherbe, L. Racine, Gresset, Regnard, Destouches, La Rochefoucauld, La Bruyère, Fénelon, Massilon, Fléchier, Bossuet, Pascal, Montesquieu et Le Sage.

6770. **CONSTITUTION FRANÇAISE** (la), décrétée par l'Assemblée na-

tionale constituante, avec une longue table alphabétique. *Paris,
impr. de Didot jeune,* 1792, in-32, bas. marb., fil., tr. dor.   3 »

6771. CORNEILLE (P.). Œuvres, avec les notes de tous les commenta-
tateurs. *Paris, Lefèvre, de l'impr. de J. Didot,* 1824, 12 vol. in-8, *papier
cavalier vélin,* dem.-rel. maroquin vert. *Portrait. (De la collection des
Classiques françois.)*   65 »

> On a ajouté à cet exemplaire le rare et beau portrait de Corneille, gravé
> par Ficquet. (Remargé.)

6772. DANSE DE LA MORT (la), poëme espagnol du xıvᵉ siècle; par
le comte de Puymaigre. Broch. in-8 de 13 pag. *Rare.*   1 50

6773. DIDOT fils aîné. L'Ami des jeunes demoiselles, suivi d'une épître
aux célibataires. *Paris, Didot aîné,* 1789, pet. in-18, br.   3 50

> Très-jolie impression s. pap. vélin de Hollande.

6774. DUPLESSI-BERTAUX. Album de la jeunesse, des amateurs et des
artistes. *Arts et métiers, chevaux, chasses, scènes militaires, scènes parisiennes, métiers,* etc., dessinés et gravés à l'eau-forte par feu Duplessi-Bertaux. *Paris,* 1823, in-8 obl., cart. 24 *planches.*   12 »

> Épreuves avant la lettre.

6775. FOUGERET DE MONBRON. La Henriade travestie, suivie des
Amours de Mars et de Vénus. *Paris,* 1829, pet. in-18, cart., non
rog.   2 50

6776. FOURNIER (Edouard). Un Prétendant portugais au xvıᵉ siècle,
suivi d'Etudes sur un prédicateur portugais à Paris, en 1610. — La
Rosalda et l'origine de la Fiancée du roi de Garbe. *Paris, l'auteur,*
1852, gr. in-18 jésus, br.   4 »

> Tiré à petit nombre et devenu rare.

6777. FRANKLIN (Alf.). Préface du catalogue de la Bibliothèque Mazarine, rédigé en 1751, par le bibliothécaire P. Desmarais, publiée,
traduite en français et annotée par A. Franklin. *Paris, Miard,* 1867,
in-12, pap. vergé, tiré à 300 ex. *Epuisé.*   2 »

6778. GRANDVILLE (J.-J.). Métamorphoses du jour, ou les Hommes à
têtes de bêtes. *Paris, Aubert, s. d.,* in-4 oblong, cartonnage d'éditeur.
71 *planches. (Complet.)*   50 »

> Exemplaire colorié. Premier tirage.

6779. GRAVURE SUR BOIS (Histoire de la) depuis les temps les plus reculés, suivie d'une Etude sur les jeux de carte et d'une liste des principaux ouvrages xilographiques, par J. Heller (texte allemand). *Bamberg*, 1823, in-8 de 470 pages, d.-rel. *Planches fac-simile et nombreux monogrammes.* 8 »

6780. **GUTTINGUER** (Ulric). Fables et Méditations et sonnets. *Paris, Joubert, 1837,* in-8, br. 3 50

6781. **HOFFMANN.** Deux raretés bibliographiques de la bibliothèque de Hambourg. *Brux.*, 1862, broch. in-8. 1 »

6782. **HOUSSAYE** (Arsène). Le Royaume des Roses. *Paris, Blanchard,* 1851, in-8 anglais, pap. vélin, br. *Nombr. vignettes s. bois par Gérard Séguin.* 2 50

6783. **HUGO** (Victor). Lucrèce Borgia, drame, précédé d'une préface datée du 12 février 1833. *Paris, Eugéne Renduel,* imprimerie d'*Everat,* 1833, in-8, d.-rel. du temps, maroq. vert, fleurons romantiques; NON ROGNÉ. 35 »

EDITION ORIGINALE, rare.

Notre exempl. est orné de l'eau-forte de Célestin Nanteuil (*chine*), salon boisé et sculpté. Alphonse de Ferrare, en riche costume et coiffé d'une toque à plume blanche, est assis à gauche dans un fauteuil ducal et s'accoude à une table recouverte d'un tapis, sur laquelle sont posés les flacons et les coupes. Lucrèce, vêtue de blanc, est debout derrière la table ; Gennero, à droite, debout et tête nue ; — au dessus du carré de chine, deux anges déroulent une banderolle qui contient le titre et surmonte le dôme du Palais ducal de Venise.

L'ex. de la vente Ch. Asselineau a été adjugé 52 francs.

6784. **JAL** (A.). Souvenirs d'un homme de lettres. 1705-1873. *Paris, Téchener,* 1877, pet. in-8 de 570 pages, br. 5 »

J. Berchoux et le Cuisinier de l'École navale. — Les plaisirs de la table sous la République et sous l'Empire. — Mon premier éditeur et le Radean de la Méduse. — Les Partis et la Littérature militante sous la Restauration. — Les Rédacteurs du *Miroir,* etc.

6785. **LA BORDE** (le comte de). De l'organisation des bibliothèques dans Paris. *Paris, Franck,* 1845, 3 fasc. grand in-8, *ornés de belles planches gravées et plans.* 12 »

Première lettre : La Bibliothèque royale. — Quatrième : Le Palais Mazarin et les habitations de ville et de campagne au xvii⁰ siècle. — Huitième : Etude sur la construction des bibliothèques.

Ces trois lettres (seules parues) se trouvent rarement réunies).

6786. **LAFAYETTE** (Huit lettres de Mᵐᵒ de) à Mᵐᵒ de Sablé. *Paris, libr. des Bibliophiles,* 1870, pet. in-12, pap. vergé. 1 50

6787. **LA FONTAINE.** Œuvres; nouvelle édition revue et accompagnée

de notes par C. A. Wackenaer. *Paris, Lefèvre, de l'impr. de J. Didot,*
1827, 6 vol. in-8, d.-rel., dos et coins maroquin violet, tête dorée,
non rognée. *Portrait. (De la Collection des classiques françois.)* · 35 »

> Exemplaire sur papier cavalier vélin auquel on a ajouté le *beau portrait de
> La Fontaine gravé par Ficquet.* (Remargé.)

6788. **LAFORGE** (Ed.). Des arts et des artistes en Espagne jusqu'à la
fin du xviiie siècle. *Lyon, impr. de Louis Perrin,* 1859, in-8 de
370 p., tit. rouge et noir, sur pap. teinté à l'antique. (12 fr.).   9 »

> Beau vol. tiré à petit nombre. *Epuisé.*

6789. **LA ROCHEFOUCAULD.** Réflexions, ou Sentences et maximes
morales. *Paris, Lefèvre, impr. de J. Didot,* 1827, in-8, papier cavalier
vélin, d.-rel., dos et coins veau bleu, tête dorée, n. rog. *Portrait.*
(*De la collection des classiques françois.*) *Rare.*   ·18 »

6790. **LEBLANC** (Léonide). Les Petites comédies de l'amour. *Paris,
Lemerre,* 1865, in-12, br. *Portrait de L. Leblanc, à l'eau-forte, sur
chine, gravé par Masson, et fac-simile autogr.*   . 4 »

> Exempl. sur papier de Hollande.

6791. **LE DIGNE** (N.), champenois. Le Tombeau de havlt et pvissant
seignevr Iean Lois de La Rochefoucault, comte de Randan, etc.,
gouverneur et lieut. général au haut et bas pais d'Auvergne. *Paris,*
· J. *Périer,* 1600, in-8, br., pap. de Holl., de 64 p.   '   4 50

> Réimpression à 100 ex. faite à Clermont-Ferrand en 1844, précédée d'un
> avertissement sur les poésies de Le Digne, par G. Desbouis.

6792. **LEFEUVE.** Le Tour de la vallée. *Montmorency,* 1867, 2 vol. in-8,
br., sur papier vergé de fil. (20 fr.).   8 50

> Comprenant l'histoire et la description de : Montmorency, Deuil, Epinay,
> Montmagny, Groslay, Saint-Brice, Béthemont, Bessancourt, Taverny, Napo-
> léon-Saint-Leu, Montligny, Eaubonne, Pierrelaye, Erblay, Franconville, St-
> Gratien, Enghien, etc.

6793. **LE PRÉVOST** (Mémoires et notes de M. A.), pour servir à l'histoire du département de l'Eure, recueillis et publiés par L. Delisle
et L. Passy. *Evreux, Hérissey,* 1862-72, 3 vol. en 6 parties in-8, br.
(30 fr.).   20 »

6794. **LESCURE** (M. de). Lord Byron, histoire d'un homme (1788-
1824). *Paris, Faure,* 1866, gr. in-12, br.   5 »

> Ex. de luxe sur pap. vélin, orné de deux portraits de L. Byron sur chine
> avant la lettre et sur chine volant.

6795. **L'ESTOILE** (Pierre de). Journal du règne de Henri IV, roi de

France, avec des remarques historiques et politiques, par C. B. A. (le P. Bouges). *La Haye* (Paris). *Vaillant,* 1741, 4 vol. pet. in-8, bas. marb. (*Mouill. d'eau à la fin du tome 2.*) 12 »

6795 *bis.* —— Le même, 4 vol., v. marb. (La reliure du tome 3 diffère un peu par la dorure du dos.) 12 »

6796. **LESURQUES** (Mémoire pour la famille de Joseph), condamné à mort par erreur, par Coquart, avocat. *Paris,* 1832, in-4, br. de 64 p. 2 »

6797. **L'HUILLIER** (Th.). Une Famille briarde du temps passé. Les Louviers. — Maurevert. — Un Tribunal forain à Meaux, ens. 2 broch. in-12 (1877). 1 »

6798. **L'HUILLIER** (Th.). La Bibliothèque et les bibliothécaires du château de Fontainebleau au temps passé. *Meaux,* 1877, in-12, br. » 75

6799. **L'HUILLIER** (Th.). La Formation du départ. de Seine-et-Marne en 1790. *Meaux,* 1875, broch. in-8. 1 25

6800. **L'HUILLIER** (Th.). Notice histor. et archéolog. sur la commanderie de Beauvais-en-Gatinais. *Meaux,* 1873, broch. in-8 de 32 pages. 1 50

6801. **LIVRES DE MILLE FRANCS.** Livres payés en vente publique 1,000 francs et au-dessus depuis 1866 jusqu'à ce jour. Aperçu sur la vente Perkins, à Londres, étude bibliographique, par Philomneste Junior. *Bordeaux,* 1877, 1 vol. in-8 de xii et 160 pages. *Tiré à 250 ex. numérotés,* sur beau papier vergé. 8 »

Tous les ouvrages cités dans ce curieux volume sont classés alphabétiquement, et chaque article est suivi d'amples et curieuses notes historiques et bibliographiques.
Comme toutes les publications de M. Ph. Jr (Gustave Brunet), celle-ci sera vite épuisée et recherchée des bibliophiles.

6802. **LIVRE** (le) de quatre couleurs (par Caraccioli). *Aux quatre éléments de l'imprimerie des quatre-saisons, 4444. Paris, Duchesne,* 1760, pet. in-12, br., non coupé. 3 50

Imprimé en quatre couleurs, vignette s. le titre.

6803. **LORRAINE** (Testament politique du duc Charles de), précédé d'une introd. avec notice bibliographique, par Anatole de Montaiglon. *Paris, académie des Bibliophiles,* 1866, in-12, br. *Epuisé.* 5 »

Tiré à 200 ex. sur papier vergé, numérotés.

6804. **MAGNY** (L. de). Archives de la noblesse. Nobiliaire universel, recueil général des généalogies historiques et véridiques des maisons nobles de l'Europe. 12e vol. *Paris,* 1877, in-4, br.   . 20   »

6805. **MALHERBE.** Œuvres choisies, avec des notes de tous les commentateurs, publ. par Parrelle. *Paris, Lefèvre, impr. de J. Didot,* 1825, 2 vol. in-8, pap. cavalier vélin, jolie d.-rel. maroq. rouge, tr. dor. *Portrait gravé par Roger. (De la coll. des classiques françois.)* 8 50

6806. **MÉRIMÉE** (Prosper). Mateo Falcone, publié d'après le manuscrit de l'auteur, par le marquis de Queux de Saint-Hilaire; précédé d'une préface et de deux lettres inédites adressées à Mérimée, l'une par M. Thiers, l'autre par Béranger. *Paris,* 1876, 1 vol. pet. in-4, papier vélin de fil, titre rouge et noir, *orné d'un portrait inédit colorié, d'après une gouache restée inconnue jusqu'à ce jour.*   20   »

   Tiré à 100 exemplaires. — *Epuisé.*

6807. **MILLEVOYE.** Œuvres complètes, préc. d'une notice biograph. et littér. *Paris, Furne,* 1827, 4 vol. in-8, d.-rel. v. fauve. *Portrait et deux figures par Tony Johannot. (Belles épreuves.)*   12   »

6808. **MIRACLE** de monseigneur sainct Nicolas, dung juif qui presta cent écus a ung crestien, à xviii personnaiges. Pet. in-8 de 92 pag. 2 *fig. s. bois.*   5   »

   Réimpression fac-simile en gothique, sur papier de Hollande, à 200 ex., faite en 1868.

6809. **MOLIÈRE.** Œuvres complètes, avec les notes de tous les commentateurs, édition publiée par L. Aimé-Martin. *Paris, Lefèvre, imp. de J. Didot,* 1824, 8 vol. in-8, d.-rel., dos et coins cuir de Russie, tête dorée, n. rog. *(Dumergue.)*   50   »

   Exemplaire sur papier cavalier vélin, orné du *portrait de Molière gravé par Ficquet* (remargé), en plus de celui de l'édition.
   De la collection des Classiques françois.

6810. **MONTESQUIEU.** Œuvres avec les notes de tous les commentateurs, édition publiée par L. Parrelle. *Paris, Lefèvre, impr. de J. Didot,* 1826, 8 vol. in-8, d.-rel., dos et coins maroq. rouge, tête dorée, n. rog. *Portrait. (Dumergue.)*   40   »

   Exemplaire sur papier cavalier vélin. De la collection des Classiques françois.

6811. **NICOLLE** (Henri). Les Jouets, ce qu'il y a dedans. *Paris, Dentu,* 1869, in-12, br. *(Tiré à petit nombre.)*   2   »

6812. **NODIER** (Charles). Trésor des fèves et fleurs des pois. — Le génie Bonhomme. — Histoire du chien brisquet. *Paris, Hetzel*, gr. in-8 anglais, sur pap. vélin *orné de 120 vign. de Tony Johannot.* 4 »

6813. **OURLIAC** (Ed.). Le Prince coqueluche, son histoire intéressante et celle de son compagnon Moustafa. *Paris, Hetzel*, 1855, in-8 angl., pap. vélin, *nombr. vignettes sur bois par Eug. Lacoste.* 3 »

6814. **PARIS.** Dictionnaire administratif et historique des rues de Paris et de ses monuments, par F. et L. Lazare. *Paris*, 1844, gr. in-8, d.-rel. bas. verte. 3 50

6815. **PELABON** (le citoy.), de Toulon. Lou Grouilé Bel-Esprit vo suzeto et Tribor, comédie en 2 actes et en vers provençaux, mêlée de chants. *Avignon*, 1816, in-8, br., non rogné. 2 »

6816. **PIEDAGNEL** (Alex.). Avril. (Poésies). *Paris*, 1877, pet. in-8, papier vergé, titre rouge et noir. *Joli front. à l'eau-forte par Giacomelli, gravé par Lalauze.* 5 »

6817. **PIÈCES RARES** (réimpression de). *Paris, impr. de Didot*, 1825, in-8, br. 6 »

> Le débat de deux demoiselles, l'une la noire, l'autre la tannée. — La vie de saint Harenc. — Débat et procès do nature et de jeunesse à deux personnages. — Le Débat du corps et de l'âme, et la Vision de l'ermite. — Complainte de trop tard marié. — Le Débat du vin et de l'eau. *Chaque pièce avec notes et suivie d'un Glossaire.*

6818. **PIRON A BEAUNE** (Voyage de), nouv. édit. publ. s. les mss. autogr. originaux, avec introd. et notes. *Paris, Gay*, 1863, pet. in-12, br. *Epuisé.* 2 50

6819. **PRIMEROSE**, par M.. el de V. dé (Morel de Vindé). *Paris, Leclére*, 1863, pet. in-18, sur grand pap. vélin. 6 *jolies vignettes de Lefèvre, grav. par Godefroy.* 12 »

> Charmante réimpression de l'édit. de Didot l'aîné, tirée seulement à 100 ex. numérotés. *Epuisée.*

6820. **QUESNÉ** (J.-S.) Mémoires de M. Girouette. *Paris, Pillet*, 1818, in-18, br. *Orné de 3 gravures de Desenne* représ. M. Girouette en 1793, 1809 et 1815. 3 »

6821. **RACINE** (J.). Œuvres complètes, avec les notes de tous les commentateurs, publ. par L. Aimé-Martin. *Paris, Lefèvre, impr. de J. Didot*, 1825, 7 vol. in-8, d.-rel., dos et coins cuir de Russie, tête dorée, n. rog. *(Dumergue.) Exempl. sur papier cavalier vélin.*   35 »

En plus du portrait de Racine, gravé par Roger, on a ajouté le beau portrait gravé par Savart (1772).
De la collection des Classiques françois.

6822. RACINE (Louis). Poésies. *Paris, Masson, 1823, impr. de F. Didot,* in-8, *pap. caval. vélin.* d.-rel. mar. bleu. *Figure par V. Adam.* 6 50

Bel ex. non rogné, relié par Thouveniu.

6823. RÉVOLUTION FRANÇAISE. 1789-91, 19 pièces en 1 vol. in-8, d.-rel. 3 *planches gravées.*   7 »

On remarqne parmi ces pièces : Le pape traité comme il le mérite. — Sermon sur l'accord de la religion et de la liberté. — Le Triomphe des braves Parisiens, par J. Roux, prêtre du diocèse d'Angoulème. — Détails de la Fête nationale du 14 juillet 1790, au Champ-de-Mars. — Description de la fête du Pacte fédératif, fixée par la ville, avec le Règlement de la police. — Adieu des patriotes à l'Assemblée douarrière des représentans de la nation. — Organisation d'une milice citoyenne, etc.

6824. RÉVOLUTION DE 1830. Journées des 27, 28, 29 juillet. 18 numéros de journaux.   4 »

Le Figaro, *Journal des Débats, le National, Gazette de France, Courrier Français,* etc.

6825. ROY DES RIBAUDS (le). Dissertations de : Du Tillet, Cl. Fauchet, de Miraumont, Est. Pasquier, de La Mare, Du Cange, Gouye de Longuemare, l'abbé Lebeuf, de Bonnevie, bibliophile Jacob, recueillies et collationnées sur les textes originaux. Préface et bibliographie par Lud. Pichon. Petit in-8, sur papier vergé écu, br. (Tiré à 330 ex.)   7 50

6826. SAINT-ALBIN (Hortensius de). Tablettes d'un rimeur. *Paris, Maillet,* 1869, pet. in-12 de 450 p., br. *sur papier de Hollande.* (Envoi d'auteur, autogr. sig.).   3 50

Contes, apologues, anecdotes, épîtres, romances, chansons, etc.

6827. SOULARY (Jos.). Les Éphémères, sonnets (2ᵉ sér.). *Lyon, impr. Chanoine,* 1857, in-8, pap. vélin, br. *Rare.*   3 50

6828. SPONTONE (Ciro). Raguaglio fidele, et breve del *fatto d'arme seguito nell' Africa* tra D. Sebastiano re di Portugallo, et Mulei Auda Malucco per riporre ne regni *di Marocco, di Fetz, di Giafiley,* e di Sue, Mchemeth il Scriffo. *In Bologna, Benacci,* 1601, pet. in-4, cart. *Deux grandes planches sur bois représentant des plans de batailles.* *(Très-rare.)*   15 «

6829. STRASBOURG. Recueil de 24 brochures (en allemand) publiées

à Strasbourg ou sur Strasbourg, de 1784 à 1809, la plupart relatives
à la Révolution.   7 50

> Réunion intéressante.

6830. **TAIGNY** (Edmond). Mélanges. *Paris, Hachette*, 1869, in-12, br.
(*Exempl. sur grand papier de Hollande.*)   4 »

> Etudes littéraires et artistiques sur J.-B. Isabey, Catherine II et la princesse
> Daschkoff, Paul de Molènes, collection Campana, l'Art pour tous, Expositions
> de Berlin et de Manchester, Gœthe et Wultier, M. Carlier.

6831. **THIBAUD DE MARLY.** Vers sur la mort, publ. d'après un manuscrit de la bibliothèque du roi, 2e édit.; augmentée du Dict. des
trois morts et des trois vifs et des mireuer du monde, précédés d'un
avertissement par Méon et un glossaire. *Paris, impr. de Crapelet,*
1835, gr. in-8, pap. vélin, br. *Devenu rare.*   5 50

6832. **THÉATRE FRANÇAIS** (Répertoire du), avec des commentaires
par Voltaire, L. Racine, La Harpe, Palissot, Geoffroy, et des notices
sur les auteurs et acteurs célèbres, par Picard et Peyrot. *Paris, Du-
prat*, 1826, 4 forts vol. gr. in-8, d.-rel., dos et coins maroquin du
Levant. 10 *portraits.*   35 »

> BEL EXEMPLAIRE relié par Muller.
> Edition compacte sur deux colonnes comprenant les auteurs du premier et
> du second ordre.

6833. **TOPFFER.** Monsieur Crépin. *Paris, Aubert*, 1837, in-8 oblong,
d.-rel. mar. viol. *Album* de 86 planches lithographiées.   6 »

> Critique amusante des différents genres d'éducation, des pensionnats et des
> précepteurs.

6834. **TRAICTÉ DE PEYNE** (le), poëme allégorique, dédié à Monseig.
et à madame de Lorrayne. Manuscrit du XVIe siècle, précédé d'une
préface analytique, descriptive et critique, par E. P. *Paris*, 1867,
impr. Jouaust, pet. in-12, broch. en parch. (*Tiré à 100 ex. sur papier
Whatman numérotés.*)   4 »

6836. **VALENTINIAN** (Théodose). Les Angoisses d'amour, histoire des desplaisirs amoureux et languissants désirs où un amant,
sous espoir de gouster des fruicts de ses amours, est mal traicté de celle qu'il honnore, et inquiété de pensées contrariées et
affligé d'une cruelle langueur, durant laquelle on luy donne pour
entretien la dispute des vrays et parfaits amants, avec leur félicité,
comme aussi la peine des volages.... *A Lyon, chez Ambroise Travers,*
1026, pet. in-4, veau ant., compart., dent. à froid, tr. dor.   60 »

> BEL EXEMPLAIRE de ce livre très-rare.

OUVRAGES DE M. FRANCISQUE MÈGE

Formation et Organisation du Puy-de-Dôme. 1789-1801. Paris, 1874, in-8.   6 fr.

Éphémérides du département du Puy-de-Dôme, ci-devant Basse-Auvergne, suivies de Notes et Notices diverses. *Paris*, 1861, in-12, br.   3 fr.

Les Journaux et écrits périodiques de la Basse-Auvergne (*dép. du Puy-de-Dôme*). Notes pour servir à une bibliographie de l'Auvergne. *Paris*, 1869, in-12.   3 fr. 50

Journal des Débats. Les Fondateurs du Journal des Débats en 1789. *Paris*, 1865, broch. in-8.   1 fr.

Correspondance de Georges Couthon, député du Puy-de-Dôme à l'Assemblée législative et à la Convention nationale (1791-1794), suivie de *l'Aristocrate converti*, comédie en deux actes de Couthon. *Paris*, 1872, in-8.   8 fr.

Lettres sur l'Assemblée législative (1791-1792), par Rabusson Lamothe, député du Puy-de-Dôme, précédées d'une Notice biographique sur l'auteur. *Paris*, 1870, in-8.   4 fr.

Chroniques et Récits de la Révolution dans la ci-devant Basse-Auvergne.

   1° **L'Assemblée provinciale** (1787-1790). *Paris*, 1867, in-8.   4 fr.

   2° **Les Fabriques d'Armes** (1791-1796), *Paris*, 1868, broch. in-8. (*Epuisé.*)   2 fr.

   3° **Le Puy-de-Dôme en 1793** et le Proconsulat de Couthon. *Paris*, 1877, fort vol. in-8.   9 fr.

Notes biographiques sur les députés de la Basse-Auvergne (*Puy-de-Dôme*).

   1° MM. Gilbert Ribérolles, Dufraisse du Cheix, Andrieu, députés du tiers-état de la Sénéchaussée-d'Auvergne à l'Assemblée constituante (1870). 1 fr. 50

   2° Le marquis de Laqueille, le comte de Montboissier, M. de Chabrol, le comte de Mascon, députés de la Noblesse d'Auvergne à l'Assemblée constituante. 1868, in-8.   1 fr. 50

   3° L'abbé Mathias, l'abbé Bourdon, le chanoine Bonnefoy, l'abbé Brignon, députés du Clergé d'Auvergne à l'Assemblée constituante. 1869.   1 fr. 50

   4° Dom Gerle, prieur de la Chartreuse du Port-Sainte-Marie, député du Clergé d'Auvergne à l'Assemblée constituante en 1789. 1866, in-8.   2 fr.

PLACARDS DE MARAT, l'Ami du peuple, par F. CHEVREMONT, le bibliographe de Marat. *Paris,* 1877, in-8, papier vergé.   3 »

> Réimpression *in-extenso* de sept placards affichés pendant la période électorale de septembre 1792.
> Cette réimpression, de format in-8, comble la lacune qui existe dans le journal *l'Ami du Peuple.*

MARAT. Index du Bibliophile et de l'Amateur de peintures, gravures, etc., par F. CHEVREMONT, le bibliographe de Marat. *Paris,* 1876, fort vol. in-8 de 464 pages.   25 »

> OEuvres complètes de Marat. — Revue bibliogr. de l'exempl. du journal *l'Ami du Peuple,* ayant appartenu à sa veuve. — Dissertations scientifiques, Documents législatifs, Marat et Charlotte Corday, Peintures, Curiosités, Portraits, Allégories, Caricatures, etc., etc.

LES CONVENTIONNELS D'AUVERGNE. — DULAURE — par Marcellin BOUDET. *Paris, Aubry,* 1874, in-8 de 464 pages.   7 50

LES TRIBUNAUX CRIMINELS et la Justice révolutionnaire en Auvergne, d'après les Minutes des greffes et des documents inédits. — LES EXÉCUTÉS — par Marcellin BOUDET. *Paris, Aubry,* 1873, in-8 de XVI et 305 pages, papier vergé.   8 »

> On y trouve de curieuses notes historiques et biographiques sur les victimes et leurs familles, la plupart inédites.

EXÉCUTIONS SUR L'ÉCHAFAUD. Notice exacte de toutes les personnes nées ou domiciliées dans le département de la Côte-d'Or, qui ont péri sur l'échafaud, soit à Paris, soit à Lyon, soit à Dijon, pendant le régime révolutionnaire du 23 frimaire an II (13 décembre 1793) au 9 thermidor an II (27 juillet 1794), par G. PEIGNOT. *Paris, Aubry,* 1865, in-8, papier vélin.   2 »

LA JUSTICE RÉVOLUTIONNAIRE à Bourges, par E. DE ROBILLARD de BEAUREPAIRE. *Bourges,* 1869, in-8. (*Tiré à 100 exemplaires.*)   3 »

LA DISETTE DE 1789 A 1792, jusqu'à la loi du Maximum. Episode de la Révolution française dans le départ. de Seine-et-Oise, par M. DRAMARD. *Versailles,* 1872, in-8.   3 »

UN JURISCONSULTE RÉPUBLICAIN au XVIe siècle. — Joachim du Chalard de la Souterraine et les Etats généraux en 1560, par Louis DUVAL, archiviste de la Creuse. *Paris, Aubry,* 1871, un vol. pet. in-8.   1 »

—— Le MÊME, sur papier vergé fort.   2 »

480e Numéro.   15 Décembre 1877.

BULLETIN

DU

Bouquiniste

PUBLIÉ PAR AUGUSTE AUBRY

Avec la collaboration de Bibliophiles et d'Erudits

Paraissant le 1er et le 15 de chaque mois.

21e ANNÉE. — 2e SEMESTRE.

AVIS

Les abonnements au BULLETIN DU BOUQUINISTE partant du 1er janvier et étant toujours pour une année entière, MM. les abonnés sont priés de renouveler, s'ils ne veulent point éprouver d'interruption dans l'envoi des livraisons.

Le prix se paye d'avance en envoyant soit un mandat sur la poste, soit des timbres-poste de 15 ou 25 centimes, adressés à M. Aug. Aubry, directeur du Bulletin.

Paris : 3 fr. — Province : 4 fr. — Étranger : 5 fr.
Un numéro pris séparément................. » 50 centimes.

PARIS

CHEZ AUG. AUBRY, ÉDITEUR

LIBRAIRE DE LA SOCIÉTÉ DES BIBLIOPHILES FRANÇOIS
18, Rue Séguier-Saint-André-des-Arts.
Et chez les principaux libraires de la France et de l'Etranger.

1877

Ce Numéro contient :

**Ouvrages sur la Chasse.—Livres anciens avec armoiries.
Ouvrages divers anciens et modernes.**

19 DÉCEMBRE, A DEUX HEURES, SALLE 8
HOTEL DES VENTES, RUE DROUOT

Vente après décès de M. LE PRINCE SOUTZO :

LIVRES DE LITTÉRATURE ET D'HISTOIRE

MÉDECINE HOMŒOPATHIQUE

Mᵉˢ **PILLET** et **CAILLEUX**, commissaires-priseurs.
A. AUBRY, expert.

EXPOSITION PUBLIQUE, LE DIMANCHE 16 DÉCEMBRE

20, 21 ET 22 DÉCEMBRE 1877, SALLE 2, A DEUX HEURES
HOTEL DES VENTES, RUE DROUOT

Vente après décès de G. BRION, peintre :

LIVRES SUR LES BEAUX-ARTS

TABLEAUX, OBJETS D'ART, FAIENCES, ETC.

Mᵉ **QUÉVREMONT**, commissaire-priseur,
Assisté de MM. **A. AUBRY**, pour les livres,
GEORGE et **REITLINGER**, pour les tableaux et objets d'art.

NOTA. — La vente de la BIBLIOTHÈQUE BOTANIQUE DE
M. VIGINEIX aura lieu les 28, 29 et 30 janvier 1878, rue des
Bons-enfants.

Par le ministère de Mᵉ **MULON**, commissaire-priseur,
Assisté de M. **A. AUBRY**, expert.

POÈTES ET AMOUREUSES
Portraits littéraires du XVIe siècle,
Par Prosper BLANCHEMAIN
2 beaux vol. in-8, avec portraits. *Paris, L. Willem,* 1877. Se trouve chez *A. Aubry.*
Prix : **15** fr. (Portraits doubles : **30** fr.)

Nous avons bien quelque peu attendu ; mais, certes! nous n'avons rien perdu pour attendre. — C'est dans le numéro du 1er-15 juin de cette année que le *Bulletin* annonçait le premier volume des *Poëtes et Amoureuses;* aujourd'hui il vient dire un mot du deuxième et dernier.

Ne pouvant répéter ce que nous avons écrit d'abord de l'œuvre de M. Blanchemain, nous y renvoyons le lecteur, notre tâche actuelle devant se borner à faire connaître le contenu de cette deuxième partie.

Jusque-là, nous avions cinq biographies; la série nouvelle nous en apporte huit. — Ces huit privilégiés sont : Olivier de Magny, Jean Doublet, le capitaine Lasphrise, Vauquelin de la Fresnaye, Robert Angot, Sonnet de Courval, François de Maynard, et Jacques du Lorens.

Maintenant, toujours pour montrer le double rôle de l'investigateur-biographe, nous dirons, ou tout haut ou à l'oreille, que :

L'inconstant Olivier de Magny s'y montre attiré surtout à la flamme de la belle Cordière ;

Jean Doublet, le poëte au recueil disparu, y chante son impénétrable Sibille ;

L'original et coureur capitaine Lasphrise y courtise, entre autres, sa Noémie ;

Vauquelin de la Fresnaye y va de Myrtine à sa Philis (Anne de
Bourgueville), qu'il épouse ;

Avec Robert Angot, nous voyons son Erice de Bonfossard, dont
il eut à pleurer la perte ;

Pour Sonnet de Courval, c'est Mlle X..., sa maîtresse (d'Anffrie
de Clermont), qu'il épouse aussi ; .

François de Maynard s'y laisse tout de suite honnêtement voir
avec sa femme, Françoise Galharde de Boyer, dont il n'eut qu'un
fils ;

Enfin Jacques du Lorens y poursuit en même temps « sa *chère*
épouse » de protestations affectueuses et de traits mordants.
Exemple :

> *Cy-gist ma femme. Ah ! qu'elle est bien,*
> *Pour son repos et pour le mien !*

Ils ne sont donc pas si terribles ni si immoraux, tous ces *poëtes*
courtiseurs de belles filles : les uns ont pris femme tout d'abord ;
les autres ont « fait leur fin » en se laissant épouser par leurs
amoureuses ! — Poëte ou non, ne doit-on pas toujours en arriver
là ?

Nous vous avions promis de piquantes révélations. D'après ce
que je vous indique, voyez si l'auteur a tenu parole. — Et cependant il est un autre attrait du livre, dont je n'ai rien dit encore :
dans plusieurs de ses biographies, M. Blanchemain a encadré
celles que G. Colletet avait écrites des mêmes poëtes. Depuis que
l'incendie de la bibliothèque du Louvre a dévoré, et le manuscrit
de Colletet, et la copie partielle qu'en avait fait prendre M. P.
Paris, on conçoit le prix qu'on attache aux parties retrouvées de
ce travail.

Quant aux illustrations, le premier volume contenait trois portraits ; celui-ci en contient quatre : la *Dame virile* (seconde Louise
Labé), le capitaine Lasphrise (d'après Thomas de Leu), Robert
Angot (d'après P. Firens), et enfin, pour frontispice logique du
recueil, un portrait de l'auteur, excellent burin rendant d'une
façon charmante la physionomie fine et profonde de l'éditeur de
Ronsard.

Voilà des poëtes bien étudiés ! — Ah ! si M. Blanchemain nous étudiait de la sorte toutes les figures saillantes du xvie siècle !

F. FERTIAULT.

LE SIÈGE D'ARRAS
— En 1640 —

D'après la " Gazette " du temps,

Par M. Victor ADVIELLE (1)

On connaît l'excessive rareté des premières années de la Gazette, de Renaudot. L'année 1640, notamment, est presque in-
trouvable, à tel point que l'exemplaire de la Bibliothèque nationale est lui-même incomplet de trois numéros. M. Victor Advielle a eu la bonne fortune d'en rencontrer un exemplaire complet, avec les extraordinaires, et collationné, et c'est d'après celui-
ci qu'il a entrepris sa réédition. Le siège d'Arras, de 1640, est l'un
des grands événements de notre histoire ; il occupe une place
importante dans le règne de Louis XIII ; et c'est depuis cette date
seulement qu'Arras n'a plus cessé d'appartenir à la France. La
relation, rééditée avec notes, par M. Advielle, abonde en détails
précis et circonstanciés sur les péripéties de ce siége, et nul doute,
dès lors, que ce livre ne soit bientôt recherché par nos historiens
et par toutes les personnes qui s'occupent d'art militaire et de
l'histoire, trop négligée encore, selon nous, et fort intéressante
pourtant, de nos provinces du Nord. Depuis que la France a
perdu Strasbourg et Metz, l'on se sent tout heureux de lire des
pages comme celles que nous annonçons, qui redisent si élo-
quemment la gloire de nos généraux et de nos armées d'autre-
fois. Dans la *Table des noms d'hommes cités*, que M. Advielle a
placée à la fin de son livre, nous retrouvons ceux des familles

(1) *Arras*, 1877, in-8, pap. vergé, tit. rou. et n., tiré à petit nombre. Prix : 3 fr.

d'Aumont, de Brancas, de Chaulnes, de Coulanges, de Feuquières, de Gesvres, de Gransé, d'Harcourt, de La Ferté, de la Meilleraye, de Luynes, de Bucquoy, de Piennes, de Turenne, etc. La préface résume, en quelques pages émues, tout le passé et toutes les souffrances des peuples atrébates.

H.D.

Note sur une Anagramme de 1533.

M. Henri Bordier, dans la savante *Bibliographie de la chanson protestante* dont il a enrichi son édition du *Chansonnier hugue- not du seizième siècle* (Paris, librairie Tross, 1871), cite (p. 421) le recueil intitulé : *Sensuyvent plusieurs belles et bonnes chansons que les chrestiens peuvent chanter en grande affection de cueur : pour et affin de soulager leurs esperitz et de leur donner repos en Dieu, au nom duquel elles sont composées par rithmes, au plus près de l'esperit de Jesus Christ contenu en sainctes escriptures* (48 pages pet. in-8, impr. gothique, 1533), et reproduit l'avis ou plutôt l'exhortation *aux lecteurs chrestiens*, en seize vers suivis des six mots : Y ME VINT MAL A GRE.

Ces mots, ajoute (p. 422) M. H. Bordier, « sont un (1) ana- gramme renfermant le nom de l'auteur; mais quel? Vraisembla- blement un lettré huguenot gravitant en 1533 autour des réfor- mateurs de la Suisse. On pourrait chercher longtemps. Ces ques- tions de noms étaient obscurcies à dessein par les réformés eux- mêmes, qui se dissimulaient pour échapper aux poursuites. » Je n'ai pas cherché longtemps la solution du petit problème. Dans les mots *Y me vint mal à gré*, dans les *replis* de l'anagramme, comme disait Guillaume Colletet, il m'a été facile de retrouver *Matyeu Malingre*, et chacun pourra s'amuser à reconstituer ce

_____

(1) *Sic.* C'est une faute d'impression de M. Perrin. M. Bordier sait mieux que personne que le mot *anagramme* est et a toujours été féminin.

prénom et ce nom avec les quinze lettres de la formule signalée comme si mystérieuse par M. H. Bordier. Rappelons, du reste, au risque de diminuer l'honneur de la découverte, que déjà, dans le *Manuel du libraire* (t. III, col. 1341), si l'on n'avait pas expliqué la devise : *Y me vint mal à gré*, on avait du moins reconnu que les seize vers *aux lecteurs chrestiens* font lire en un double acrostiche le nom de Malingre. T. de L.

LE SAINT-GRAAL

Première branche des romans de la Table ronde, publié d'après les manuscrits de la Bibliothèque du Mans, du xiiie siècle et le manuscrit 2455 de Bibliothèqu e nationale,

PAR E. HUCHER (1)

Deux volumes sont en vente.

Le 3e volume, *sous presse*, contiendra : l'*Histoire de Grimaud*, épisode que les éditeurs du premier *Graal* du commencement du xvie siècle n'ont pas donné.

Cet épisode de Grimaud est si rare qu'il n'existe que dans deux manuscrits de la Bibliothèque nationale.

Aucune autre bibliothèque d'Europe ne possède ce curieux code chevaleresque.

Naturellement les éditeurs de la Renaissance ont donné le premier *Graal* d'après les manuscrits les plus récents, ceux de la fin du xve siècle, les plus faciles à lire ; tandis que l'histoire de Grimaud ne se trouve que dans deux versions du xiiie siècle.

(1) 3 vol. petit in-8 de plus de 600 pages, avec vignettes et lettres ornées extraites du manuscrit. Couverture historiée. Prix des trois volumes : 22 fr. 50.

LIVRES

En vente aux prix marqués

A la Librairie d'Auguste AUBRY

OUVRAGES SUR LA CHASSE

LA VÉNERIE, LA FAUCONNERIE, JURISPRUDENCE CYNÉGÉTIQUE, ETC.

6837. **ALMANACH DU CHASSEUR,** ou Calendrier perpétuel (par. de Changran). *Paris, Pissot,* 1773, in-12, d.-rel. neuve, dos et coins chag. bl., tr. dor. 37 *pages de fanfares de chasse notées.*   10 »
  Volume rare orné d'un charmant titre gravé par Choffard.

6838. **AUTOURSERIE** (de l') et de ce qui appartient au vol des oiseaux, par P. de Gommer, seigneur de Lusancy et Fr. de Gommer, seigneur de Breuil, son frère. Nouvelle édition revue et annotée, par H. Chevreul. *Paris, Aubry,* 1877, pet. in-8, papier vergé, titre rouge et noir. *Figures.*   5 »
  Réimpression textuelle de l'édition de *Paris, Houzé,* 1608.

6839. **BAUDRILLART.** Dictionnaire des pêches, cont. l'histoire naturelle des poissons, l'explication des termes de pêche, la description des lignes, hameçons, etc. *Paris, A. Bertrand,* 1827, in-4, bas. rac. et atlas gr. in-4, br. de 44 *planches.*   10 »

6840. **BERRIAT-SAINT-PRIX.** Législation de la chasse et de la louveterie commentée. *Paris,* 1845, in-8, d.-rel. v. bl.   4 »

6841. **BLAZE** (Elzéar). Almanach des chasseurs pour l'année de chasse 1839-1840. *Paris, l'auteur,* 1839, in-18, br. (*Curieux et très-rare*).   3 50

6842. **BLAZE** (Elzéar). Le Chasseur au Chien d'arrêt, contenant les habitudes, les ruses du gibier, le choix des armes, l'éducation des chiens etc. *Paris,* 1839, in-8, d.-rel. *avec un titre gravé.*   3 50

6843. **BUDÉ.** Traitté de la Venerie, traduict du latin en françois, par
Loys Le Roy dict Regius, publié par **H.** Chevreul. *Paris, Aubry,*
1861, in-8, papier vergé, d.-rel. maroq. vert, non rogné. (*Fers à la
tête de cerf.*)   7 50

6844. —— LE MÊME, br.   5 »

6845. —— LE MÊME, grand papier chamois, d.-rel. maroq. rou.,
n. rogné. (*Capé.*)   12 »

6846. **CARTE DES CHASSES** de l'empereur et roi à Fontainebleau,
dressée au Dépôt général de la guerre en 1809. Grande feuille sur
toile.   4 »

6847. **CHAPUS (E.).** Souvenirs de l'ancienne cour. Les Chasses de
Charles X. *Paris, Dentu,* 1838, in-8, br.   7 »
2e édit. — Rare.

6848. **CHASSE A LA HAIE** (la), par Peigné-Delacourt. *Paris, veuve
Bouchard-Huzard,* 1858, gr. in-4, d.-rel. neuve, chag., br. *Frontis-
pice gravé et figures sur bois dans le texte.*   12 »
Epuisé et rare.

6849. **CHASSE A L'OISEAU** (étude sur la) au moyen âge. Une Fauconnerie princière et l'Éducation des faucons, d'après des documents inédits du xive siècle et du xve, par Et. Charavay. *Paris,
Aubry,* 1873, in-8, pap. vergé, d.-rel., dos et coins de chag. rou.,
tête dorée, n. rog. 9 *planches et figures sur bois dans le texte.* 14 »
Tiré à 100 ex. numérotés.

6850. —— LE MÊME, broché.   10 »

6851. **CHASSE AU TIR** (la), poëme en cinq chants dédié aux chasseurs.
Paris, imprimerie de H. Balzac, 1827, in-8, d.-rel. veau fauve. 5 *figures par l'auteur.*   17 »
Rare ; sorti des presses du célèbre romancier H. de Balzac, rue des Ma-
rais-S.-G.

6852. **CHASSE ROYALE** (la), composée par le roy Charles IX, très-
utile aux curieux et amateurs de chasse. *Paris, Bouchard-Huzard,*
1857, in-8, pap. vergé, d.-rel. neuve, veau fauve, tête dorée, n. rog.
Figure. (Tiré à petit nombre.)   8 »

6853. **CLAMORGAN (Jean de).** La Chasse du loup nécessaire à la maison rustique, en laquelle est contenue la nature des loups et la
manière de les prendre tant par chiens, filets, piéges, qu'autres

instruments. Nouvelle édit. avec préface, par le comte d'Houdetot, des notices par le baron J. Pichon. *Paris, Bouchard-Huzard,* 1866, gr. in-8, d.-rel. veau fauve, tête dorée, n. rog. *Figures sur bois.* 15 »

Tiré à 150 exemplaires numérotés sur papier vergé.

6854. CODE DES CHASSES, ou nouveau Traité du droit des chasses, suivant la jurisprudence de l'ordonnance de Louis XIV, de 1669. *Paris, Saugrain,* 1713, 2 vol. in-12, d.-rel. neuve, veau fauve. 4 50

6855. CODE DES CHASSES (nouveau), par Gillon et de Villepin. *Paris, Durand,* 1851, in-12, d.-rel. neuve, maroq. viol., n. rog. *Bel exempl.* 4 »

6856. CUREL (L. de). Manuel du chasseur au chien d'arrêt. *Metz,* 1857, in-8, br. *Planche à l'eau-forte par Malardot.* 3 »

6857. DU BEC (Jehan). Discours sur l'antagonie du chien et du lièvre, ruses et propriétés d'iceux l'un à bien assaillir, l'autre à se bien défendre. *Paris,* 1861, gr. in-8, d.-rel. chag. vert. 6 »

Réimpression de l'édit. de 1593.

6858. DU FOUILLOUX (Jacques). La Vénerie, de nouueau reueüe, augmentée de la méthode pour dresser et faire voler les oiseaux, par M. de Boisoudan, précédée de la biographie de Jacques du Fouilloux, par M. Pressac. 1 vol. in-4, *orné de nombr. grav. et de lettres ornées.* 15 »

6859. DU FOUILLOUX (Charles de Meaux, seigneur), enseigne des gardes du corps d'Anne d'Autriche, 1630-1652. *Paris, impr. de Pillet,* 1854, broch. in-8. *Tiré à 180 ex.* 2 »

6860. DUFOUR (le baron). La Loi sur la chasse expliquée à l'aide de la jurisprudence. *Paris,* 1863, in-8, d.-rel. chag. viol. 4 »

6861. ENGELHARD (Maur.). La Chasse dans la vallée du Rhin (Alsace et Bade). *Strasbourg et Paris, Aubry,* 1864, in-12, papier de Hollande, d.-rel., dos et coins chag. vert, tête dorée, n. rog. 12 »

Ce volume, tiré à 300 exemplaires, est entièrement épuisé.

6862. FOUQUIER (Ach.). A propos de chasses, à l'isard, à l'ours et au sanglier. *Paris, Morel,* 1872, in-8 jésus, br., papier vergé fort de Hollande, *orné d'un portrait de l'auteur et de 4 belles planches gravées à l'eau-forte.* 15 »

Epuisé.

6863. **GADEBLED.** De l'application de la nouvelle loi sur la police de
la chasse, en ce qui regarde l'agriculture et la reproduction des
animaux. *Evreux*, 1845, in-8, d.-rel. neuve. chag. bleu. 3 *planches*
représ. toutes les sortes de piéges. 3 50

6864. **GAFFET (A.).** Nouveau traité de vénerie contenant la chasse du
cerf, celles du chevreuil, du sanglier, du loup, du lièvre et du renard, par un gentilhomme de la vénerie du roy. *Paris, Nyon*, 1750,
in-8, reliure pleine en chagrin bleu, fil. avec fers spéciaux sur le
dos et les plats (chiens et faucons). *Planches et musique,* 22 »
    Volume rare et recherché.

6865. **GARNIER** (le comm.). Traité complet de la chasse des alouettes
au miroir avec le fusil. *Paris*, 1864, broch. gr. in-8. *Planches.*
(1re édition.) 1 50

6866. **GARNIER** (le comm. P.). Traité complet de la chasse des alouettes au miroir avec le fusil. *Paris, Aubry*, 1866, in-8, dos et coins
chag. bleu. *Planche.* 4 50

6867. —— LE MÊME, dos de maroq. vert, à la tête de cerf. 4 50

6868. —— LE MÊME, in-8, br. 2 »

6869. —— LE MÊME, in-8, sur papier vergé. 3 »

6870. **GARNIER** (le comm. P.). Chasse du sanglier, du renard, du blaireau
et du lapin, avec une préface de J. La Vallée (pour le sanglier). *Pa-*
ris, A. Aubry, 1876, gr. in-8 de 220 pages, br. (*Tiré à 150 exempl.*).
5 »

6871. **GARNIER** (le comm.) Chasse du chevreuil en France. *Paris,*
A. Aubry, 1875, in-8, br. (*Tiré à 130 exempl.*). 1 50
    Quelques ex. seulement.

6872. **GASTON PHOEBUS,** comte de Foix. La Chasse, envoyée par lui à
messire Philippe de France, duc de Bourgogne, collationnée sur
un manuscrit ayant appartenu à Jean Ier de Foix, avec des notes et
la vie de Gaston Phœbus, par Joseph Lavallée, 1854, 1 vol. in-8, orné
de 43 fig. 20 »

6873. **HABERT.** La Chasse du lièvre avecques les levriers. Au roy de
France. D.-rel. dos et coins chag. vert, tête dorée, n. rog. 8 50
    Réimpression à 62 exemplaires, faite par Crapelet en 1849, sur le seul
    exemplaire connu existant à la Bibliothèque nationale.

6874. —— LE MÊME, br. 7 »

6875. **HABERT.** La Chasse du loup, poëme. Nouvelle édition conforme à celle de 1624 et précédée d'une introduction. *Paris, Bouchard-Huzard*, 1866, in-4, papier de Hollande, d.-rel. neuve, veau fauve, tête dorée, n. rog. 10 »

Ouvrage épuisé, tiré seulement à 150 exemplaires.

6876. **JODELLE** (Estienne). Ode de la chasse. *Paris, Lemerre*, 1872, in-8, pap. vergé, dos et coins maroq. vert. 4 »

6877. **JOURNAL DES CHASSEURS**, revue littéraire. Première année 1836 à avril 1858, 20 vol. gr. in-8, d.-rel., veau fauve, et onze livraisons. *Nombreuses planches lithographiées noires et coloriées, par F. Grenier, V. Adam*, etc. 85 »

Ces vingt-trois premières années sont des plus intéressantes à cause des articles de MM. E. Blaze, L. Bertrand, J. Lavallée, le marquis de Foudras, E. Le Masson, Deyeux, B. Révoil, E. Chapus, de Lancosme-Brèves, d'Houdetot, Ch. Godde, Engelhard, Gandon et tant d'autres, qui firent le succès mérité de cette collection.

6878. **LABRUYERRE.** Les Ruses du braconnage mises à découvert. Nouv. édition avec une introd. par A. d'Houdetot. *Paris, Bouchard-Huzard*, 1858, in-12, d.-rel. neuve veau fauve. (*Épuisé.*) 6 50

6879. **LECONTE DESGRAVIERS.** Essai de vénerie, ou l'Art du valet de limier. 3e édition, revue et augmentée. *Paris*, 1810, in-8, br. 8 50

6880. **LA FERRIÈRE** (le comte [H. de). Les Chasses de François Ier, racontées par Louis de Brézé, grand sénéchal de Normandie, précédées de la Chasse sous les Valois. *Paris, Aubry*, 1859, pet. in-8, *papier vergé.* 7 50

6881. —— Le même, d.-rel. mar., n. rog., tête dor. (*Fers à la tête de cerf.*) 10 »

6882. —— Le même, d.-rel. chag. bleu, dos et coins, tranche peigne, faucons en or sur le dos. 10 »

6883. **LIÈVRE** (le) de Simon de Bullandre, prieur de Milly en Beauvoisis. *Paris, P. Chevillot*, 1585, in-4, d.-rel. veau fauve, tête dorée, n. rog. 12 »

Jolie réimpression fac-simile de l'original faite par L. Perrin, de Lyon, pour Pineau, à Beauvais, en 1866.

6884. **LIVRE DU ROI CHARLES** de la chasse du cerf, publié pour la première fois d'après le manuscrit de la bibliothèque de l'Institut. *Paris*, 1859, in-8, *papier vergé.* 6 »

Nouvelle édition, précédée d'une introduction par H. Chevreul, ornée d'un beau portrait de Charles IX, d'une vignette (*la Chasse*) et d'une planche représentant les fumées du cerf.

6885. LE MÊME, jolie d.-rel. maroq. vert, n. rog.; tête dor. (*Fers à la tête de cerf.*) 8 50

6886. **LIVRE DU ROY MODUS** (le) et de la Royne Racio (par Henri de Ferrières), nouvelle édition conforme aux manuscrits de la Bibliothèque royale, ornés de gravures faites d'après les vignettes de ces manuscrits fidèlement reproduites, avec une préface par Elzéar Blaze. *Paris*, 1839, gr. in-8, papier de Hollande, caract. goth., reliure pleine en chagrin vert clair, fil., tr. dor., avec un semé de chiens et de faucons sur les plats, et cerfs sur le dos du vol. 80 »

> BEL EXEMPLAIRE d'un livre tiré à petit nombre et devenu très-rare.
> Dans le même vol. : Découverte bibliographique. Le Livre du roy Modus, par A. Chassant. *Paris, Aubry*, 1870, papier de Hollande.

6887. **LIVRE DU ROY MODUS** et de la Royne Racio. Découverte bibliographique par A. Chassant. *Paris, Aubry*, 1870, gr. in-8, papier de Hollande, br. 3 »

> Tiré à 50 exemplaires numérotés dans le format du Livre du roy Modus, publié par M. E. Blaze.

6888. **LONCHAMPT.** Précis des lois et de la jurisprudence sur la police rurale, sur la chasse et sur la pêche. 3e édition. *Paris*, 1838, in-12, d.-rel. neuve chag. cit. 3 »

6889. **MAGNÉ DE MAROLLES.** La Chasse au fusil. Nouvelle édition renfermant toutes les additions et améliorations préparées par l'auteur. *Paris, Barrois*, 1836, in-8. (*Exempl. broché non coupé*). 8 50

6890. **MARICOURT** (René de). Traicté et abrégé de la chasse du lièvre et du chevreuil, nouv. édit. avec introd. par de Bouis. *Paris, Bouchard-Huzard*, 1858, in-8, papier vergé, d.-rel. veau fauve, tête dorée, n. rog. *Epuisé.* 10 ».

6891. **MEUTTE ET VENERIE** (La) de haut et puissant seigneur messire Jean de Ligniville. *Nancy, Maubon et Paris, Aubry,* 1861, petit in-4, d.-rel. neuve veau fauve, tête dorée, n. rog., papier de Hollande. 20 »

> Réimpression, page pour page, de l'édition originale. Le tirage n'a pas dépassé cent onze exemplaires numérotés.

6892. **MILLS.** Grandeur et décadence d'un cheval de course. *Paris*, 1862, in-8, br. *Figures.* 2 »

6893. MONTHOIS (Robert). La Noble et furieuse chasse du loup en faveur de ceux qui sont portez à ce royal déduict. *Paris, Bouchard-Huzard*, 1863, pet. in-4, d.-rel. veau fauve, tête dorée, n. rog. *Planche.*   10 »

    Tiré à 150 exemplaires numérotés sur papier vergé. *Epuisé.*

6894. OLIVIER (Urbain). Récits de chasse et d'histoire naturelle. *Paris et Lausanne*, 1857, in-12, br. *Figures.*   3 »

6895. PASSERAT (Jean). Le Chien courant, poëme suivi de quelques poésies du même auteur et préc. d'une introduction par H. Chevreul. *Paris, Aubry*, 1864. — La Chasse, poëme, par Ch. Perrault. *Paris, Aubry*, 1862, en 1 vol. in-8, d.-rel. dos et coins chag. bleu. (Ex. d'occasion, très-frais.)   5 50

    Tirés à petit nombre sur papier vergé.

6896. PASSERAT (J.). La Chasse au chien courant, publiée avec notes, par M. H. Chevreul. *Paris, Aubry*, 1864, pet. in-8, *pap. vergé.*   3 »

6897. —— Le même, d.-rel. maroq., n. rog., tête dorée. (*Fers à la tête de cerf.*)   6 »

6898. PERRAULT (Charles), de l'Académie française. La Chasse, poëme (publ. avec préface et notes, par H. Chevreul). *Paris*, 1862, petit in-8, br., *papier vergé.*   2 »

6899. —— Le même, d.-rel. maroq. vert, n. rog., tête dor. (*Fers à la tête de cerf.*)   5 »

6900. PERRÈVE. Traité des délits et des peines de chasse dans les forêts de l'État, les propriétés de la Liste civile, des communes, etc. *Bourges*, 1845, in-8, d.-rel. neuve maroq. grenat.   5 »

6901. PETIT. Traité complet du droit de chasse. *Paris*, 1838, 2 vol. in-8, d.-rel. chag. n.   5 »

6902. PRAROND. Les Chasses de la Somme. *Paris, Bouchard-Huzard*, 1858, in-8, d.-rel. neuve maroq. chag. br., *Plan.*   6 »

    Tiré à 300 exemplaires. *Epuisé.*

6903. RAISSON (H.). Code de la chasse. Manuel complet du chasseur, suivi d'un dictionnaire des termes de chasse, vénerie et fauconnerie. *Paris*, 1829, in-18, d.-rel. chag. vert. *Figure.*   3 »

6904. RÉVOIL (Benedict-Henri). Chasses et pêches de l'autre monde. *Paris, Cadot*, 1856, in-18, d.-rel. neuve, maroq. chag. violet.   2 50

6905. **RÉVOIL.** Bourres de fusil, souvenirs de chasse. *Paris, Dentu,* 1865, in-12, d.-rel. neuve maroq. chag. Lavall. 3 50

6906. **RÉVOIL.** Mémoires du baron de Crac; une chasse par minute. *Paris, Dentu,* 1875, in-12, d.-rel. maroquin chagrin rouge, tr. peigne. 3 50

6907: **RÉVOIL.** Vive la chasse, préface par A. Dumas. *Paris, Faure,* 1867, in-12, d.-rel. maroq. chag. Lavall. 3 »

6908. **ROGRON.** Code de la chasse expliqué par ses motifs et par des exemples. *Paris, Thorel,* 1847; in-12, d.-rel. neuve, chagrin La-vall. 3 »

6909. **SALNOVE** (Robert de). La Vénerie royale divisée en quatre parties qui contiennent les chasses du cerf, du lièvre, du chevreuil, du sanglier, du loup et du renard. *Paris, Goin,* 1872, gr. in-8, dos et coins chag. bleu. 15 »
Edition faite par les soins de M. Ch. Godde et J. Lavallée.

6910. —— Le même, broché. 15 »

6911. **SAVARY** (Jacques) de Caen. Album Dianæ Leporicidæ sive vena-tionis leporinæ leges. *Cadomi, Cl. Le Blanc,* 1655, in-12, parch. 8 »
Très-rare.

6912. **SAVARY DE LANCOSME-BRÈVES** (le comte). La Vérité à cheval. *Paris, Ledoyen,* 1843, gr. in-8, br. *Nombreuses planches et vignettes* par E. Giraud et Ph. Ledieu, *gravures sur bois.* (Epuisé.) 3 50
Contient entre autres : Des grandes chasses à courre, — chasses du Berri. — Un mot sur les habitants d'un vieux château du Berri. — Une chasse à Luçay-le-Mâle. — Un mot sur les anciens haras sauvages du Berri, etc., etc.

6913. **SFORZINO DA CARCANO.** I tre libri de gli uccelli da rapina con un trattato de Cani da Caccia. *Vicenza,* 1622, pet. in-8, d.-rel., non rogné. 4 50
BEL EXEMPLAIRE. Rare.

6914. **SOREL** (A.). Dommages aux champs, causés par le gibier. De la responsabilité des propriétaires de bois et forêts et locataires de chasses. *Paris, Aubry,* 1861, in-8, d.-rel. neuve chag. rouge. 10 »
Epuisé, rare. (Envoi d'auteur.)

6915. —— Le même, br. 8 »

6916. **SOREL** (A.). Chasse à tir et à courre. Du droit de suite et de la

propriété du gibier tué, blessé ou poursuivi. *Paris, Aubry*, 1862, in-8,
d.-rel. neuve chag. bl. *Epuisé.* . . . 6 »

6917. **STROZZI** (Hercule). La Partie de chasse, poëme dédié à *la divine Lucrèce Borgia*, duchesse de Ferrare, traduit du latin en vers
français et précédée d'une notice par M. Joseph Lavallée, *Paris, Techener*, 1876, pet. in-8, papier vergé, br., *titre rouge et noir.* 12 »

> Jolie édition, tirée à petit nombre, en caract. elzéviriens, par Jouaust.

6918. **TRÉSOR DE VÉNERIE** (Le). Poëme composé en 1394 par messire Hardouin de Fontaines-Guérin; publié pour la première fois
avec des notes, par le baron Jérôme Pichon. *Paris*, 1855, pet. in-4,
br., sur papier de Hollande et *orné de gravures à l'eau-forte reproduisant les miniatûres du manuscrit, par Fréd. Villot* (22 sujets y compris
le titre gravé). . . . 15 »

> Devenu rare et recherché.

6919. **TRÉSOR DE VÉNERIE** composé l'an 1394 par Hardouin, seigneur
de Fontaines-Guérin, et publié par H. Michelant. *Metz, Rousseau-
Pallez*, 1856, in-8, papier vergé, *figures sur bois*, d.-rel. veau fauve,
tête dorée, n. rog. 15 »

> Tiré à 200 exemplaires. Epuisé et devenu rare.

6920. **VILLEQUEZ.** Du Droit de destruction des animaux malfaisants
ou nuisibles et de la louveterie. *Paris, Hachette*, 1867, gr. in-18,
d.-rel. chag., br. *Envoi d'auteur.* 3 50

6921. **YAUVILLE** (d'). Traité de vénerie par d'Yauville, 1859. 1 vol.
grand in-8, papier vélin, *orné de 4 grandes gravures hors texte, de
9 fig. médaillons, et accompagné de 42 fanfares.* 25 »

LIVRES ARMORIÉS

OUVRAGES RELIÉS EN MAROQUIN OU VEAU PLEIN

AVEC ARMOIRIES DE ROIS, PRINCES, PERSONNAGES HISTORIQUES

ET BIBLIOPHILES CÉLÈBRES

6922. **AGRONOMIE** (l'), ou les Principes de l'agriculture réduits en
pratique (de la culture des terres). *Paris*, 1761, 2 vol. in-8, maroq.
rou., dent., tr. dr. *Figure.* 8 50

> Aux armes du DUC DE CHOISEUL.

6923. **ALMANACH** général des marchands, négocians, armateurs et fabricans de la France et de l'Europe. *Paris, Grangé,* 1774, in-8, maroq. rouge, fil., tr. dor. 10 »

BEL EXEMPLAIRE aux armes de G. DE SARTINE, lieutenant général de la police.

6924. **ART DE DESSINER** proprement les plans, porfils, élévations géometrales et perspectives soit d'architecture militaire ou civile. *Paris, Christ. Ballard,* 1697, in-12, veau fauve, tr. dor. *Planche.* 8 »

Aux armes du CHANCELIER BOUCHERAT.
Sur la garde : Ex-libris autogr. de La Garrigue et de Mᵐᵉ d'Hervilly.

6925. **AVANTURES** de Dona Ines de Las Cisternas, qui d'Esclave à Alger en devint la Souveraine, ou les Chastes amours de Mezo Morto, Roi d'Alger (par Rousseaux, avocat au Parlement de Besançon). *Utrecht,* 1737, pet. in-8, v. marb. 10 »

Exemplaire du MARÉCHAL DE SAXE à ses armes sur les plats du vol.

6926. **BAUDRILLART.** Instruction sur la culture du bois à l'usage des forestiers. *Paris,* 1805, in-12, papier vélin, maroquin rouge, fil., dent., tr. dor., doublé de tabis. 10 »

Aux armes impériales (NAPOLÉON Iᵉʳ), avec l'ex-libris gravé du DUC DE GAETE.

6927. **CARTE** (Thomas). Mémoires de la vie de mylord duc d'Ormond, ci-devant commandant en chef des troupes de la Grande-Bretagne. Trad. de l'anglois. *La Haye,* 1737, 2 vol. in-12, v. gran. 6 »

Aux armes et avec l'ex-libris de CRÉMEAUX, marquis d'ENTRAGUES, lieutenant général du Mâconnais.

6928. **CÉSAR.** Les Commentaires (traduction de Perrot d'Ablancourt). *Paris, Barbou,* 1706, 2 vol. in-12, v. marb. (*Aux armes.*) 7 »

6929. **CLERGÉ.** Compétence de l'autorité temporelle sur le clergé. 13 pièces en 1 vol. in-12, v. marb. (*Aux armes de la Bibliothèque de l'ABBAYE DE SAINT-VICTOR.*) 8 »

Histoire de la détention du cardinal de Retz et de ses suites (par Le Paige et le président de Menières). *A Vincennes,* 1755. — Examen de conscience des évêques qui, quoique decrétés de prise de corps.... 1754. — Arrêt de la cour du Parlement de Provence, 1753. — Sentence du bailliage criminel de Caen, qui condamne le sieur Caespellier, prêtre de Clinchamps.... 1754, etc., etc.

6930. **COURTANVAUX** (le marquis de). Journal de son voyage sur la frégate *l'Aurore* pour essayer plusieurs instruments relatifs à la longitude, mis en ordre par Pingré. *Paris, Imp. Roy.,* 1768, in-4, v. marb., fil. *Planches.* 7 50

AUX ARMES ROYALES, avec les LL couronnées sur le dos du vol.

6931. **DANTE.** La Divine Comédie. L'Enfer, traduction françoise par Moutonnet de Clairfons. *Florence et Paris*, 1776, in-8, v. marb., fil. *Bel exempl. (Aux armes.)* 5 »

6932. **DAGUINDEAU** (le R. P.). L'Esprit chronologique de l'Histoire sacrée et prophane, depuis la création du monde. *Paris, Gilles Alliot*, 1673, 2 vol. in-12, maroq. rouge, fil., dent., tr. dor. 25 »
> Reliure ancienne bien conservée, avec semé de fleurs de lys sur les plats et le dos des volumes.

6933. **DU TERTRE.** L'Usure expliquée et condamnée par les Écritures saintes. *Paris, Du Bray*, 1673, in-12, v. gr. (*Aux armes.*) 6 »
> Sur la garde, la signature de Martineau. 1702.

6934. **ÉLOGE DE L'IVRESSE.** *A La Haye, chez Pierre Gosse*, 1714, pet. in-8, v. fau. *Frontispice gravé.* 8 50
> Aux armes de Morin en Normandie.

6935. **ESPIE** (le comte de). Manière de rendre toutes sortes d'édifices incombustibles. *Paris, Duchesne*, 1754, in-12, v. marb., fil., tr. dor. *Planches.* 5 50
> Aux armes du duc de Rohan-Chabot.

6936. **ESSAI** sur l'architecture. *Paris, Duchésne,* 1753, pet. in-8, v. fau. 4 »
> Aux armes de Crozat de Thiers.

6937. **GERZAN** (M. de). L'Histoire afriquaine de Cleomede et de Sophonisbe. *A Paris, chez P. Rocolet*, 1630, 3 vol. pet. in-8, titres gravés, maroq. rouge, fil., tr. dor. 10 »
> Exemplaire de la comtesse de Verrue, à ses armes.
> En tête du tome Ier se trouve la dédicace à M. de Balzac.

6938. **GRAMMONT** (Mémoires du maréchal de), duc et pair de France, gouverneur de Navarre et de Béarn (1621-1673). Donnez au public par le duc de Grammont, son fils. *Paris, David*, 1716, 2 vol. in-12, veau br. 9 »
> Aux armes de La Roche de Fontenilles, évêque de Meaux, avec son ex-libris, imprimé à l'intérieur.

6939. **HISTOIRE DE L'ACADÉMIE** des sciences, 1756, in-4, maroq. rouge, fil. dent., tr. dor. *Planches.* 10 »
> Aux armes de Marie-Joséphé de Saxe, mère de Louis XVI, femme de Louis-Dauphin, fils de Louis XV.
> Volume en parfait état, mais le titre manque.

6940. **HISTOIRE** d'un voyage littéraire fait en 1733, en France, en

Angleterre et en Hollande ; avec une lettre fort curieuse sur les pré-
tendus miracles de l'abbé Paris et les convulsions risibles du chevalier Folard. *La Haye, Mœtjens*, 1735, in-12, v. br. (*Bel exempl.*) 10 »

Aux armes sur les plats et à l'ex-libris d'Ant.-René de LA ROCHE FONTENILLE,
ÉVÈQUE DE MEAUX.
Voir sur ce livre l'intéressante notice de A.-A. Barbier dans la dernière édi-
tion du *Dict. des Anonymes*, t. II, p. 659. (L'auteur est Charles-Et. Jordan.)

6941. **LA ROCHEFOUCAULT** (le duc de). Les Pensées, maximes et réflexions morales de M. le duc ***, xɪᵉ édit., augmentée par l'abbé de
La Roche. *Paris, Ganeau*, 1737, in-12, v. m. *Front. gravé.* 6 »

Aux armes de BONNIER DE LA MOSSON.

6942. **LE BOSSU.** Traité du poëme épique. *Paris, Musier*, 1708, in-12,
v. gr., fil., rel. anc. (*Bel exempl.*) 4 50

Aux armes de la VILLE DE LYON.

6943. **LE MAITRE DE SACY.** L'Histoire du vieux et du nouveau Testament, avec des explications édifiantes. *Paris, Villette*, 1725, in-12,
maroq. rouge, fil., tr. dor. *Titre gravé.* (*Bel exempl.*) 16 »

Reliure ancienne avec le monogramme V au dos et aux angles des plats.
(*Très-jolie reliure du temps.*)·

6944. **LUCAIN.** Traduction libre en vers du premier livre de la *Phar-
sale* de Lucain. Par Simian. *Paris*, 1825, in-8, cart., dent., tr.
dor. 3 »

Aux armes du duc d'Orléans (LOUIS-PHILIPPE Iᵉʳ), avec le cachet de la
Bibliothèque de Neuilly.

6945. **MATHÉMATHIQUE** (Divers ouvrages de) et de Physique, par
MM. de l'Académie des sciences. *Paris, Imp. Roy.*, 1693, in-fol.,
v. marb. 8 »

Bel exempl. AUX ARMES ROYALES.

6946. **MÉMOIRES DE LA RÉGENCE** du duc d'Orléans durant la mino-
rité de Louis XV (par de Piossens). *La Haye, Van Duren*, 1736, 3 vol.
in-12, v. br. *Portraits et caricatures gravés.* 17 »

Aux armes et à l'ex-libris d'Antoine-René de LA ROCHE-FONTENILLE, ÉVÊQUE
DE MEAUX ; sur les gardes intérieures se trouve l'ex-libris imprimé.

6947. **OFFICE DE LA SEMAINE SAINTE** (l'), à l'usage de la maison du
Roy, en lat. et en françois, avec l'explication des cérémonies de
l'Église, etc., par l'abbé de Bellegarde. *Paris*, 1741, in-8, maroq.
rouge. 10 »

Aux ARMES ROYALES et à l'ex-libris de la DUCHESSE DE BERRY.

6948. **PEPE.** Analisi del frutto del Platano orientale. *Napoli*, 1837, in-8, maroq. rou., fil., dent., tr. dor.   3 »

    Ex. de Ferdinand II, roi des Deux-Siciles, à ses armes sur les plats.

6949. **PLINE** Cecile second. Panégyrique de Trajan (trad. par La Ménardière, conseiller et médecin du duc d'Orléans). *Paris*, 1642, pet. in-12, maroq. rouge, fil., tr. dor., dos à petits fers. (*Reliure de Padeloup.*)   9 »

    Jolie reliure du temps avec monogramme A. V. R. sommé d'une couronne de marquis.

6950. **PREMIER JOURNAL** russe (le), 1703. *Saint-Pétersbourg*, 1855, in-8, maroq. rou., fil., tr. dor., remboîtage. *Fac-simile.* (*Texte russe*).   10 »

    Aux armes de France.

6951. ## RECUEIL DE CHANSONS BOUFFONNES.

2 vol. gr. in-8, maroquin rouge, fil., larges dentelles, tr. dor., doublés de tabis bleu.   75 »

    Aux armes de FRÉDÉRIC V, ROI DE DANEMARK.
    MANUSCRIT du milieu du XVIII° siècle, d'une jolie écriture, contenant des chansons légères avec airs notés. Un des volumes porte une dédicace au roi, ainsi conçue :

> Ces airs d'une volupté pure,
> Grand roi, sont la vive peinture.
> Ils vous peignent le sentiment
> Que l'on éprouve en vous voyant.

    La reliure est riche et d'une fraîcheur parfaite.
    A l'intérieur, ex-libris, gravé : *E. Gilbert de Voisins.*

6952. **RICHELIEU ET MAZARIN.** Le Tableau de la vie et du gouvernement de MM. les cardinaux Richelieu et Mazarin et de M. Colbert, représenté en diverses satyres et poésies ingénieuses, avec un recueil d'épigrammes sur la vie et la mort de M. Fouquet, et sur diverses choses qui sont passées à Paris. *Cologne, P. Marteau*, 1693, pet. in-8, v. gr. (*Aux armes du comte* DE WILDENSTEIN.)   10 »

    Ce recueil intéressant contient, entre autres curieuses pièces : *Paris-Ridicule* (poëme satyrique), *par Petit, avocat*, — sur l'enlèvement des reliques de s. Fiacre, apportées de la ville de Meaux, pour la guérison du d... du C. de R., etc., etc.

6953. **SAINT AUGUSTIN.** Réflexions sur la vie de Jésus-Christ (traduites par Fontaine). *Paris, Roulland*, 1689, in-12, v. gr.   6 »

    Aux armes de MAZARIN.

6954. **SALLÉ.** L'Esprit des ordonnances et des principaux édits et déclarations de Louis XV, en matière civile, criminelle et bénéficiale. *Paris*, 1759, in-4, veau fauve, fil., tr. dor. (*Bel exempl.*) 9 »

> Aux armes du CHANCELIER MAUPEOU.

6955. **SCALIGER** (Joseph). Epistola adversus barbarum, ineptum, et indoctum poema Insulani patroniclientis.Lucani. *Lutetiœ, apud Mamertum Patissonium*, 1582, in-8, veau fauve, fil. *Bel exempl.* 12 »

> Aux armes de LAMBERT de THORIGNY, conseiller à la Cour des Comptes.

6956. **TABLEAU** politique de l'Europe, depuis la bataille de Leipsic gagnée le 18 oct. 1813. *Bordeaux, chez Lavigne*, 1814, in-8, maroq. rou., dent., mosaïque, doub. de tabis, tr. dor. 4 »

> Aux armes de LOUIS XVIII.

6957. **THEODORET ET EVAGRE.** Histoire de l'Eglise, trad. par Cousin. *Paris, Rocolet*, 1676, in-4, maroq. rouge, fil., tr. dor. (*Tome IV de la collection, mais partie complète.*) 7 »

> Aux armes d'Armand-Charles de LA PORTE, duc de LA MEILLERAYE et de MAZARIN, avec un avertissement et dédicâce du duc de Montausier.

6958. **THEVENOT.** Recueil de voyages de M. Thevenot. Dédié au Roy. *A Paris, chez Estienne Michallet*, 1682, in-8, veau fauve. *Planches.* 25 »

> Bel exemplaire aux armes de Auguste-Léou de BULLION, marquis de BON-NELLES.
>
> Volume rare contenant, comme l'indique une table au verso du titre : *Découverte dans l'Amérique septentrionale, par le P. Marquette.* — *Carte de la découverte de la terre de Ielmer.* — *Ambassade des Moscovites à Pékin et découverte des pays qui sont entre la Moscovie et la Chine.* — *Carte de la route d'Abel Tasman autour de la Terre australe.* — *Discours sur l'Art de la navigation.* — *Histoire naturelle de l'Ephémère.* — *Histoire naturelle du Cancellus.*

6959. **THOYRAS RAPIN.** Dissertation sur les Whigs et les Torys. *La Haye*, 1717, in-12, v. br. 8 »

> Cet exemplaire a appartenu d'abord à Léon DE BEAUMONT, ÉVÊQUE DE SAINTES, dont les armes se voient sur les plats du volume, puis ensuite à Ant.-Reué de LA ROCHE FONTENILLES, ÉVÊQUE DE MEAUX, dont une pièce des armoiries (un roc d'échiquier) est frappée au dos du vol., avec son ex-libris à l'intérieur.

6960. **TORRE** (de la). Mémoires et négociations secrètes de F. B., comte d'Harrach, ambassadeur de S. M. impériale à la cour de Madrid. *La Haye*, 1720, 2 vol. in-12, v. gr. 8 »

> Aux armes de Réné de LA ROCHE FONTENILLE, ÉVÊQUE DE MEAUX.

6961. **VENISE.** Essai sur l'histoire du commerce de Venise. *Paris, Lemercier*, 1729, in-12, v. gr., fil. (*Aux armes.*) 3 50

OUVRAGES DIVERS

ANCIENS ET MODERNES.

6962. AIMÉ-MARTIN (L.). Lettres à Sophie sur la physique, la chimie et l'histoire naturelle, avec des notes par M. Patrin. *Paris, Lefèvre,* 1822, 2 vol. in-8, reliure pleine en veau rose gaufré, mosaïque sur les plats, tr. dor. 9 »

> Bel exemplaire, avec les *figures coloriées*, relié par Martin.

6963. AUDIGER. La Maison réglée et l'art de diriger la maison d'un grand seigneur et autres, tant à la ville qu'à la campagne, et le devoir de tous les officiers et autres domestiques en général, avec la véritable méthode de faire toutes sortes d'essences d'eaux et liqueurs fortes et rafraîchissantes à la mode d'Italie. Ouvrage utile et nécessaire à toutes sortes de personnes de qualité, gentilshommes de provinces, étrangers, bourgeois, officiers de grandes maisons, limonadiers et autres marchands de liqueurs. *Paris, Michel Brunet,* 1700, in-12, v. br. *Planches.* 20 »

> Livre rare et recherché.
> Un ex. de cette édition a été vendu 81 fr, vente Veinant.

6964. AUVERGNE (Histoire des institutions de l'), contenant un essai sur le droit public et privé dans cette province, par F. Rivière. *Paris,* 1874, 2 vol. in-8, br., neufs. *Carte.* Au lieu de 18 fr. 12 »

6965. AVENTURES CHOISIES, contenant l'Amour innocent persécuté, l'Esprit folet, le Cœur volant et la Belle avanturière; par différents auteurs. *Paris, Prault,* 1732, in-12, bas. fau., fil. *Figures de Du Bercelle. (Rare.)* 5 »

6966. BACHET (Cl.-Gaspar), Sʳ de Méziriac. Virginis Deiparœ ad Christum filium Epistola. *Burgi Sebusianorum, apud Joan. Tainturier,* 1626, pet. in-8 dérel. de 45 pag., plus 1 pag. et 1 feuillet blanc. — Rime di Claudio Gasparo Bacheto, signor di Meziriac. *In Borgo in Bressa,* appresso *Giovanni Tainturiero,* 1626, pet. in-8 de 56 pages dérel. 30 »

> Ces deux pièces, d'une excessive rareté, furent les premières qui sortirent des presses de Tainturier, premier imprimeur à Bourg en Bresse; sa marque, gravée sur bois, se trouve sur chaque pièce.

6967. **BALZAC** (H. de). Revue parisienne, rédigée par Balzac. *Paris,* 1840, pet. in-18, d.-rel. dè 396 pag. (*Tout ce qui a paru.*) 2 50

6968. **BARBANTANNE** (Dard du Bosco). Le Discours sur les femmes. *Avignon, et se trouve à Paris chez L. C. Q. D. A.,* 1754, in-12, dérel. Rare. 4 »

6969. **BARTHÉLEMY ET MÉRY.** Napoléon en Egypte, Waterloo et le Fils de l'Homme. *Paris, Bourdin, s. d.,* gr. in-8, br., non coupé. *Vignettes dans le texte et hors texte sur chine, par H. Vernet et H. Bellangé.* 7 »

6970. **BEAUMARCHAIS.** Théâtre. Notice par F. de Marescot. *Paris, Librairie illustrée,* gr. in-8, br. *Illustrations de M. Adrien Marie.* 4 »

6971. **BÉRANGER.** Correspondance recueillie par P. Boiteau. *Paris, Perrotin,* 1860, 2 forts vol. in-8, br., neufs. 4 »

6972. **BLAVIGNAC.** Histoire de l'architecture sacrée du IVe au XIIIe siècle dans les anciens évêchés de Genève, Lausanne et Sion. *Genève,* 1853, fort vol. in-8, avec nombr. fig. dans le texte et un atlas in-4 oblong. cont. 74 *planches.* 30 »

> Cette intéressante publication, publiée au prix de 65 fr. chez Didron, est aujourd'hui entièrement épuisée.

6973. **BOILEAU-DESPRÉAUX.** Œuvres complètes, avec les notes de tous les commentateurs, publ. par P. Chéron, avec notice par Sainte-Beuve. *Paris, Garnier,* 1861, gr. in-8, d.-rel. maroq. rouge, tr. jaspée (*Amand*). *Portrait et six vignettes par Staal.* 20 »

> Bel exemplaire orné, en outre des figures de l'édition, de quatre portraits, d'un fac-simile et de soixante-quatre vignettes par Desenne, H. Vernet, Fortin, Hersent, Brevière, Garnier, T. Johannot, Grandville, etc. (*Les fig. de Fortin sont avant la lettre.*)

6974. **BOUTON** (Victor). La Patrie en danger au 25 février 1848, conspiration du Drapeau rouge. *Paris, Dentu,* 1850, broch. in-12. 1 »

6975. **CHAM.** Choix de numéros du Charivari des années 1848 à 1852, contenant les caricatures de Cham et quelques-unes de Daumier. Environ 160 n^{os} en feuilles. (*Curieux.*) 18 »

6976. **CHAUMONT EN VEXIN.** Réglemens pour les officiers des Justices royales. *Paris, P. Rocolet,* 1660, in-4, parch., 66 pag. 3 »

6977. **CLAIRON** (Mémoires d'Hippolyte), et Réflexions sur l'art drama-

tique; publiés par elle-même. *Paris, Buisson,* an VII (1799), in-8,
bas., marb.   2 »

6978. CLEF D'AMOUR (La), poëme publié d'après un manuscrit du
xɪvᵉ siècle par E. Tross, avec introd. par H. Michelant. *Paris, Tross,
impr. par L. Perrin,* 1866, in-8, papier vergé, br.   7 »

    Charmante publication entièrement épuisée.

6979. COHEN DE VINKENHOEF. Histoire de l'origine et des institutions de la noblesse de France. *Paris, Dumoulin,* 1856, grand in-8,
broch.   10 »

    Tiré à 125 exempl. — Epuisé.

6980. COLARDEAU. Œuvres choisies. *Paris, Janet et Cotelle,* 1825, gr.
in-8, d.-rel. veau violet, dos gaufré à froid, n. rog. (*Purgold*), *vignette
de Desenne.*   4 »

    Exemplaire sur papier cavalier vélin.

6981. CONCILII TRIDENTINI Canones et Decreta cum præfatione
P. Chiffletii, Ecclesiæ Vesontinæ Canonici. *Col. Agripp. B. ab Eg-
mond,* 1687, pet. in-12, maroq. rouge, fil. tr. dor., rel. anc. *Titre et
portraits gravés.* (Bel ex.)   6 »

6982. CORVINI (Arnoldi) Jus canonicum, per Aphorismos strictim ex-
plicatum. *Amstelod. ex offic. elzeviriana,* pet. in-12, maroq. vert, fil.,
tr. dor., reliure ancienne. *Titre et titre gravé.*   14 »

    Joli exemplaire du duc de Lavallière.

6983. DELAVIGNE (C.). Œuvres complètes. *Paris, Didier,* 1855, gr.
in-8, d.-rel. maroq. bleu, tr. dor. (*Amand*). *Portrait et 9 vignettes
par A. Johannot.*   20 »

    Bel exemplaire dans lequel on a intercalé trente-deux vignettes avant la
    lettre, par Devéria et autres. Quatre des vignettes de Devéria sont en double
    épreuve, eau-forte et avant la lettre.

6984. DEMIDOFF (A. de). Voyage dans la Russie méridionale et la
Crimée, par la Hongrie, la Valachie et la Moldavie. *Paris, Bourdin,*
1854, gr. in-8, br., neuf. *Portraits coloriés.*   10 »

    Jolie publication, épuisée.

6985. DIEPPE (Histoire de) par L. Vitet. *Paris, Mesnier,* 1833, 2 tomes
en 1 vol. in-8, d.-rel. neuve maroq. orange du Levant. *Planches.*
(Bel ex.)   5 »

6986. DUPIN (J.-J.), avocat. Dissertations sur le domaine des mers et la contrebande. *Paris, Warée,* 1811, in-12 br. de viii et 36 p. *Très-rare.* 3 50

> La dédicace Al signor Ch. Dupin est en italien.

6987. **FLIBUSTIER** littéraire (le). Ouvrage hypercritique (par de St-Aulas). *Londres (Paris)*, 1751, in-12, dérel., 78 p. 2 »

6988. **FORTOUL.** Les Fastes de Versailles depuis son origine. *Paris, Houdaille,* 1844, gr. in-8, d.-rel. mar. rouge, tête dorée, n. rog. 23 *planches gravées sur acier. Bel exemplaire.* 8 »

6989. **FORTUNIO.** Une partie de dominos, comédie en un acte (en prose), broch. gr. in-12 de 34 pages, avec couverture. S. l. n. d. (*Pas de nom d'imprimeur.*) 6 »

> Fortunio est le pseudonyme de Mme la vicomtesse de Janzé (Alix de Choiseul-Gouffier).
> Cette pièce, tirée sans doute à quelques exemplaires pour les intimes de l'auteur, est restée inconnue aux nouveaux éditeurs des *Supercheries littéraires* et du *Dictionnaire des Anonymes*, de Barbier.

6990. (**FUZELIER**). Les Quatre Mariannes, opéra-comique, représ. pour la première fois le jeudy premier mars 1725, à la suite de l'audience du temps et de Pierrot Perrette. *Paris, Fr. Filahaut,* 1725, in-12, oart., grand de marges. 7 »

> Parodie de la *Marianne,* de Voltaire. *Très-rare.* »

6991. **GAULTIER** (J.-J.), Père de l'Oratoire. Recueil de cantiques spirituels à l'usage des missions de Provence en langue vulgaire (vers provençaux), *suivi de la table pour sçavoir l'air des cantiques et la musique notée. Avignon, Domergue,* 1754, in-12, veau marb. *Portrait de l'auteur.* 7 »

> Bel exemplaire. — Peu commun.

6992. **GRESSET.** Poëmes. — Éloge de Gresset, par Robespierre. *Paris, Jouaust,* 1867-1868, 2 vol. in-8, papier vergé extra, br. 25 »

> Ouvrages tirés à 100 ex. numérotés, entièrement épuisés.

6993. **GROTIUS** (Hugo). De veritate religionis christianæ, cum notulis J. Clerici. *Hagæ-Comitis,* 1729, pet. in-8. 3 »

> Bel exemplaire broché.

6994. **HARCOUET** (l'abbé). Dissertation sur l'origine de la fleur de lis, à M. de Cipières, pet. in-12 de 40 pag. (*Extr. du Mercure galant,* 1696). 2 50

6995. **HOMÈRE.** Iliade, traduction nouvelle par P. Lagrandville. Notice par J. Janin. *Paris, A. Lévy*, 1871, gr. in-8, br. *Portrait et* 25 *gravures, d'après Marillier, tirées sur chine.* (25 fr.), net. 12 »

6996. **JACOLLIOT** (L.). La Bible dans l'Inde. Vie de Jel Iezeus Christna. *Paris, Lacroix*, 1869, in-8, br. (6 fr.). 3 »

6997. **JANIN** (J.). La Normandie. *Paris, Bourdin*, 1862, gr. in-8, br. neuf. *Nombreuses illustrations gravées sur acier et sur bois et costumes coloriés.* (18 gravures et 80 vignettes.) 10 »
Ex. non coupé.

6998. **JEANNE D'ARC.** Deux lettres de M. Vienne de Plancy, dans lesquelles on prétend prouver contre l'opinion commune, que la Pucelle d'Orléans n'a pas été brûlée ; et qu'après ses exploits, elle fut mariée, etc. 21 pag. in-12. (*Extr. du Mercure de France*, 1725), suivi de : Lettre écrite d'Auxerre touchant une ancienne danse ecclésiastique, abolie par arrest du Parlement, etc. 2 »

6999. **JULIEN** (l'empereur). OEuvres complètes, trad. nouvelle par E. Talbot. *Paris, Plon*, 1863, in-8, br. *Portrait.* 2 50

7000. **LAFAYETTE.** Histoire complète de la vie civile, politique et militaire du général Lafayette, par M. B.... *Paris*, 1831, in-8, d.-rel. *Portrait.* 5 »
On y a joint cinq portraits gravés et lithogr. du général et une planche grav. représ. Lafayette dans les prisons d'Olmutz.

7001. **LAFORGE** (Ed.). La Vierge, type de l'art chrétien, histoire, monuments, légendes. *Lyon, impr. de L. Perrin*, 1864, in-4 de xii et 358 pages, papier vergé teinté, cart. n. rog. *Planches.* 20 »
Epuisé. (Publié à 25 fr.)

7002. **L'AMANT SANS MAITRESSE** (en prose et en vers). *Paris, Barth. Laisnez*, 1716, de 12 pag., pet. in-12, dérelié. *Trés-rare.* 4 »

7003. **LA ROCHEFOUCAULD.** Réflexions ou Sentences et maximes morales, édition L. Lacour. *Paris, Académie des bibliophiles, impr. de Jouaust*, 1868, in-8, br. en parch. 35 »
L'un des 15 EXEMPL. SUR PAP. DE CHINÉ, numérotés. (*Epuisé.*)

7004. **LAVALLÉE.** Histoire de l'empire ottoman. *Paris, Garnier*, 1855, gr. in-8, d.-rel. veau fauve. *Belles gravures sur acier.* 6 50

7005. **LE BEUF** (l'abbé). Mémoire sur les anciennes représentations théâtrales pieuses, 16 pag. — Réflexions sur la profession d'avocat.

par de Roupnel de Chevilly, avocat, 18 pages, broch. in-12. (*Extr. du Mercure de France, 1753-1756.*) 2 »

7006. **LEPEINTRE JEUNE** (Insomnies de) Le Fracturé, mises au jour, la nuit, par lui et ses deux garde-malades, Lepeintre cadet et Alphonse Besancenez. *Paris*, 1840. — Œuvres badines et posthumes de Lepeintre jeune. *Paris*, 1848, ens. 2 pet. vol. in-32, br. 3 50

7007. **LESSING.** Du Laocoon, ou des limites respectives de la poésie et de la peinturé, trad. de l'all. par Ch. Vanderbourg. *Paris*, *Renouard*, 1802, in-8, br. *Planche gravée par Saint-Aubin.* (Rare.) 7 50

7008. **LEVRIER** d'Amiens. Mémoire sur un trait de la vie de Louis VI dit le Gros, roi de France. *Paris*, 1810, in-12, br. de 40 pag. 1 50

7009. **MALHERBE.** Œuvres complètes, recueillies et annotées, par M. L. Lalanne. Nouv. édition revue sur les autographes et les copies les plus authentiques et augmentée de notes, variantes et d'un lexique. *Paris, Hachette*, 1862, 5 vol. in-8, et *album* gr. in-8, d.-rel. mar. grenat, avec coins, tête dor., non rog. (*Amand.*) 50 »

BEL EXEMPLAIRE.
L'album est composé d'un portrait, d'armoiries en couleur, d'une vue,
d'une planche de musique et de quatre fac-simile.

7010. **MASSILLON.** Petit carême, suivi des sermons et de l'oraison funèbre de Louis XIV. *Paris*, *Lefèvre*, 1824, *papier cavalier vélin*, in-8, d.-rel. mar. noir, tête dorée, n. rog. *Portrait gravé par Roger.* (*Collection des classiques françois.*) 6 »

7011: **MISCELLANEA. POÉSIES FRANÇAISES.** In-8, d.-rel. 3 50
Epître aux jeunes cultivateurs, par Laya, an VII. — Epître à M. Legouvé, par Molinos. — Le Monde littéraire, satyre (Roure). — L'Oiseau et le petit chien, par Bruguière du Gard. 1810. — A l'Empereur. 1815. — La Louisiade, par Destouches. 1816. — Epître à M. Grégoire, par Audiguier. — Epître sur les Lorrains, par A. de Montémont. 1822. — Lettre de Charles X, roi de Suède, à Charles X, roi de France. — La Corbiéreide, la Peyronnéide, par Méry et Barthélemy. — La Muse genevoise. — Hôtel Laffitte à vendre, ode par L. Belmontet. — Epître au roi de Bavière, par Pongerville.

7012. **MONTEIL.** Traité de matériaux manuscrits de divers genres d'histoire. *Paris*, 1835, 2 vol. in-8, br. *Figures.* 6 50
Ouvrage intéressant, devenu peu commun.

7013. **MONTESQUIEU.** Lettres persanes, édition L. Lacour. *Paris, Académie des bibliophiles, impr. de Jouaust,* 1869, in-8, br. en parch. (*Epuisé.*) 35 »
UN DES 15 EXEMPLAIRES SUR PAPIER DE CHINE (n° 8).

7014. **MUSSET** (A. de). Œuvres complètes. Edition ornée de 28 gravures, d'après les dessins de Bida, d'un portrait gravé par Flameng, et accompagné d'une notice sur A. de Musset, par son frère. *Paris, Charpentier,* 1876, 10 vol. in-8, br. neufs. 55 »

7015. **NORMANBY** (le marquis de). Une année de Révolution, d'après un journal tenu à Paris en 1848. *Paris, Plon,* 1859, 2 vol. in-8, br. non coupés. 4 »

7016. **NUMISMATIQUE.** Manuel de numismatique ancienne, cont. les éléments de cette science et les nomenclatures avec l'indication des divers degrés de rareté des monnaies et médailles antiques. *Paris, Merlin,* 1872, 2 vol. br., avec *atlas de* 70 *planches* réprés. un grand nombre de sujets gravés, ens. 3 vol. in-8, br. 12 »

7017. **PACCARD.** Scènes de la vie malheureuse, ou Paris, vallée de larmes. *Paris, Pougin,* 1835, in-8, br. 3 »

7018. **PAILLOT DE MONTABERT.** L'Artistaire, livre des principales initiations aux Beaux-Arts. *Paris,* 1855, in-8, br. *Portr.* (5 fr.). 2 50

7019. **PARIS.** Histoire de la Révolution de 1830 et des nouv. barricades, par Rossignol et Pharaon. *Paris,* 1830, in-8, d.-rel. bas. bl., n. rog. 3 »

7020. **PARIS.** Texte des coutumes de la prévosté et vicomté de Paris. *A Paris, chez N. Pepingué,* 1674, ordonnance de Louis XIV (code civil). *Paris,* 1730, 2 tom. en 1 vol. pet. in-18, anc. rel. mar. noir, tr. dor. 3 50

7021. **PHÆDRI** fabulæ. L. Annæi senecæ, ac Publii Syri sententiæ. *Aureliæ, sompt. Couret de Villeneuve,* 1773, in-16, sur grand papier de Hollande, reliure anc. maroq. rouge, fil., tr. dor. 6 »
Petit chef-d'œuvre typographique.

7022. **(PIERRE LE GAYGNARD,** poitevin). Quelques sonnets et poëmes pris aux œuvres de l'auteur. *S. l.,* 1584, pet. in-8 dérelié de 36 p. *Très-rare.* 5 »

7023. **PRÉVOST** (l'abbé). Histoire de Manon Lescaut et du chevalier Des Grieux. *Paris, Bourdin, s. d.,* gr. in-8, br. neuf. *Vignettes sur chine et dans le texte, par Tony Johannot.* 7 50

7024. **QUELQUE CHOSE** (conte). *A La Haye, chez Neaulme,* 1749, in-12, dérel., 46 pag. *Rare.* 3 »
L'auteur est resté inconnu à Barbier.

7025. **RABOISSON** (l'abbé). Du Pouvoir, ses origines, ses limites, ses formes. *Paris, Plon,* 1874, in-8, br. . 2 50

7026. **RACINE.** Œuvres. *Suivant la copie imprimée à Paris,* 1682 (*Hollande, Elzevier au Quærando*), pet. in-12, mar. rouge, tr. dor., rel. anc. *Titre gravé et 1 figure à chaque pièce.* 25 » »
> Tome premier, comprenant : *La Thébaïde,* 1683. — *Alexandre le Grand,* 1678. — *Andromaque,* 1683. — *Britannicus,* 1682. — *Les Plaideurs,* 1678.

7027. **RECUEIL** de diverses pièces de théâtre, composées par de célèbres auteurs de ce temps. *Amsterdam, Steenhouwer,* 1718, 2 vol. pet. in-12, parch. *Figures.* 5 »
> Contenant les neuf pièces suivantes : *Manlius,* par Mme de Villedieu; *Policrite,* par Boyer; *Clotilde,* par le même; *Damon et Pythias,* par Chappuzeau; *l'Avocat Patelin,* par de Palaprat; *Arlequin, comédien aux Champs-Elysées; le Parisien,* par Champmeslé; *la Jalouse d'elle-même,* par l'abbé de Boisrobert; *Arlequin procureur.*

7028. **RÉMISSION** en abolition au fils du roy Jean et au roy de Navarre, son gendre et autres grands seigneurs, comme criminels de leze Maiesté, en 1355. *S. l.,* 1616, in-8, d.-rel. veau. *Très-rare.* 4 »
> Allusion aux événements politiques de 1616.

7029. **REYBAUD** (L.). Etudes sur les réformateurs contemporains ou socialistes modernes. *Paris, Guillaumin,* 1840, in-8, br. 3 50
> Sectes sociales. — Saint-Simoniens. — Ch. Fourrier, — Rob. Owen, etc.

7030. **ROBERT MACAIRE** et son ami Bertrand à l'exposition des tableaux du Musée. Pot-pourri pittoresque, mêlé de prose philosophique. *Paris, l'éditeur,* 1835, broch. in-8. *Très-rare.* 2 50

7031. **ROUSSEAU** (J.-J.). Julie, ou la Nouvelle Héloïse. *Paris, Barbier,* 1845, 2 vol. gr. in-8, br. *Vignettes sur chine et dans le texte, par Tony Johannot, Baron, Girardet,* etc. 10 »
> Exempl. non coupé.

7032. **ROYAUMONT** (histoire de), sa fondation par saint Louis et son influence sur la France, par l'abbé H. Duclos. *Paris, Douniol,* 1867, 2 fort vol. in-8, br. *Vues et portraits.* Au lieu de 15 fr. 10 »

7033. **SAINT-SIMON** (le duc de). Mémoires publiés par MM. Chéruel et Ad. Régnier fils, et collationnés de nouveau pour cette édition sur le manuscrit autographe, avec une notice de M. Sainte-Beuve. *Paris, Hachette,* 1873-77, 20 vol. in-18 jésus, br. neufs. Au lieu de 70 fr. 50 »

7034. **SANSON.** Sept générations d'exécuteurs (1688-1847). Mémoires des Sanson, mis en ordre, rédigés et publiés par H. Sanson. *Paris,* 1862, 6 vol. in-8, br. (36 fr.), net.   10 »

7035. **SAXE** (prince François-Xavier de), connu en France sous le nom de comte de Lusace. Correspondance inédite, préc. d'une notice par Thévenot et suivi d'un index des noms de personnes et de lieux. *Paris, Dumoulin,* 1875, in-8, br. (6 fr.).   4 »

7036. **SEGRAIS.** Poésies. *Caen, Chalopin,* 1823, in-8, br. *Portrait.* 2 »

7037. **SHAKSPEARE** (galerie des femmes de). Collection de 45 portraits gravés par les meilleurs artistes de Londres, et enrichie de notices. *Paris, Dufour,* gr. in-8, d.-rél. veau fau., non rog.   5 »

7038. **(SORHOUET).** Lettre sur la galanterie des jeunes conseillers au parlement de Paris, écrite à un avocat de province, par de Lapeyre (Sorhouet). *Londres,* 1750, in-12, dérel. de 132 pag.   2 50

7039. **STASSART** (le baron de). Cent soixante-deux pensées, maximes, réflexions, etc., extr. des mémoires sur les mœurs de ce siècle, par Circé, chienne célèbre (Stassart). *Paris, Didot l'aîné,* 1814, pet. in-18, br. *Rare.*   2 »

7040. **SWIFT.** Voyages de Gulliver dans des contrées lointaines, traduction nouvelle précédée d'une notice par Walter Scott. *Paris, Garnier,* 1873, gr. in-8, br. *Nombr. illustrations par Grandville.* 5 »

7041. **TALMA.** Études sur l'art théâtral, suivies d'anecdotes inédites sur Talma et la correspondance de Ducis avec cet artiste dep. 1792 jusqu'en 1815 ; par Mme Ve Talma, née Vanhove, maintenant comtesse de Chalot. *Paris, H. Feret,* 1836, in-8, br.   6 »

> Précédé d'une notice sur Mme Ve Talma, par Villenave. — Volume recherché et peu commun.

7042. **THÉATRE DE CLARA GAZUL,** comédienne espagnole (par Prosper Mérimée). *Paris, Fournier,* 1830, in-8, br., non coupée.   8 »

> Edition originale.

7043. **THÉATRES DE PARIS** (les). Notices et portraits. Texte par une société de gens de lettres. *Paris, Baillieu,* s. d., gr. in-8, br. 57 *planches coloriées de portraits d'acteurs dans leurs rôles principaux.*   6 50

7044. **THEODORET,** évêque de Cyr. Dix sermons de la providence de Dieu contre les Athées et Epicuriens, trad. par Seb. Hardy, rece-

veur des tailles et aydes au Mans. *Paris, R. Estiene,* 1610, in-8,
parch. (Lég. Piq. de vers au bas de qq. ff.)　　　5 50
　Bel exemplaire avec la signature de Michel de La Roche-Maillet.

7045. **TRICOTEL** (Ed.). Claude Le Petit, sa fin tragique en placè de
Grève, à Paris, et ses ouvrages. *Paris, J. Techener,* 1863, broch.
in-8. *Tiré à petit nombre.*　　　1 50

7046. **TROGNON**, Vie de Marie-Amélie, reine des Français. *Paris, Lévy,*
1871, in-8, br. (7 50).　　　4 »

7047. **TURQUETY** (Ed.). Amour et Foi. *Paris, Delaunay,* 1833, in-8,
reliure pleine en veau rose, gaufré à froid, fil., tr. dor. *Reliure romantique. Bel exemplaire.*　　　7 50
　Edition originale.

7048. **TURQUETY** (Ed.). Primavera. *Paris, Chamerot,* 1841, gr. in-8 de
420 pages, d.-rel., v. fau.　　　4 50

7049. **URSINS** (la princesse des). Lettres inédites, publiées par A. Gef-
froy. *Paris, Didier,* 1859, in-8, br., neuf. (7 fr.), net,　　　3 50

7050. **VACHEROT.** La Religion. *Paris, Chamerot,* 1869, in-8, br.,
neuf.　　　4 »

7051. **VIOLLET-LE-DUC** (Catalogue des livres composant la bibliothèque poétique de M.), avec des notes bibliographiques, biographiques
et littéraires sur chacun des ouvrages catalogués (pour servir à l'histoire de la poésie en France). *Paris, Hachette,* 1843, in-8 de 624 pag.
(*Manque le titre*). — Catalogue des livres composant la bibliothèque
poétique de M. Viollet-Leduc, avec des notes. Supplément aux recueils de poésies et 2e partie compr. chansons, fabliaux, contes en
vers et en prose, facéties, pièces comiques et burlesques, dissert.
singulières, aventures galantes, amoureuses, prodigieuses. *Paris,
Flot,* 1847, ensemble 2 vol. divisés en 3 vol. in-8, d.-rel. percaline,
non rognés.　　　12 »
　Exemplaire interfolié de papier blanc.

7052. **VIRGILE.** Œuvres traduites en vers français par Tissot et Delille;
en vers espagnols par Guzman, Velasco et Luis de Léon; en vers
italiens par Arici et Annibal Caro; en vers anglais par Warton et
Dryden; en vers allemands par Voss; texte en regard. Edition poly-
glotte publiée par Monfalcon. *Paris, Cormon,* 1838, gr. in-8 de
1,200 pages, d.-rel. chag. vert.　　　16 »

BULLETIN DU BOUQUINISTE

(EN VENTE)

Années :
1857, formant 2 volumes in-8° brochés.	4	»
1858, —	4	»
1859, —	4	»
1860, —	4	»
1861, (presque épuisée).	6	»
1862, (cette année ne se vend pas séparément).	6	»
1863, —	4	»
1864, —	4	»
1865, —	4	»
1866, —	4	»
1867, —	4	»
1868, —	4	»
1869, —	4	»
1870-71 (cette année ne se vend pas séparément).	6	»
1872 —	4	»
1873 (cette année ne se vend pas séparément).	6	»
1874 —	4	»
1875 —	4	»
1876 —	4	»
1877 —	4	»

TABLES littéraire et bibliographique :

Pour les années 1857-58, in-8°.	3	»
Pour les années 1859-60, —	5	»
Pour les années 1861-62, —	3	»
Pour les années 1863-64, —	3	»
Pour les années 1865-66, —	3	»

Augmentation de 1 fr. par année pour le port de chaque année, et 25 c. pour les Tables.

NOTA. L'abonnement pour l'année courante reste fixé à 3 fr. pour Paris; 4 fr. pour la France et l'Algérie; et pour l'Étranger, selon le tarif postal.

PARIS. IMPRIMERIE PILLET ET DUMOULIN, RUE DES GRANDS-AUGUSTINS, 5.

Découvrez l'histoire par les archives de presse

RETRONEWS

Le site de presse de la BnF

www.retronews.fr